Jesse León

Jesse León es un consultor de impacto social que ha trabajado con fundaciones, inversores de impacto, organizaciones sin fines de lucro y desarrolladores de bienes raíces
para abordar problemas tales como acceso a viviendas para
familias y personas de bajo recursos, abuso de sustancias
y acceso a la educación para juventud en riesgo. Desde
que recibió su diploma de maestría de la Escuela Harvard
Kennedy, Jesse ha dirigido concesiones de subvenciones
humanitarias valoradas en varios millones de dólares para
fundaciones e instituciones bancarias. Dirigió también
más de mil millones de dólares de fondos públicos destinados a desarrollar viviendas para familias y personas mayores de bajos recursos y, como desarrollador de bienes raíces
para Bank of America, gestionó la construcción de cientos
de miles de viviendas de ingresos mixtos. Actualmente
vive en San Diego. El español es su lengua materna y habla
fluidamente inglés y portugués.

Por decisión editorial se han utilizado y normalizado términos propios del argot y la oralidad de la comunidad mexicana y chicana. También apropiaciones del inglés que son de uso frecuente entre los latinos en Estados Unidos. El libro, en varios de sus capítulos, contiene términos que pueden resultar ofensivos para las mujeres y la comunidad LGBTQI, pero que forman parte del habla cotidiana. Se han dejado como recordatorio de lo mucho que todavía nos falta por cambiar en una cultura patriarcal y machista.

NO ESTOY ROTO

Una memoria

JESSE LEÓN

Traducido por José García Escobar

VINTAGE ESPAÑOL

Penguin
Random House
Grupo Editorial

Originalmente publicado en inglés en 2022 bajo el título *I'm Not Broken*
por Vintage Books, una división de Penguin Random House LLC, Nueva York,.

Primera edición: noviembre de 2022

Publicado por Vintage Español, una división
de Penguin Random House Grupo Editorial USA, LLC
8950 SW 74th Court, Suite 2010
Miami, FL 33156

Traducción: José García Escobar

Impreso en México / *Printed in Mexico*

Información de catalogación de publicaciones disponible
en la Biblioteca del Congreso de los Estados Unidos

ISBN: 978-0-59346-676-6

22 23 24 25 26   10 9 8 7 6 5 4 3 2 1

Este libro está dedicado a mi *amá* y a Linda Sierra;
A Ricardo Rosario y a mis ancestros,
que marcaron el camino.

ÍNDICE

PRÓLOGO 9

PRIMERA PARTE 19
   Capítulo 1 21
   Capítulo 2 49
   Capítulo 3 55
   Capítulo 4 63
   Capítulo 5 73

SEGUNDA PARTE 93
   Capítulo 6 95
   Capítulo 7 117
   Capítulo 8 129
   Capítulo 9 155
   Capítulo 10 177
   Capítulo 11 189
   Capítulo 12 199

Tercera parte 219
    Capítulo 13 221
    Capítulo 14 245
    Capítulo 15 259
    Capítulo 16 281
    Capítulo 17 303
    Capítulo 18 319
    Capítulo 19 333
    Capítulo 20 343
    Capítulo 21 353
    Capítulo 22 359

Epílogo 369
Agradecimientos 387
Glosario 393

PRÓLOGO

Adelantémonos hasta el final.

Estoy justo en medio del Harvard Yard, orgulloso de mí mismo y sentado en una silla de plástico de esas que se doblan. Llevo puesto mi birrete negro y una toga. Estoy rodeado por mis compañeros de clase y estamos sentados en filas bien ordenadas.

Escucho que una voz conocida me susurra desde atrás. Conozco esa voz y dice:

—¡Oye, *Nerd*! ¡Date la vuelta, *Nerd*!

¿Por qué escucho a mi hermano diciéndome Nerd?, pienso, sin darme la vuelta. Acá estoy, es el día de mi graduación, estoy sudando debajo de mi birrete negro y esta toga, bajo el calor de un día de junio, en medio de Harvard Yard, viendo hablar al orador principal, ¿y de repente escucho la voz de mi hermano diciéndome *Nerd*? Guau, de plano me estoy volviendo loco.

La verdad es que ese apodo, que eventualmente mi hermano y mis amigos más cercanos empezaron a usar con cariño, fue uno de los primeros apodos que mi hermano me puso cuando empezó a hacerme *bullying* por ser un niño estudioso. El amigo que está detrás de mí me toca el hombro. Me doy la vuelta, y veo a mi hermano agachado al final de la fila donde estoy sentado. Lleva unos pantalones de vestir con los pliegues bien planchados y una guayabera de manga corta, la más bonita que tiene. Me saluda moviendo su brazo lleno de tatuajes.

Mi hermano no pasa desapercibido. Mide un metro ochenta. Va mucho al gimnasio y tiene el cuerpo lleno de tatuajes. Quiéralo o no, él llama la atención a donde vaya. Estoy seguro de que la gente no entiende por qué hay un tipo musculoso, que parece gánster, cerca de los graduandos, en medio del jardín y entre los viejos edificios de ladrillo. Miles de graduandos, familiares, exalumnos y miembros de todas las facultades de la universidad están acá para celebrar la graduación de la generación 350 de Harvard, que incluye a mi facultad y a todos los graduandos de maestría y doctorado de la universidad, y ahí está mi hermano, burlándose de mí.

—*Nerd* —dice.

—¿Qué chingados estás haciendo? —le digo no muy recio.

No puedo creer que esto esté pasando. Siento la tensión de haber roto el protocolo y siento algo que me aprieta todo el cuerpo. Todos guardan el decoro. Me da pena, pero al mismo tiempo quiero proteger a mi hermano. A pesar de años y años de angustia, quiero protegerle y a mi familia, para que nadie los juzgue. Quiero protegerlos de miradas lascivas que les muestren a otras personas que ellos, que nosotros no deberíamos estar acá.

—¡*Hey, Nerd!* Amá se siente mal. Dice que está mareada, que tiene los pies hinchados y que no hay donde sentarse; quiere estar bajo la sombra. Hace mucho calor acá. No quiere irse, pero antes de que se me desmaye la voy a llevar a un lugar más fresco.

Noto el nerviosismo en su voz. Señala hacia dónde va a llevar a mi amá, como que si conociera el lugar.

—Te vemos en el apartamento, antes de que empiecen las otras ceremonias.

Los estudiantes que están cerca de mí lo ven y se miran confundidos; las borlas de sus birretes se mueven conforme menean sus cabezas. Es obvio que nadie cree que mi familia se va solo porque hace mucho calor. Hoy es un día muy importante para mí, y mi hermano y mi mamá se van, así como si nada.

No puedo evitar reír sarcásticamente. Solo mi familia hace esto. Solo a mi hermano le vale madres el protocolo y la etiqueta y el orador principal. La familia es lo más importante. Y la salud de mi mamá siempre es lo prioritario.

—*Okay* —digo—. Los veo más tarde.

Agacho la cabeza. Estoy decepcionado y un par de lágrimas salen de mis ojos y ruedan por mis mejillas. Mientras me seco los ojos, el estudiante que está sentado a la par mía trata de consolarme y pone la mano sobre mi pierna.

El haber entrado y haberme graduado de Harvard es algo bien importante para mí. Pero está bien, lo entiendo.

Mi mamá, mi amá, ya tuvo dos infartos y ha luchado contra la hipertensión y una diabetes severa. Trato de recordar que ella y mi hermano vinieron desde San Diego para estar conmigo y eso es lo más importante. Sin embargo, mientras levanto la cara y me alisto para enfrentar el resto del día yo solo, la decepción inunda mi pecho y mis ojos. Mi mejor amiga, Ariyel, y su mamá, Joy, también vinieron a verme, pero me duele ver a mi familia yéndose.

—Me vale madre —afirmo en voz baja, para que nadie me escuche.

Saqué un préstamo de $2.500 para que pudieran ir a mi graduación; de otra manera, no hubieran llegado. Mi mamá no quería ir porque ya había ido a mis otras dos graduaciones, cuando salí de *community college* y luego a la de UC Berkeley. Dijo que con esas era suficiente. Para ella no tenía sentido gastar más dinero para ir a ver lo mismo otra vez. No entendía lo importante que era para mí y no quería ser una carga, no quería ponerme más peso en la espalda.

Al final, pues yo pagué por todo y ya. Quería que mi *amá*, mi hermano, mi hermanita, mi cuñada y mis dos sobrinos estuvieran acá, que vieran a un chicano, que de niño fue pobre, que fue víctima de abuso sexual y que fue adicto a las drogas, no solo recibir su diploma de maestría, sino recibirlo de Harvard. Papá ya estaba muy grande y enfermo para viajar, y empezaba a mostrar síntomas de demencia. Entonces mi hermana se quedó cuidándolo. Llevar a mi familia, de muchas formas, fue como ir al dentista a que me sacaran una muela. *Pero aquí están y este es mi día*, pensé, y eso me hizo muy feliz. Ese fue el día más importante de mi vida. Tenía veintiséis años y había vivido una pesadilla antes de llegar ahí. Al final, estaba orgulloso y lo estaba porque mi familia llegó a verme.

Esta es mi historia, es la historia del sufrimiento y los milagros que me llevaron aquel día a Harvard Yard, cuando tenía el sol sobre la cara y sentí por primera vez que nada me podía parar. Igual que les pasó a otros como yo, esto no debió haber pasado. Sin embargo, llegué hasta ahí. Sobreviví. No estaba roto. *I was no broken.* Ese era yo y estaba en Harvard, pero para llegar ahí, es preciso que antes vayamos a otros lugares. Esta es, pues, también la historia de mi familia.

△ △ △

Esperanza o Espi, a quien yo le digo mi *amá*, creció en México y estudió hasta el quinto grado. Desde que llegó a los Estados Unidos, había pasado muchos años trabajando como niñera, jornalera y lavando platos en restaurantes. Ni siquiera sabía qué era Harvard. Pero cuando yo tenía cuatro años, me inscribió en Head Start, un programa de educación temprana para familias de bajos recursos y donde ella hacía trabajo voluntario, cuando no estaba en alguno de sus otros dos empleos. Para cuando yo estaba en primaria, ella era la presidenta de la asociación de padres y maestros. Le importaba tanto nuestra educación que empezó a trabajar medio tiempo en la cafetería de la escuela; ella servía las comidas. La gente le decía *The Lunch Mom* —la mamá de los almuerzos—. Y durante las dos horas que mi mamá tenía libres entre el desayuno y el almuerzo, ella hacía trabajo voluntario en la escuela; ayudaba en lo que podía para hacer de la escuela un lugar mejor. Se quedó ahí mientras yo avancé a secundaria y preparatoria.

Cuando yo era niño no pensaba mucho en los trabajos que tenía mi mamá, porque los papás de muchos de mis amigos eran jornaleros o trabajaban lavando platos en restaurantes. Me alegré cuando a mi mamá le dieron trabajo en la escuela, porque ella estaba feliz. Ese empleo también le dio a ella, y a nosotros, estabilidad. Al menos eso escuché que mi mamá les decía a los vecinos.

Pero para mí ese trabajo fue también como tener una espina clavada en la espalda. Siempre que me metía en problemas, los maestros u otros estudiantes corrían a contarle el chisme a mi mamá. Y mi mamá no habla quedito. Ella grita al hablar. Entonces siempre que alguien le decía que me había portado mal, ella iba a buscarme a la clase, me jalaba del brazo y me gritaba que me portara bien; lo hacía enfrente de los maestros y otros estudiantes, y a mí me daba mucha vergüenza. Sentía como que mi mamá siempre estaba vigilándome. Ella estaba siempre cerca para presionarme, para asegurarse que sacara buenas notas. Sentía feo cuando mi amá me gritaba. Aunque nunca me lo dijo, percibía que la hacía quedar mal ante otra gente, especialmente con los maestros. Entonces me esforzaba para no decepcionar a mi mamá.

Mi amá siempre fue una mujer sana y con mucha fortaleza. Mide un metro sesenta y cinco, tiene un rostro redondo y usa lentes. Recuerdo que antes tenía el pelo ondulado, negro y le llegaba hasta la cintura. Pero en algún momento, cuando yo era niño, ella se lo cortó bien cortito, porque era más fácil tenerlo así. Su pelo era muy grueso y no podía cuidarlo mientras criaba a sus hijos, y además le daba problema cuando tenía que trabajar en una cocina. Mi mamá trabajaba mucho como para ponerle atención a su aspecto físico. Nunca supe que ella fuera al salón a hacerse una manicura o pedicura. Mi papá, un machista empedernido, nunca le permitió que se pintara los labios o las uñas, o que usara maquillaje. Mi mamá, entonces, se veía como cualquier otra mamá mexicana de piel morena, con labios grandes y cachetona, pero tenía una sonrisa cegadora. Con el paso de los años mi mamá subió de peso y le diagnosticaron diabetes e hipertensión. Sin embargo, siempre mantuvo un espíritu jovial y le encantaba complacer a la gente. Y más que nada, nunca le dio pena ser pobre.

Cuando me aceptaron en Harvard, llamé a mi amá para darle la noticia; en ese entonces yo vivía en un apartamento chiquitito en Berkeley y estaba mareado de la emoción.

—¿Y qué es eso? —dijo—. Ay, mijo, pero, ¿por qué Boston? Está muy lejos. Hay muy buenas universidades aquí en San Diego. Y en las noticias dicen que hace mucho frío allá en Boston y te puedes enfermar. ¿Por qué no mejor regresas a casa y estudias acá?

De inmediato me hizo sentir mal. Había decepcionado a mi *amá*, quien nunca había escuchado de Harvard
o Cambridge. Estaba molesto por nuestras experiencias de
vida. No había escuchado de UC Berkeley tampoco, donde hice mi licenciatura, o de lo que estudié ahí, mi carrera.
Pero sabía que era en California y que estaba cerca. Enten-
dió qué significaba "tener una carrera". Para ella lo único
que yo necesitaba para ser exitoso en Estados Unidos era
tener un diploma de universidad. Pensó que simplemente
no quería volver a casa.

A pesar de que no terminó ni la escuela, mi *amá* se
aprendió los nombres de las universidades que había en
San Diego, porque los maestros con los que ella trabajaba
hablaban de ellas. San Diego State University (SDSU) era
la mejor de todas y ella soñaba con que yo estudiara ahí.
No sabía ella que había mejores oportunidades en otros
estados.

—*Okay, amá* —le dije—. Gracias. Te quiero. Ya me voy,
porque tengo que ir a clase. —Mentiras. Solo ya no quería
hablar con ella.

—Estoy bien orgullosa de ti —contestó ella para hacerme sentir mejor.

No dudé de que estuviera orgullosa de mí, pero igual,
tan pronto colgué la llamada, empecé a llorar de la rabia y
la tristeza. Me dio enojo saber que éramos pobres. Me dio
enfado saber que mi mamá trabajó tan duro durante toda
su vida y, aun así, no tenía el lujo de saber lo que yo sabía.
Me dio furia lo injusto que era todo.

El día antes de irme a Harvard, pasé a recoger a mi mamá a la escuela y entonces la secretaria me contó cómo ella finalmente había aceptado que me iba a Boston. La secretaria de primaria encontró a mi *amá* sentada en la cafetería de la escuela, después del desayuno. Mi *amá* tenía una red en el pelo y sobre una blusa de florecitas llevaba puesto un delantal, el que siempre usaba en el trabajo. Ella estaba sentada en una banca de plástico, justo en medio del frío salón de concreto. Estaba sola, llorando y con las manos en la cabeza. La secretaria se asustó y le preguntó:

—Espi, ¿por qué estás llorando? ¿Qué te pasó?

—Mi hijo. Primero lo perdí a las drogas. Luego se me fue para Berkeley. Y ahora se me va a una universidad en Boston que se llama Jarvar. ¿Por qué no se viene acá, a estudiar acá, y así está más cerca de nosotros? Aquí nomás está la mejor universidad de San Diego —mi *amá* suplicó.

La secretaria abrazó a mi amá, mientras ella lloraba suavecito y le preguntó:

—¿A dónde dijiste que se va a ir estudiar tu hijo?

—Se llama Jarvar. En Boston. Solo Dios sabe dónde queda Boston. Me dicen que está muy lejos. Hasta allá, cerca de Nueva York. ¿Usted se imagina? ¡Cerca de Nueva York!

La secretaria la tomó de los hombros, le vio la cara llena de lágrimas, la vio directamente a los ojos y le dijo:

—¿Es en serio? ¿Se va a Harvard?

La secretaria fue derechito a la sala de maestros y escribió en un pizarrón: *Por favor feliciten a Espi. ¡A su hijo lo aceptaron en Harvard!*

Y todos la felicitaron. Un maestro y luego otro, y hasta la directora llegó a felicitarla ese día. Su llanto se convirtió en un llanto de felicidad. Ella admiraba a esos maestros, y al fin empezó a entender que Harvard era una de las mejores y más prestigiosas universidades en el mundo, y que su hijo, que había sacrificado tanto, iba ir a estudiar en esa universidad.

PRIMERA
PARTE

CAPÍTULO 1

A principios del siglo XX, la familia de mi padre era dueña de ranchos, caballos, ganado y minas de oro. Vivían en la Sierra Madre Occidental, en Durango, México. Acababa de empezar la Revolución. De hecho, el oro de las minas de mi familia, la riqueza de mi familia ayudó a financiar la Revolución —un enfrentamiento sangriento que duró casi diez años y que ayudó a derrocar a un dictador, separar a la iglesia del Estado y cambiar las políticas de tenencia de tierras en el país.

Mi padre, Ricardo León, quien falleció en el 2013, murió creyendo que tenía 103 años. Puede que sea cierto. Según sus familiares, él nació entre 1909 y 1919; él no estaba seguro del año. Su madre Lola insistía en que él nació en 1909. Según su hermana mayor, Victoria, mi padre nació en 1914. Y mi papá creía que había nacido en 1919. De ser así, el murió de 94 años. En ese entonces, la gente que vivía en la Sierra podía registrar a sus hijos y recibir un acta de nacimiento únicamente en las ciudades principales.

Ricardo nació en Cebollitas, una aldea muy pequeña que estaba en las montañas, sobre otra aldea llamada Canelas, ambas en Durango. No pasó del tercer grado. Cuando murió mi padre, murió toda su generación. Se llevó muchas historias a la tumba. Rara vez habló de su vida. Era un hombre callado, reservado y muy machista. A pesar de que le tenía cariño a la gente, y lo demostraba de formas muy contradictorias, no confiaba en nadie.

Sin embargo, algunos de los mitos familiares sobrevivieron y llegaron a mí. La Sierra era un lugar muy peligroso, especialmente en esa época. La gente rara vez iba a la ciudad. Mi abuelo paterno, Roberto León Vizcarra, fue un hombre muy alto, un mexicano de origen vasco; sus antepasados eran del norte de España. Él, sus hermanos y sus primos participaron en la Revolución. Fueron soldados de alto rango y pelearon junto a Pancho Villa. Uno de los primos de mi papá fue general; su nombre era Domingo Arrieta León. Estos hombres le heredaron el machismo a mi padre.

Δ Δ Δ

Pero regresemos a mi historia. En 1983 tenía nueve años.

Cada uno tenía una bolsa de basura, pero nadie tenía guantes puestos. Fuimos a buscar latas de aluminio en las áreas turísticas de Shelter Island, Mission Beach, Seaport Village, La Jolla, por los muelles pesqueros y en los parques públicos de San Diego. No sé ni cómo le hacía mi mamá y mi papá para que nos la pasáramos bien juntando latas.

Gente blanca pasaba al lado nuestro y a veces decían cosas como:

"Qué asco; deberían regresarse a México" o "No puedo creer que esa gente motive a sus hijos a que hagan ese tipo de cosas".

No les ponía atención. Yo estaba pasando tiempo con mi familia.

Cuando salíamos a juntar latas, nadie se peleaba con nadie. Mi hermano no me molestaba, mi papá no me criticaba por no ser como mi hermano mayor ni menospreciaba a mi mamá. Durante estos viajes sentía como que pertenecía a la familia y estaba orgulloso de mí mismo por aportar al ingreso familiar.

Conforme llenábamos las bolsas de latas, mi papá las llevaba a la cama de nuestra pequeñita y destartalada troca azul de los años 70, y nos traía una bolsa vacía. Para ese entonces mi papá tenía más de setenta años, estaba medio pelón y el poco pelo que le quedaba lo tenía lleno de canas. A veces mi mamá le ayudaba con las bolsas, pero casi siempre prefería hacerlo él solo. Así de machista era él. Cuando las mujeres se ofrecían para ayudarle a hacer trabajo físico, él casi siempre les decía que no. Mientras, mi hermano y yo corríamos de basurero en basurero, riéndonos. Veíamos debajo de las mesas como si estuviéramos buscando huevos de pascua. A veces encontrábamos latas con cerveza o refresco, y entonces las vaciábamos en el suelo y el líquido nos salpicaba los pies. En esa época no usábamos sanitizante, no lo teníamos a la mano. Para adelantar trabajo tiraba las latas al suelo, luego me paraba sobre ellas, para aplastar la parte de en medio, y las volvía a estrujar por los lados, hasta que las latas parecían sobres de metal.

Cada uno llenaba dos bolsas de basura. Ocho entre todos. Al terminar volvíamos a casa y ahí sí teníamos que trabajar. Mi mamá ayudaba a mi papá a bajar las bolsas de la troca y mi papá las llevaba al callejón, que estaba en la parte de atrás de nuestro edificio de apartamentos. Él vaciaba las bolsas en el suelo para que aplastáramos las latas que no habíamos aplastado ya. Aún hoy puedo recordar el sonido que hacían las latas cuando caían sobre el concreto. Luego nosotros levantábamos las rodillas bien alto y las pisábamos muy fuerte; así hacíamos ejercicio. Siempre que una lata se agarraba del zapato de mi mamá o de mi papá, nos reíamos bien duro antes de quitárselas. Nos la pasábamos bien. Éramos una familia y juntos nos reíamos bajo el sol de San Diego.

Así mi papá hacía más dinero, reciclando. Mi papá era un empresario, solo que no le iba muy bien. En los años cincuenta o sesenta, él trabajó en El Cortez Hotel, en el centro de San Diego. Una vez estaba ayudando a preparar un evento cuando una pila de mesas le cayó encima; este accidente lo dejó discapacitado y con una lesión en la espalda. A veces, cuando le dolía mucho la espalda, usaba un bastón para caminar. Con el paso de los años empezó a cojear y caminaba encorvado.

Para proveer a la familia, mi papá compraba carros viejos, los arreglaba y luego los vendía; y apenas si obtenía una ganancia. Algunas personas le decían El Señor de los Huevos, porque iba a comprar huevos a Ramona, California, a una hora de San Diego, y luego volvía a San Diego y daba vueltas por la ciudad, en su troca, para venderlos. Una vez quiso comprar una casa. Dio un anticipo de veinte mil dólares por una vivienda en alquiler con opción a compra, en Logan Heights; un barrio para latinos de escasos recursos ubicado en el sureste de San Diego. Sin embargo, el "vendedor" no era el dueño de esa casa, no tenía la autoridad legal de rentarla y, después de que mi papá pagó la renta por varios meses, el hombre desapareció con nuestro dinero. Era un estafador.

Vivimos ahí hasta que un día llegó la policía con el verdadero dueño y tuvimos que desalojar inmediatamente. Por suerte, un buen amigo de mi papá trabajaba como jardinero para una familia, que era dueña de unos apartamentos en Little Italy, un barrio lleno de latinos e italianos de la clase obrera, donde ya habíamos vivido antes. Mi papá nunca quiso comprar otra casa y convenció a mi mamá de que pensara igual que él.

△ △ △

Mis papás, Ricardo y Espi, se casaron en 1970. Ella tenía veintiocho años. Él, sesenta. Yo nací en 1974, en San Diego. Mientras mi mamá estaba embarazada de mí, tanto ella como mi papá pensaron que iban a tener una niña y me pondrían el nombre de su segunda hija, mi hermana mayor que murió en Tijuana dos años antes por una malformación anorrectal. La noche que nací, estaba lloviendo. De camino al hospital mi papá le preguntó a mi mamá:

—¿Y si es niño cómo le vamos a poner?

—No sé — respondió mi amá.

Justo en ese momento un carro entró a la carretera y el piloto perdió el control del vehículo. El carro patinó y dio vueltas cerca de mis padres. Casi chocan. Mi amá gritó:

—¡Jesús, María y José!

Más tarde, cuando le preguntaron a mi mamá que cuál era mi nombre, lo único que se le ocurrió decir fue Jesús María José.

Después de horas en trabajo de parto, mi mamá me tenía en sus brazos y mi papá estaba parado a la par de ella. Una mujer corpulenta con lentes y de pelo rubio entró al cuarto de mi mamá sin tocar la puerta; la mujer traía a una enfermera que sí hablaba español para que tradujera lo que quería decirles a mis papás. La güera estaba como de malas y le dijo a mi mamá, en inglés:

—Me dijeron que quiere ponerle Jesús María José a su hijo. Y ahí hace falta su apellido y el de su esposo. Es un nombre muy largo. No entiendo por qué los mexicanos siempre quieren ponerles nombres tan largos a sus hijos. Quítele un nombre.

La otra enfermera tradujo amablemente lo que dijo la güera y les pidió disculpas a mis papás. Mi mamá estaba cansada, todavía tenía los cachetes bien rojos y entonces volteó a ver a mi papá con cara de que no quería pelear y le dijo:

—Viejo, ¿qué nombre le quitamos?

—Pues quítale el José para que la pinche vieja se vaya a la chingada y te deje descansar —dijo mi papá.

La enfermera tradujo con cuidado lo que dijo mi papá y entonces borraron el José y me anotaron como Jesus Maria, así, sin tildes.

No nací en el San Diego que la gente se imagina que era en esa época. No era *America's Finest City*, no era la ciudad más bella de los Estados Unidos. Crecí en el centro de San Diego, y de finales de los años 70 a inicios de los 90 era un área llena de mexicanos, italianos y afroamericanos, y en algunos sectores vivía gente de Filipinas, Vietnam, Laos, Samoa y Guam. No había gentrificación y no existía un Gas Lamp District. Los que vivíamos en el centro, o cerca del centro, veíamos a diario lo contradictoria que era la ciudad —de día era un área de negocios y de noche una zona roja con cines para adultos, clubs de striptease, salones de tatuajes, prostitutas, soldados buscando qué hacer, padrotes y traficantes de droga. Si no eras de ese mundo, sabías que no debías estar en el centro de noche. Pero para los que vivíamos ahí y estábamos ahí día y noche, era simplemente nuestro hogar.

En esa época no había apartamentos de lujo o restaurantes caros en esa parte de la ciudad. Unas casas victorianas, que actualmente están bellamente restauradas y valoradas por mucho dinero, pero que entonces estaban casi en la ruina, era donde vivíamos los mexicanos pobres. Mi familia y yo nos alojábamos en una vieja y deteriorada casa victoriana, que había sido partida a la mitad; nosotros estábamos en una de las mitades, que era como un apartamento chiquitito de un piso y que estaba a la derecha de un pasillo bien oscuro. Mi padre y el papá de los vecinos reparaban la casa. No querían decirle al dueño que arreglara las tuberías o pintara las paredes, porque tenían miedo de que les aumentara la renta; ahora ya ni están los columpios que pusimos enfrente de la casa, columpios hechos con llantas y sogas. A pesar de que el centro es un área urbana, la gente tenía gallinas, cabras, gallos y conejos en los jardines que estaban detrás de sus casas, y los animales hacían ruido todo el día. Mi papá sembraba maíz, calabaza, tomates y chiles en el jardín de enfrente, y teníamos también unas gallinas en un gallinero no muy grande.

A mi papá le gustaba recoger los vegetales mientras mi mamá preparaba las gallinas para la cena. Ella agarraba a las gallinas de la cabeza y las hacía girar hasta romperles el cuello. Otras veces les cortaba la cabeza con un gran cuchillo de carnicero y soltaba el cuerpo para que corriera un rato enfrente de nosotros; lo hacía para asustarnos. Se reía mientras nosotros gritábamos. La sopa que hacía siempre la condimentaba con una cabeza y patas de gallina.

Me gustaba cuando nos juntábamos a comer. Compartíamos toda la comida. Todos ayudábamos a poner la mesa. Poníamos platos, vasos y cubiertos, que no combinaban, mientras mi mamá calentaba tortillas con las que acompañábamos todas las comidas. Y casi siempre comíamos arroz, frijoles, tortillas y algo de proteína. Entre comida y comida, me encantaba hacer *hot dogs* mexicanos —con un tenedor agarraba una salchicha y la cocinaba con el fuego de la estufa y después la envolvía con una tortilla y le echaba crema agria o kétchup—. Lo que más me gustaba era ayudar a mi mamá a cuidar a las gallinas o podar las plantas del jardín con mi papá. Recuerdo que a veces mi papá me pedía que recogiera unos tomates, chiles o calabazas de más y luego se los llevábamos a los vecinos en una bolsa. Cada semana ellos también nos daban bolsas llenas de pan, tortillas y huevos. Vivíamos en una comunidad y todos se conocían y se apoyaban. Nunca pasamos hambre.

Δ Δ Δ

Mi mamá me fue a dejar en mi primer día a Head Start. Yo tenía cuatro años y estaba bien asustado. La escuela estaba en Little Italy, en un área que colinda con el centro de San Diego y dentro de una organización sin fines de lucro que se llamaba Bayside Settlement House. En Bayside había programas sociales para familias de inmigrantes de escasos recursos y personas de la tercera edad, y planes de horario postescolar para los niños que iban a Washington Elementary School, una de las escuelas de primaria más antiguas de San Diego y que estaba cruzando la calle.

Yo llevaba unos pantalones de cuadritos y una camisa de franela que no combinaba con los pantalones, y unos enormes zapatos negros. Vi a mi alrededor. En las paredes amarillas de un salón, que parecía haber sido antes una cafetería, había unos posters grandotes con las letras del alfabeto. Unos niños estaban sentados y sin hablar en unas alfombras de colores, y me miraban; parecían estar nerviosos. Otros niños corrían por ahí. Era obvio que los niños que iban corriendo ya eran amigos. Nomás se fue mi amá, me dio mucho miedo. Pensé que mi mamá no iba a volver por mí, entonces corrí a la ventana y vi que se alejaba de la escuela mientras yo gritaba: "¡AMÁAAA!".

Lloré todo el día mientras miraba por la ventana, esperando a que volviera. Nadie me podría haber alejado de esa ventana.

A la hora de la salida yo seguía junto a la ventana, con las piernas cruzadas y cansado de tanto llorar, y de repente vi que venía mi mamá caminando hacia a la escuela. Di un salto y empecé a gritar: "¡*Amá*! ¡*Amá*!" con las manos pegadas a la ventana. Cuando entró a la escuela, yo corrí a ella y la abracé de la cintura, llorando aún más fuerte, bien feliz y aliviado.

—Ya, ya, Jesse, aquí estoy, mijo —dijo una y otra vez—, ya estoy aquí, mijo. —Todavía recuerdo su voz consolándome: "Aquí estoy".

Al año siguiente fui a Washington Elementary. Mi maestra de kindergarten, la risueña Srta. Kay, tenía el pelo largo y lleno de canas. Era muy alta y usaba vestidos muy largos y botas negras de cuero. Olía a flores y plantas y siempre me hizo sentir bienvenido. Me hacía preguntas, me motivaba a aprender y me decía que podía hacer todo en la vida, ser lo que yo quisiera ser. Ella fue la primera persona que me dijo algo así, y siempre me decía que yo era un niño inteligente. Con el paso de las semanas empecé a ver con ilusión las estrellas que la Srta. Kay pegaba en mis tareas, y cuando escribía mi nombre en el pizarrón y le dibujaba estrellitas cada vez que me portaba bien.

Sin embargo, ese año empecé a tener migrañas cuando leía o escribía. La enfermera de la escuela le dijo a mi amá que me llevara con el optometrista. Necesitaba lentes. Recibíamos apoyo de los servicios sociales de San Diego y de un seguro gubernamental llamado Medi-Cal. Los únicos lentes que podía obtener con el apoyo de mi seguro eran unos lentesotes bien feos con marcos negros o cafés. Resulta que tenía una visión 20/20 en mi ojo derecho y 25/50 en el izquierdo. Entonces un lente era bien grueso y el otro bien delgadito. Cuando los tenía puestos, los lentes se me iban a un lado y se me veían torcidos.

Y así empezó el *bullying*.

Mi hermano es tres años mayor que yo y fue quien comenzó. Me decía *nerd*, *dork*, cuatro ojos y cíclope. Cuando decía eso era como si alguien le hiciera cosquillas, y por reírse tanto se le ponía la cara bien roja. Además, como yo tenía alergias y me daban ataques de asma, me puso de apodo *bubble boy* —el chico de la burbuja— y siempre que volvíamos con mi amá del hospital o del consultorio, mi hermano me decía que me iría mejor si viviera dentro de una burbuja. Los otros niños copiaron lo que hacía mi hermano y también empezaron a decirme *Nerd*. Entonces me convertí en el *Mexican nerd*, el nerd mexicano que usaba unos lentes torcidos para niños pobres. Me convertí en un cíclope feo. Para empeorar las cosas, para verme todavía más feo, más *nerd*, a mi mamá le gustaba peinarme con una loción bien grasosa marca Wildroot o con pomada Tres Flores.

Mi mamá y mi papá usaban lentes y se aseguraban de que yo siempre tuviera puestos los míos. De ahí mi papá me empezó a decir campamocha tuerta, porque cuando me ponía los lentes un ojo se me veía más grande que el otro. Nunca me molestó que me dijera campamocha. Todo mundo tiene apodos en México y que mi papá se inventara uno para mí me hizo muy feliz; era su manera de demostrarme que me quería y yo también me sentía querido.

Siempre fui de los niños más inteligentes en mi clase. Terminaba los exámenes de matemáticas antes que los demás, sacaba las notas más altas y era de los que leía más rápido, hasta que llegué al tercer grado y me enviaron al aula de mi hermano para recibir clases de lectura, inglés y matemáticas con los de sexto grado. No me habló ni una sola vez.

Mi hermano era lo opuesto a mí. Tenía la piel blanca, el pelo castaño dorado y un cuerpo musculoso. Le encantaba hacer deporte. Todas las niñas del barrio estaban enamoradas de él. Pensé que mi hermano iba a estar orgulloso de mí, por estar en su clase, pero me vio como una carga. Ya me había acostumbrado a que me molestara en casa, pero me dolió que ni volteara a verme. Pensé que mi inteligencia era la única ventaja que tenía sobre mi hermano, pero no importaba. Él era más grande y más fuerte y siempre estaba con los niños populares. Era también el favorito de mi papá, porque le gustaban las mismas cosas que le agradaban a mi papá, cosas de hombres, de machos. Mi papá estaba más orgulloso de mi hermano que de lo que alguna vez pudo haber estado de su otro hijo, de su hijo el *nerd*, el que le gustaba estar con su amá en la cocina.

De noche, en casa, era el único momento cuando sentía que mi papá me aceptaba de alguna manera, porque me ponía a hacer ejercicios de matemática y pasaba horas haciéndolos. Luego, antes de irme a dormir, jugábamos ajedrez. Por otro lado, a mi hermano le gustaba molestarme hasta hacerme llorar. Para escapar de su voz burlona y poder estudiar en paz, me encerraba en el cuarto; desaparecía en mi amor por aprender cosas nuevas. Por supuesto que esto hacía que mi mamá y mis maestros estuvieran orgullosos de mí. Yo era un niño inteligente, un buen niño. Sin embargo, en casa, mi mamá era la única que me defendía.

—¡Déjamelo en paz! —le gritaba a mi hermano, cuando escuchaba que me estaba molestando.

Mi papá no decía nada. Su silencio era, para mí, la forma en que él aprobaba el comportamiento de mi hermano. Era como que si él necesitara que yo me volviera más hombre.

Un día unos maestros me sacaron de clase a mí y a otro estudiante para que hiciéramos un examen en la cafetería de la escuela. Cuando llegaron los resultados, los administradores de la escuela le dijeron a mi mamá que había sacado muy buenas notas y le recomendaron que me inscribiera en una escuela imán que ofrecía programas para niños talentosos. Le dijeron que sería algo bueno para mi futuro. La escuela imán estaba en otro barrio de San Diego, en un distrito de gente blanca.

△ △ △

Pensaba que lo único para lo que era bueno en la vida, era estudiar. Cuando me cambiaron de escuela, y me tocó casi que volver a empezar desde cero, en un lugar diferente, sentí como que me estaban castigando por ser inteligente.

—¿Por qué tengo que ir a una escuela donde no conozco a nadie? —le dije, llorando a mi mamá.

A pesar de que molestaban, de que me atormentaban en Washington Elementary, conocía a todos y a todo y sabía cómo funcionaban las cosas ahí.

En la nueva escuela los niños me molestaban aún más. Por ser diferente me trataban como un paria. Ninguno de los niños blancos llegaba en autobús a la escuela, porque vivían cerca. O llegaban caminando o sus papás los iban a dejar en sus carros de lujo. Ellos me molestaban porque me iba en el gran autobús amarillo de los niños pobres y tontos que vivían en el barrio. Pasé de ser un niño inteligente y un *nerd*, en mi escuela anterior, a que me dijeran cosas como frijolero, mojado y pendejo.

La escuela nueva se llamaba Sunset View Elementary y estaba en Point Loma, en uno de los sectores más adinerados de San Diego y, desde ahí, se podía ver el mar y las luces de la ciudad. Los niños pobres iban a Sunset Cliffs en Point Loma a pedir dulces para Halloween, porque allí la gente daba caramelos caros, que no les regalarían en los barrios. En Sunset View yo era un estudiante promedio y ya no me sentía tan inteligente.

Jesse tiene mucho potencial, pero no se esfuerza. Muchas veces escuché eso durante las reuniones entre padres y maestros.

Mi mamá me regañaba enfrente de los profesores. La hacía quedar mal. Hacía que sintiera vergüenza. Que estuviera decepcionada de mí. No estaba cumpliendo con las expectativas de la escuela o de mis maestros, y eso significaba que tampoco estaba cumpliendo con las esperanzas de mi mamá y mi papá.

Después de una reunión de padres y maestros, mi amá me castigó cuando llegamos a la casa. Recuerdo que fue la primera vez que le respondí a mi mamá, que le falté el respeto. Llegamos a la sala de nuestro pequeño apartamento, una sala que estaba rodeada de paredes blancas donde teníamos colgadas tres fotos familiares, una gran imagen de la Virgen de Guadalupe y una de Jesús caminando en un cerro junto a dos ovejas. Fui a encender la tele y mi amá me agarró del brazo, me sentó en el sillón amarillo de segunda mano que habíamos comprado, y me gritó. Me dijo que no podía ver la tele hasta que sacara mejores notas.

—No vas a ver televisión y le voy a decir a tu papá que te haga hacer más matemáticas hasta que mejores tus calificaciones —me gritó.

—¡Pues yo no tengo la culpa! ¡La culpa la tienes tú! —le grité de vuelta—. ¡Todo es tu culpa! No le caigo bien a esa gente y no importa cuánto me esfuerce, nunca va a ser suficiente. Para empezar, nunca debiste meterme en esa escuela. ¡Eso te ganas por escuchar a esos maestros y meterme en esa escuela!

Levantó la mano como para pegarme, pero no me pegó. Me encogí del miedo y me volvió a gritar.

—¡Soy tu madre y a mí se me respeta, cabrón! ¡Vete a tu pinche cama y ahí te quedas hasta que yo te deje salir!

Me empujó dentro del cuarto que compartía con mi hermano; adentro estaban nuestras literas.

Le eché la culpa a mi mamá por sentirme avergonzado. Le guardé rencor a mi amá por motivarme a leer y a mi papá por obligarme a resolver problemas de matemáticas. Sabía que tenía buenas notas, y que la gente pensaba que yo era inteligente precisamente porque mis papás me motivaron a aprender y a repasar lo aprendido. A pesar de que me encanta jugar ajedrez, leer y resolver problemas de matemáticas, ese día dije que no volvería a hacer ninguna de ellas. No comprendía por qué mis papás no entendían que los niños de la escuela me trataban muy mal; había una

línea entre mi mundo y el de ellos, y a mí me obligaban a
tener un pie de cada lado.

Δ Δ Δ

A veces las fiestas de cumpleaños de los niños de mi nueva
escuela eran en la casa de algún niño rico y varios tenían
piscinas. Estaba emocionado porque nadie en mi barrio
tenía piscina. Ni siquiera teníamos césped en los patios. Ya
quería ir a mi primera fiesta y meterme a la piscina, y no
pude esconder mi alegría cuando vi que mi mamá agarró
unos *jeans* viejos de mi hermano y los convirtió en *shorts*.
Me sentía orgulloso al llevarlos puestos, de cómo me veía
con ellos. Nunca pensé en sentirme cohibido por no tener
un traje de baño de verdad. Nos tocaba improvisar con lo
poco que teníamos. Mi mamá era bien creativa y eso me
gustaba y estaba orgulloso de ella.

El día de la fiesta, nuestra maestra nos mostró la casa de
los anfitriones. Me impresionó la casa. Para mí era como
estar dentro de un palacio. Entramos por la puerta de al
lado, que daba al inmenso y perfectamente diseñado patio
trasero, y donde había unas preciosas plantas bien verdes
y varias pelotas de playa de muchos colores, para que los
niños jugaran con ellas mientras los adultos cocinaban
carne en una enorme parrilla. Había niños de nueve y
diez años, y de repente un grupo de ellos se tiró a la piscina y todos gritaban y se reían como que si todo eso fuera bien normal, y es que para ellos sí que lo era. No les

impresionaba la opulencia que tenían alrededor. Otros niños corrieron a agarrar las pelotas y empezaron a tirarlas de un lado a otro.

Yo me quedé hasta atrás, cerca de la maestra, viendo para todos lados, viendo lo bonita que era la casa, el jardín bien recortado y la piscina, viendo a los niños que reían y jugaban. Me quité la camisa, la puse sobre una silla, y debajo de la silla puse mis huaraches. Y ahí estaba yo, por primera vez en una fiesta privada, en el patio trasero de alguien. No me aguantaba las ganas de ir a jugar.

Pero nomás empecé a caminar, y antes de que pudiera tirarme a la piscina, los otros niños y una niña, cuya familia era dueña de la casa, empezaron a gritarme:

—¡No puedes entrar! ¡Alto! ¡Si entras, vas a ensuciar la piscina! ¡Estás bien sucio! ¡Además ya estás bien mojado, *you wetback!*

Me dijeron que era un mexicano sucio. Me recordaron que no pertenecía a ese lugar. Sentí como que si alguien me apuñalara en el pecho y moviera el cuchillo dentro de mí y se me llenaron los ojos de lágrimas.

—¡Mírenle los *shorts!* —gritó otro niño—, y escuché como que si todos los otros niños se reían de mí al mismo tiempo.

Me quedé a la orilla de la piscina, llorando en silencio, viendo hacia abajo mientras más y más niños se burlaban y reían de mí. La maestra me jaló hacia ella, pero yo la hice a un lado y me fui llorando. Intenté esconderme detrás de una palmera y le pedí a Dios que me llevara lejos de ese lugar tan malo. Pensé en mi mamá y que ella me obligó a ir a esa escuela. La odiaba por eso. La maestra fue a buscarme. Tenía mi camisa y mis huaraches, y me llevó de vuelta a la escuela para que esperara ahí hasta que llegara mi papá.

Nunca le conté a mi mamá lo que pasó ese día y nunca me volvieron a invitar a una de esas fiestas. En vez de eso, las maestras me mandaban a una oficina a hacer tareas hasta que era la hora de la salida. Me dolía que no me invitaran a esas fiestas y, por eso, me sentía más como un inadaptado. Muchas veces me preguntaba si los maestros y los empleados de la escuela veían lo que pasaba, y si sí, ¿por qué no me ayudaban? O tal vez sí sabían lo que estaba pasando y pensaron que lo mejor era alejarme de todos, que eso era lo más humano. No importa la razón, yo estaba solo.

Entre Navidad y Año Nuevo, cuando estaba en el cuarto grado, viajamos veinticinco horas de San Diego a Mazatlán, para ir a ver a la familia de mi mamá. Mi papá nos metió a todos dentro de su destartalada camioneta Dodge Tradesman, modelo 70, con piso de alfombra y una defectuosa casetera. No podía leer de camino, porque me mareaba, entonces no hice otra cosa más que cantar música norteña con mi familia. Solo eso cantábamos. Mi hermano tenía un casete con otro tipo de música, y tenía además una canción en inglés que se llamaba *Funkytown*. Siendo honesto, disfruté mucho ese viaje. Lo gocé hasta que se fundió el radiador de la camioneta de mi papá y nos quedamos en una carretera en medio del desierto, a media hora de Culiacán; nos faltaba menos de tres horas para llegar a Mazatlán. Por suerte, alguien llevó a mi papá hasta Culiacán y ahí encontró un mecánico que fue a traer la *van* en una grúa. Dormimos dentro de la *van* por dos días, hasta que el hombre finalmente pudo arreglar el radiador.

Cuando al fin llegamos a Mazatlán, todos queríamos bañarnos. Pensé que me iba a duchar con agua tibia y dentro de un baño, como los que hay en Estados Unidos. Pero en vez de un baño bien limpiecito, encontré un inodoro que era más bien un bloque de cemento con un hoyo que daba a la tierra y que estaba dentro de un cuartito de madera con techo de metal, en el cobertizo al fondo del patio. La regadera, que estaba cerca de una cocina al aire libre, que parecía más una palapa, era apenas una tubería que llevaba agua de un reservorio subterráneo a una ducha hecha de láminas de metal. El agua estaba bien fría. Mi tía se reía de mí, porque yo no estaba acostumbrado a cómo vivían ellos y me hizo esperar ahí, desnudo, bajo la regadera, mientras mis primos traían una tina de metal. La llenaron de agua mientras yo me hacía un lado, tapándome torpemente, y mientras mi tía ponía a hervir una olla llena de agua para calentar la que estaba dentro de la tina de metal.

Cuando mi tía llegó con el agua hirviendo, también me dio una taza de metal y una barra de jabón entre amarilla y café, y que era tan grande como un ladrillo. Por la mirada que le di, mi tía se dio cuenta de lo impresionado que estaba por todo. Nos quedamos ahí por dos semanas. Pasamos las fiestas de fin de año y el Día de Reyes con un montón de parientes, con mi tía, sus dieciocho hijos y sus familias.

Cuando regresamos a San Diego yo estaba muy cansado y me dolía todo el cuerpo. Tenía la piel y los ojos amarillos, tenía ictericia. Fuimos con un doctor y resultó que tenía hepatitis A. Estuve en cuarentena por tres meses en mi cuarto y todos los demás tuvieron que ponerse vacunas contra la hepatitis. Por primera vez tenía un cuarto para mí solo y además me obligaron a tener mi propio plato, taza, cuchara y tenedor. Nunca había tenido algo que fuera solo mío. La verdad es que no me gustó. Me había acostumbrado a compartir todo con los demás. Así era yo.

Siempre que iba al baño tenía que cubrir la taza con papel encerado y después limpiarlo con cloro. Sentía que yo estaba como contaminado. Tuve la oportunidad de seguir estudiando y de hacer las tareas en casa. Cada semana mis papás recogían e iban a dejar las tareas a la escuela. Pero en esos tres meses no recibí clases. Las maestras me mandaban instrucciones cada semana, junto con las tareas. Y como mis papás no sabían leer en inglés, no podían ayudarme. Pero a pesar de todo, hice todos los deberes y siempre saqué buenas notas.

Conforme mejoraba, noté que mi amá seguía preocupada por mí. Una vez que fuimos al doctor, escuché que él le dijo a ella que mi hígado iba a sufrir consecuencias a largo plazo. Ella volteó a verme y le pidió al doctor, que hablaba español, si podían conversar en privado. Me dejaron ahí en la oficina del doctor. Cuando regresaron vi que mi mamá tenía los ojos rojos y bien hinchados, como si hubiera estado llorando. De camino a casa le pregunté si ella estaba bien.

—Cuando naciste, mijo, tu vena aorta, una vena que tienes en el corazón, era muy delgadita y no estaba bien abierta. Cada vez que llorabas te ponías morado. Pensamos que te íbamos a tener que operar. Pero los doctores te tuvieron en observación por varias semanas, con la esperanza de que la venita creciera por sí sola y creció. Pero siempre que te pasa algo, me da miedo de que te me vayas a morir, igual que como nos pasó con tu hermana —dijo llorando, mientras me abrazaba bien fuerte.

No sabía qué decirle y solo dejé que me abrazara y me llenara de besos. Cuando llegamos a la casa me hizo mi comida favorita: una salchicha dentro de una tortilla, con kétchup. Ese día supe que podía manipular a mi amá, que podía hacer que pensara que estaba más enfermo de lo que estaba en realidad, y que así podía no ir a la escuela, no ver a los niños que me molestaban tanto o escuchar a las maestras que me decían todo el día que no me esforzaba lo suficiente.

Cuando finalmente regresé a la escuela, me hacía el enfermo al menos una vez a la semana. Si estaba en la escuela, pasaba ratos con la enfermera hasta que ella me creía que estaba enfermo y así podía irme a casa. Ni una maestra, ni los coordinadores, ni siquiera las psicólogas de la escuela averiguaron por qué siempre estaba enfermo. Mientras tanto, la pobre de mi mamá me llevó con un montón de

especialistas. Cada doctor solo la preocupaba más porque pedían que me hicieran más y más exámenes, rayos
X, resonancias, tomografías, que me sacaran sangre, una
prueba de alergias. Sin embargo, nunca fingí tener asma,
pues siempre fue algo constante en mi vida. Mi papá le
echaba la culpa a los genes de mi mamá. Decía que era su
culpa que yo estuviera enfermo todo el tiempo, porque la
mamá de mi mamá tuvo asma toda su vida. Mi papá le
echaba la culpa de todo a mi mamá.

Las únicas veces que fui realmente feliz en esa época,
era cuando estaba en casa, tirado en la sala, rodeado de libros, la enciclopedia y revistas *National Geographic* que sacaba de la biblioteca, y mientras miraba *Wild Kingdom* en
la tele. Me encantaba leer la enciclopedia, buscar palabras
en el diccionario, colorear, armar rompecabezas, ver documentales, conocer sobre otros lugares y la gente que vivía
en esos sitios. El aprender me permitía escapar, ir a otros
mundos, los que eran diferentes al mío, mejores al mío.

También podía escapar cuando limpiaba la casa. Mientras mi hermano salía a jugar con otros niños del barrio,
cuando iba en bicicleta, cuando estaba cambiando llantas,
jugando béisbol o futbol americano, yo ayudaba a mi *amá*
a limpiar la casa. Los sábados me despertaba temprano
para ayudarla a preparar la comida. Revisábamos que, entre los frijoles pintos, no hubiera piedras o frijoles quebra-
dos o dañados. Al terminar dejábamos los frijoles en agua.
Luego ayudaba a mi mamá a cortar vegetales para hacer
salsa, a hacer huevos con chorizo y tortillas de harina.

De vez en cuando mi papá le decía a mi mamá cosas como:

—Lo vas a convertir en mariposa.

Mi mamá lo mandaba a callar con ojos de súplica y mi papá dejaba de hablar y se chupaba los dientes, antes de voltear a ver la pelea que estaban pasando en la tele. Cuando era niño no entendía por qué a mi papá no le gustaban las cosas que yo hacía. Para mí las mariposas eran bien bonitas, entonces cuando le decía cosas así a mi mamá, yo me sentía orgulloso. No sabía que por hacer "cosas de niña", y por no ser tan "macho" como mi hermano, mi papá creía que me iba a volver gay y le echaba la culpa a mi mamá de esto.

Cuando cumplí nueve años, mi papá finalmente dejó de tratar de enseñarme a arreglar carros o bicicletas. Además, ya no me tenía paciencia y me gritaba, me decía cosas como:

—Ya, olvídalo. Ve a ayudar a tu mamá en la cocina. Solo para eso sirves. Eres un bueno para nada.

Yo prefería ayudar a mi amá. Además, me gustaba ver cuando mi hermano y mi papá comían lo que preparábamos mi amá y yo. Después de cocinar, ayudaba a mi amá a lavar la ropa. La ayudaba a separar la ropa oscura, la de colores claros y la ropa blanca, y las ponía en bultos. Después de cada lavada, ponía la ropa en una canasta de plástico y la llevaba afuera del apartamento. Colgábamos la ropa en el tendedero, con unos ganchos de ropa de madera que teníamos dentro de una gran bolsa. Casi siempre cuando terminábamos de colgar la primera tanda de ropa, la lavadora ya había terminado de lavar la segunda. Mientras hacíamos esto, yo disfrutaba y me reía mucho de las historias de mi amá. Me contó que su mamá se enojaba siempre que la encontraba jugando canicas con los niños del barrio y que la regañaba en frente de todos diciéndole que era una marimacha. Sentí que mi ama me lo dijo porque quería hacerme sentir bien de ser como era yo.

Al terminar de lavar la ropa, ella iba a limpiar la cocina y yo el baño. Echaba jabón Ajax en la bañera y fregaba la regadera y los azulejos, y después el inodoro, el lavamanos y por último el piso. Me sentía útil. Me gustaba tener un propósito en casa.

Al terminar las tareas, mi papá me decía que fuera a jugar. Pero tenía miedo de salir a la calle, porque podía toparme con mi hermano, y él siempre encontró una forma de hacerme sentir rechazado; me trataba como si fuera una carga para él o como si lo avergonzara enfrente de sus amigos. Él me obligaba a jugar *dodgeball* con piedras, me pegaba con trozos de piedra caliza. Cuando jugábamos dardos en el callejón de atrás, al terminar, a veces me tiraba un dardo que "se le había olvidado", que tenía en la mano. A veces se ponía a dispararle a latas de refresco con una pistola de balines y, al finalizar, me disparaba a mí. Se burlaba de mí porque yo siempre estaba enfermo. Nunca entendí por qué me odiaba tanto.

Luego un día, cuando tenía nueve años, tuve la brillante idea de darle un trago a la botella de brandy de mi papá, justo antes de salir a jugar con los otros niños. Mi papá guardaba esa botella en la cocina, debajo de la tarja; la guardaba allí por si había visitas. Así me acostumbré a tomar brandy. Cuando me obligaban a salir a jugar, iba a escondidas a la cocina y agarraba la botella de mi papá. Era una botella de brandy Don Pedro. Me gustaba cuando el alcohol pasaba quemándome la garganta; me calentaba el pecho y el cuerpo. Fortalecido, entonces sí salía a jugar.

A pesar de que mi papá se la pasaba ladrándole, gritándole a mi mamá por cualquier cosa —que la cena no estaba lista, que las tortillas no estaban calientes o crujientes, como a él le gustaban; que no había planchado bien los pliegues de sus pantalones—, mi mamá nunca le dijo nada. Un día fue a pintarse las uñas con una vecina que vendía productos Avon. Le compró un lápiz labial color rojo suave, casi rosado. Mi mamá, bien orgullosa, llegó a enseñarme sus uñas. Luego se pintó los labios y dijo:

—Ojalá le guste a tu papá. Creo que me veo bonita. ¿Tú qué crees, mijo?

Le agarré la mano, para verle las uñas y sonreí.

—Me encanta, amá. Te ves muy linda. ¡A mi apá también le va a gustar cómo te ves!

Mi amá fue al baño y yo la ayudé a arreglarse el pelo; quería verse bonita para mi papá. Pero cuando él regresó a la casa y la vio, se puso bien enojado y le dijo a mi amá que era una puta.

—Solo las putas que quieren agarrar un hombre se ponen maquillaje y se pintan las uñas. ¡Vete a quitar esa mierda de la cara y de las manos! —le gritó.

—Mi mujer no se va a ver como una puta.

Mi mamá no quiso pelear y fue a limpiarse los labios y tiró el lápiz labial a la basura. Se quitó la pintura de las uñas, sin hacer ruido, y luego fue a la cocina a prepararle la comida a mi papá. Sin decirle a nadie, yo fui a sacar el lápiz labial de la basura y esa noche, cuando mi mamá llegó a mi cuarto a rezar conmigo, se lo enseñé.

—Amá, lo fui a buscar en el basurero y lo voy a guardar debajo de mi colchón para que lo uses siempre que quieras.

—No, mijo, si tu papá se entera, se va a encabronar; mejor tíralo —dijo.

Me fui a dormir, pero igual no entendía. Todo lo que mi amá hacía, lo hacía por él y por la familia. ¿Por qué, entonces, tuvo él que enojarse tanto? Pero ese día algo cambió. Las peleas empeoraron. Mi papá criticaba a mi mamá y ella le respondía con ira. Ella le gritaba, le decía que él la estaba engañando, que era un pendejo mujeriego y un pinche abusivo. Un día mi papá le levantó la mano y amenazó con golpearla. De un brinco mi hermano y yo nos levantamos del sillón, donde estábamos, tratando de ignorarlos, y nos pusimos entre los dos. Mi hermano empujó a mi papá hacia la puerta y lo sacó de la casa, gritándole que se saliera, mientras yo intentaba sujetar a mi mamá. Ella me hizo a un lado, como si fuera un muñeco de trapo e intentó agarrar a mi papá, pero él salió corriendo del apartamento y cerró la puerta detrás de él, antes de que mi mamá pudiera alcanzarlo. Mi hermano y yo estábamos muy asustados y tratamos de consolar a mi mamá. Pero ella estaba bien encabronada, rompiendo platos en la cocina.

—¡Pinche viejo, hijo de su chingada madre! ¿Cómo se le ocurre levantarme la mano? Le parto su pinche puta madre antes de que me toque, pinche viejo cabrón. ¿Qué se cree, que me voy a dejar pegar, porque siempre me quedo callada? ¡Me quedo callada para evitar pleitos y mantener a la familia unida, pero ya! ¡Ya no puedo más! —gritó mi amá.

A partir de ese día mi mamá no se quedó callada. Gritaba y gritaba todo el tiempo. Pero mi papá no volvió a levantarle la mano.

CAPÍTULO 2

Fue en una tienda de regalos. La tienda era pequeña y las repisas y las paredes estaban llenas de botellas de refresco y tarjetas de regalo.

—Perdone, ¿tiene globos de agua? —le pregunté al tendero.

—Acabamos de recibir un envío. Hay una caja en la bodega. Dame un minuto.

El tendero medía como un metro ochenta, tenía una cintura pequeñita y un cuerpo promedio. Llevaba unos *jeans* descoloridos, botas negras, una camiseta blanca y un cinturón negro, y tenía el pelo negro y un bigote grueso, también negro. Se parecía a Freddie Mercury.

Era uno de los días más calientes de la historia en San Diego y sin duda el día más caluroso del verano de 1985. Todos los niños del barrio se iban a juntar para una pelea de globos de agua. Casi nunca teníamos dinero para comprar globos. En vez de eso, llenábamos de agua unos baldes y nos perseguíamos cargándolos. Pero llegó el día que todos se cansaron de cargar baldes y los niños más grandes juntaron el dinero que tenían para comprar globos. Como yo era de los niños más pequeños, y al que mandaban a hacer de todo, mi hermano me dio el dinero a mí.

—*Hey, nerd* —me gritó—.Ve en tu bici a Safeway y compra unas bolsas de globos.

En Safeway no vendían globos, pero a pocas cuadras encontré una tienda de regalos. Di una vuelta en la tienda y vi que hasta atrás había una sección con tarjetas de regalo para adultos. Obviamente fui a verlas. Tenía once años y medio y empezaba a entrar a la pubertad. El corazón me latía bien rápido y me sudaban las manos. Sabía que no tenía que estar ahí y tenía miedo de que alguien viera lo que estaba haciendo. Conforme avanzaba en el pasillo, las tarjetas se volvían más explícitas.

Nunca había visto tarjetas como esas. No eran de esas que se doblan a la mitad; estas se doblaban en cuatro y adentro tenían fotos de mujeres desnudas. Ya había visto mujeres desnudas en la tele. A veces mi hermano y yo esperábamos a que mis papás se fueran a dormir, y entonces poníamos el Playboy Channel, movíamos el gancho de ropa que usábamos como antena para ver mejor las chichis que aparecían entre las líneas onduladas del televisor.

Mientras más miraba las fotos, más me concentraba en ellas. Era como que si todo a mi alrededor dejara de existir. De niño, yo era un católico apasionado. Los domingos iba a misa dos veces, porque era monaguillo. Al ver esas tarjetas sentía que iba dentro de una montaña rusa, era un viaje físico y emocional. Físicamente estaba excitado.

Emocionalmente sentía la vergüenza y culpa que notaba siempre que hacía algo malo. Parte de mí sabía que debía dejar de ver esas tarjetas, que debía largarme de esa tienda y pedirle perdón a Dios una y otra vez, hasta llegar a casa. Pero parte de mí quería quedarse ahí mismo.

Las tarjetas que estaban al final del pasillo tenían imágenes de hombres y mujeres teniendo sexo. Nunca antes le había visto el pene a otro hombre. El corazón me latía más rápido. Las manos me sudaban más y más. ¿Sentía admiración o atracción a los hombres que aparecían en las fotos? Creo que una parte de mí se despertó en ese momento.

Estaba muy concentrado cuando sentí una mano en mi hombro. Me di la vuelta rápido y vi que ahí estaba el tendero, enfrente de mí; detrás de él estaba la puerta.

Se rio y se agachó a recoger la tarjeta que había dejado caer cuando me sorprendió. La abrió, la observó durante un rato y dijo:

—La tiene grande, ¿no?

Me cachó. Me quedé ahí parado sin decir nada y viendo hacia abajo, pensando si alguien más me había visto.

Se volvió a reír.

—¿Buscabas algo?

Vi a mi alrededor. No había otros clientes. Otra vez viendo hacia abajo dije:

—Perdón. Vine a ver si tenía globos de agua, porque queremos tener una pelea de globos de agua, pero usted estaba ocupado y entonces…

—No te preocupes. Ve a agarrarlos. Ahí está la puerta. Los globos están en una caja en el suelo. —El hombre señaló una bodega y se fue de regreso al mostrador.

Tan pronto entré a la bodega vi la caja sellada en el piso. Me di la vuelta, como para decirle que la caja estaba sellada, pero el hombre estaba ahí nomás, debajo del marco de la puerta. Era yo tan ingenuo e inocente, que lo único que se me ocurrió fue pedirle permiso para abrir la caja. Pero no había ni abierto la boca cuando él me dio un golpe en la cara. Sentía como que si tuviera la cabeza envuelta en llamas. Caí al suelo. El hombre me levantó del cuello y me aventó a la estantería que rodeaba la habitación. De nuevo caí al suelo; yo era un bulto asustado y lleno de dolor. *¿Será que cambió de parecer y se enojó porque entré a la bodega? ¿Será que piensa que voy a robarle algo?* Nunca había robado nada en mi vida. Empecé a pensar babosadas mientras trataba de entender qué estaba pasando. Pensé: *¿Qué hice mal?*

Me había peleado con niños del barrio y con mi hermano, pero nunca antes me había golpeado un adulto o me habían aventado así. Yo todavía era un niño.

El tendero me levantó otra vez, me empujó contra la pared, me puso el brazo en el cuello y con la otra mano me bajó los *shorts* y el *bóxer*.

—¡No digas nada! —me dijo al oído—. Si gritas o te mueves, te voy a hacer algo que sí te va a doler.

El hombre se agachó y metió mis partes privadas en su boca. No me podía mover. Estaba en shock, tenía miedo, estaba aturdido, muy confundido. Me empujó más duro contra la pared, mientras yo lloraba. El hombre tomó aire y me dijo que me relajara y que disfrutara lo que estaba haciendo o si no me iba a lastimar. No sabía qué hacer, entonces simplemente cerré los ojos, los apreté bien duro y traté de no escuchar lo que estaba pasando. Lágrimas rodaban sobre mis mejillas. Desconecté mi cuerpo de mi alma y de mis sentimientos.

Cuando terminó, el hombre me dejó ir y me dijo que tenía que regresar en los próximos días o si no iba a averiguar dónde vivía e iba a matarme a mí y a toda mi familia. Se levantó del suelo y se abrochó el pantalón mientras yo estaba congelado, contra la pared y con los *shorts* en el suelo.

Viéndome, me gritó, "¡Vístete!".

Me subí los *shorts* y salí corriendo. Riéndose, el hombre me agarró de la camiseta y medio me arrastró hacia la salida. Estaba cerrada. El hombre le quitó llave a la puerta, pero no la abrió. Me dijo que caminara despacio, como que si no hubiera pasado nada. Sacó dos bolsas de globos de agua que tenía en el bolsillo del pantalón y me las dio.

—Nos vemos —dijo, despidiéndose con la mano y sonriendo, mientras abría la puerta para al fin dejarme ir.

Caminé como aturdido de vuelta a mi bicicleta. Tenía miedo de ver hacia atrás, por si el hombre me estaba viendo. Cuando llegué a la casa, todos se dieron cuenta de que estaba todo golpeado. Mi amá entró en pánico. Les dije que me había caído de la bicicleta y me había golpeado la cara en una banqueta.

Esa noche no pude dormir. Enterré la cara en mi almohada para que mi hermano, quien dormía en la litera de arriba, no me escuchara llorar. Estaba avergonzado de lo que había pasado y tenía miedo. Pensaba si el hombre realmente era capaz de encontrarme si no regresaba a la tienda. Creía que me iba a matar. Creía que iba a matar a mi familia. Me habían robado la inocencia.

Me tomó años entender que yo era la víctima de un violento depredador sexual y que él me había violado. En ese entonces pensé que yo tenía la culpa. *¿Por qué tuve que ir a esa tienda a comprar globos de agua?* Estaba enojado conmigo mismo por haber sido tan ingenuo. Estaba furioso conmigo mismo por no haberle dicho la verdad a mí mamá. Estaba rabioso conmigo mismo por no haberle pegado de vuelta al hombre, por no haberme defendido. Esa noche estaba acostado en mi cama y me sentía débil. Tomé la decisión de cambiar.

Iba a cambiar todo de mí, todo de quién era Jesse, ese niñito estudioso. No iba a permitir que nadie más viera el miedo y la tristeza que tenía dentro. A partir de esa noche iba a esconder y proteger a ese niñito miedoso. Decidí que no me iban a lastimar otra vez así.

CAPÍTULO 3

Ese verano, después del incidente en la tienda de regalos, pasé los días lleno de miedo. Cuando me despertaba en las mañanas, el corazón me latía rapidísimo; tenía miedo de ver la cara del tendero en la ventana de mi cuarto. Y por las noches, me iba a dormir con miedo de lo que podía pasar el día siguiente. *Mañana puede ser el día que finalmente ese hombre mate a mi mamá,* pensaba. Fui a la tienda una y otra vez, y me sudaban las manos y me palpitaba fuerte el corazón, era, pues, un niñito angustiado.

—Quédate aquí hasta que te diga que puedes salir —decía el hombre cada vez que terminaba de masturbarse; se masturbaba mientras me daba sexo oral.

Seguido, y de la nada, me daba una cachetada en la cara y yo caía al suelo. Siempre me tomaba por sorpresa. Cinco minutos después me avisaba que ya podía salir.

Sal y recuérdate que tienes que volver en dos días. Si le cuentas a alguien lo que hacemos acá, nadie te va a creer. Ya sabes lo que voy a hacer si le cuentas a alguien. ¿Entendiste?

Siempre que él salía de la bodega como que si no hubiera pasado nada, yo tenía una mezcla de sentimientos, eran confusos y contradictorios. Sentía alivio porque había terminado. Pero también sentía un vacío y como que estaba desconectado de mis emociones, y sorprendido de lo tranquilo que yo estaba. Pasaba los días en un tipo de perpetua incredulidad. Me preguntaba si esto realmente me estaba pasando a mí y por qué. Sobre todo, me echaba la culpa a mí mismo. Dios me estaba castigando por los pensamientos que tuve ese día, cuando estaba viendo las fotos de las mujeres desnudas que estaban en las tarjetas.

Después, de camino a casa, me decía a mí mismo que todo era mi culpa, que yo era un bueno para nada, tal como decía mi papá, y que me lo merecía, que merecía todo lo que me estaba pasando. *Tal vez no me hubiera pasado nada si yo supiera pelear o si hiciera cosas de machos, como mi hermano.*

No le conté a nadie lo de la violación. Tenía miedo y por eso volvía a la tienda cada dos o tres días, al salir de la escuela. Las golpizas variaban en severidad y frecuencia. A veces el tendero era hasta cordial y amable. No sabía cómo se iba a comportar. Me encogía y brincaba cuando él se movía muy rápido, y eso le gustaba y sonreía siempre que yo lo hacía.

Un día sacó una pipa de su bolsillo trasero y una bolsita de plástico llena de hierbas verdes color lima. Echó las hierbas dentro de la pipa y fumó de ella.

—A ver. Estás muy ansioso. Esto te va a relajar —dijo, dándome la pipa.

—No, gracias —dije en tono de súplica.

—Relájate, maldita sea. No te va a pasar nada. En serio, esto te va a hacer bien —dijo, y me puso la pipa en la boca y la sostuvo un rato.

Vi al hombre a los ojos. Vi sus ojos cafés mientras tenía la pipa entre mis labios; sabía diferente, no sabía a cigarros. *Así que así sabe la marihuana,* pensé. Miré a todos lados. Estaba muy nervioso. Imaginé que mi mamá entraba a la bodega y de un manotazo me quitaba la pipa de la boca. Volteé a verlo, jalé aire con la boca y de inmediato empecé a toser.

—Te dije que despacio. —Se rio—. Tengo una idea. Bájate los pantalones y relájate.

Hice lo que me pidió. Me bajé los pantalones y el *bóxer* hasta que estaban alrededor de mis tobillos y me recosté en la pared.

—Cierra los ojos. Intenta relajarte y respira despacio. Yo te digo cuándo soltar.

Hice lo que me pidió. Cuando tenía la boca y los pulmones llenos de humo, me quitó la pipa de la boca. Él se agachó y envolvió con sus labios mi pene flácido. Me apretó las nalgas dos veces —era la señal para que soltara el aire. Solté el aire. Nunca había sentido algo así. Sentí paz y tranquilidad en todo el cuerpo y por un momento no importaba dónde estaba o qué me estaba pasando.

Riéndose, el tendero me dijo:

—Ya. No estaba tan mal, ¿verdad? Ahora vístete, que tengo mucho que hacer.

Ya que tenía los pantalones arriba, y antes de salir de la bodega, el tendero puso la pipa cerca de mi cara otra vez y dijo:

—A ver, otra vez. Deja de ser tan nervioso.

Hice lo que me dijo y me encantaba lo que sentía al fumar.

Me apretó el brazo y dijo:

—Recuérdate que no puedes decir nada, si no te mato, desgraciado hijo de puta.

Esa fue la primera vez que me drogué.

Siempre tenía miedo, pero cuando me drogaba el miedo no era tan intenso y me ayudaba a estar más tranquilo. Aprendí a alejarme espiritual y emocionalmente de mi cuerpo y de mis pensamientos. Descubrí cómo crear una barrera psicológica, que me ayudaba a no sentir dolor. Los golpes me dolían, pero podía sobrellevar el dolor cuando apagaba todo. Dejaba mi cuerpo a un lado y me imaginaba flotando, viendo todo desde arriba, como si estuviera viendo una película.

Siempre que escuchaba cuando el tendero cerraba la puerta detrás de él, ese sonido era como un *switch* que apagaba mi humanidad y permitía que mi espíritu saliera de mi cuerpo y volara hasta el techo. No sentía ni dolor ni placer cuando su mano tocaba mis hombros, mi cuello, solo sentía que me tocaba. Mientras él desabrochaba mi cinturón y me bajaba los pantalones y el *bóxer*, dejaba las manos colgando a los lados. Si él ponía mi mano sobre su cabeza o en uno de sus hombros, yo me movía como si

fuera un robot. Si me pegaba o me daba una cachetada, o me movía la cabeza de un lado a otro, yo veía todo desde arriba, como si yo fuera un muñeco de trapo sin vida.

Después de unas cuantas visitas, mi cuerpo empezó a responder al sexo oral; era un sentimiento indescriptible. Me dio mucho miedo este cambio. Nuestros cuerpos están hechos para reaccionar a los estímulos, sin importar nuestro estado emocional. Pero yo tenía once años y no sabía que había otra opción. Lo único que sabía era que, por disfrutar esos encuentros tan brutales y obligados, yo sentía una vergüenza profunda, arrepentimiento y culpa.

Era ya imposible siquiera pensar en decirle a alguien lo que pasaba en ese cuarto. Sentía como que era un cómplice. No quería que nadie dijera que era mi culpa. Tenía miedo de que, si se enteraba mi familia, mi papá y mi hermano iban a estar decepcionados de mí por no ser lo suficientemente macho. Pensar que iba a decepcionar a mi amá era algo insoportable. Ella ya había pasado por mucho en la vida. No quería hacerla sufrir más. Pensaba que, si no decía nada, estaba protegiéndolos a todos de las burlas y la vergüenza.

Después de ir a la tienda por dos meses, el tendero empezó a dejar entrar a otros hombres para que llegaran a tocarme. Les cobraba la entrada. Me di cuenta de que me estaba vendiendo.

El abuso sexual me cambió. Odiaba estar dentro de mi propia piel. Me sentía avergonzado y sucio. No sabía bien quién y qué había sido yo antes de que empezara el abuso.

Cuando era más chico, a veces veía a hombres mayores jugando fútbol americano y basquetbol en el barrio, eran atractivos, y yo no sabía si admiraba a esos hombres porque quería ser como ellos o porque me sentía atraído hacia ellos. Una parte de mí solo quería seguir viéndolos. No entendía bien lo que sentía y el abuso sexual llegó a confundirme aún más. Empeoró la culpa y el odio que sentía de mí mismo. Fue como una lesión que nunca mejoró. En vez de poder explorar mi sexualidad y mi identidad de género, el abuso frustró mi desarrollo sexual. Después de cada ida a la tienda, llegaba a casa a bañarme. Solía tallar mi piel hasta sentir dolor, como si intentara borrar lo que me provocaba asco de ella. Nunca lo logré. Otras veces me sentaba en la regadera, con las rodillas al pecho, y lloraba mientras el agua caía sobre mi espalda.

¿Qué hubiera pasado si le hubiera dicho que no a mi hermano y no hubiera ido a la tienda a comprar globos de agua? ¿Qué hubiera pasado si me hubiera ido a casa después de ver que la primera tienda a la que fui no tenía globos? ¿Mi vida sería diferente si no hubiera entrado a la tienda de ese violador? ¿Me merezco todo esto?

Esas preguntas daban vueltas en mi cabeza. Cada vez yo usaba más y más las drogas para nublar mi existencia y mi realidad. Dejé de tomar de las botellas de mi papá; había encontrado algo más potente. Ya no me molestaba cuando mis papás se peleaban. El ruido dentro de mi cabeza era más fuerte que los gritos que escuchaba en casa. Aun así, me aliviaba estar en casa, dentro de ese caos, porque sabía cuál era mi lugar dentro de la familia y qué podía pasar cuando yo estaba ahí.

△ △ △

Mis ataques de ansiedad empezaron a los pocos meses que el tendero empezó a abusar de mí. No es fácil crecer teniendo ataques de ansiedad si eres parte de una familia de inmigrantes latinos. Los episodios empezaron en forma auditivas; escuchaba gritos y estos silenciaban los sonidos a mi alrededor. Sentía un sabor como a metal. Me parecía como que tenía pequeñas bolas de metal entre los dedos y me abrumaban las ganas de querer agarrarlas, pero cuando finalmente sentía que las agarraba, ellas esquivaban mi mano. Los gritos cobraban fuerza y me costaba respirar. Empezaba a sudar y sentía claustrofobia. Tenía un deseo incontrolable de moverme rápido, cada vez más raudo, como que si todo se moviera en cámara rápida. A veces tenía ataques de ansiedad mientras leía libros o revistas, y todo mi alrededor empezaba a dar vueltas. Estaba sentado leyendo y empezaba a pasar las páginas, como si leyera súper rápido. No leía tan velozmente. Para arrancarme los ataques, cerraba los ojos, respiraba profundo y apretaba los puños; así, hasta que la sensación dejaba mi cuerpo. Y tan rápido, y de repente, como aparecían los ataques, así se iban.

Supe que no podía confiar en nadie. Empecé a usar los lemas favoritos de mi papá:

"No hay amigos en este mundo" y "no confíes en nadie".

¿Cómo podía confiar, cuando el mundo me había mostrado de lo que era capaz de hacer? Confié en mi mamá la vez que me dijo que Dios me amaba y que iba a protegerme, pero ese Dios me había fallado. Dejé de creer que la gente era buena. Si Dios y la gente del mundo eran buenos, ¿entonces por qué Él dejó que me pasara eso a mí? No tenía palabras para describir lo mucho que odiaba a Dios, a mi familia y la gente de este mundo.

Sentía que Dios me había abandonado y que por un error yo había llegado a este mundo. No podía contarle a nadie lo que me estaba pasando. Entonces odiaba a Dios por haberme dado la vida, a mi mamá por haberme traído a este mundo, a mi papá porque se rindió y ya no quiso enseñarme a ser un hombre. *Tal vez si él no se hubiera rendido, yo hubiera podido haberme defendido*, pensaba seguido. Pero mi papá sí se rindió y eso solo podía significar una cosa: que yo era un perdedor. Estaba absolutamente seguro de esto. Ya no quería estar vivo. Pero era un niño católico, demasiado religioso como para suicidarme.

CAPÍTULO 4

Estaba por terminar el sexto grado y los maestros le sugirieron a mi amá que me inscribiera en una escuela imán llamada Gompers para cursar ahí la secundaria. Tras meses de soportar abuso sexual en la bodega de la tienda, ya no tenía fuerzas para pelear. No quería discutir con mi amá, a pesar de que quería desesperadamente ir a la escuela del barrio, para estar cerca de los pocos amigos que tenía. Hice lo que dijeron que hiciera. Otra vez tenía que ir a una escuela donde no conocía a nadie y donde no quería estar.

Gompers era una escuela para cursar la educación superior y como había muchos alumnos, me era fácil pasar desapercibido. En la hora del almuerzo, yo comía solo. Iba a la parte de atrás de la escuela, por donde estaban las canchas de juego. Un día estaba ahí y llegó un grupo de cholos. Eran estudiantes de noveno y décimo grado, e iban ahí a fumar mota. Me vieron sentado y uno de ellos dijo:

—¿Qué onda, ese?

Los otros no dijeron nada. Encendieron sus churros. Al terminar se fueron caminando y el que me saludó, volteó a verme como diciendo "nos vemos". Su saludo me hizo sonreír.

Pasó lo mismo el día siguiente y el día después de ese. Al cuarto día llegó a hablarme el vato que me saludó.

—¿Por qué siempre comes aquí solo?

Levanté los hombros.

—Tal vez me gusta estar solo.

—A ver, levántate. Te voy a presentar a los *homeys*.

Él se llamaba Guillermo. De camino con sus amigos me dijo que todos le decían Willy y me preguntó cómo me llamaba. Sus compas se presentaron, me saludaron de mano y me ofrecieron mota.

—Na, no quiero fumar —les dije.

Todavía llevaba mis lentes feos y el mismo peinado de siempre, entonces no les sorprendió que les dijera que no. Uno me ofreció un vaso de *Slurpee* que había comprado en algún 7-Eleven.

—A ver, prueba esto. Al menos sí te gusta tomar, ¿no, *little homey*?

—Pues claro, sí me gusta tomar —dije.

Se sorprendieron al ver lo rápido que me había acabado lo que sea que tenía en el vaso y parecían estar orgullosos de mí.

Ese año Willy y sus amigos se convirtieron también en mis compas y juntos íbamos a tomar detrás de la escuela, a la hora del almuerzo. Eventualmente también empecé a fumar mota con ellos. Lo que más disfrutaba de ir a Gompers, era comer con ellos y estar juntos. Ellos me cuidaban, especialmente Willy. Llegaron a defenderme un día que los estudiantes mayores estaban molestando a los de séptimo grado. Una vez Willy me señaló y dijo:

—No se metan con este o les partimos la madre.

Pronto empecé a disfrutar la protección y camaradería. Me sentía aceptado, fortalecido, que había encontrado valor dentro de mí. Lo único que tenía que hacer era drogarme y emborracharme.

Nunca entendí por qué le caía bien a Willy o por qué me protegía. *Tal vez le recuerdo a su hermanito*, pensé. *Tal vez a él lo molestaban de pequeño.* La verdad es que nunca había sentido lo que sentía por Willy. Estar cerca de él se sentía como estar rodeado de colibrís; como si estuviera en una playa en la que el sonido de las olas acallaba los sonidos del mundo. *¿Será que soy gay?* —pensé—. El *bromance* era real y me asustaba muchísimo. Pensé, *¿Qué chingados me pasa? ¿Por qué me pasa esto a mí?*

De lo que sí estaba seguro es que no sentía eso porque Willy y sus compas fueran cholos o porque empezaba a sentirme parte de un grupo de hombres bien machos. Conocer *homeboys*, cholos, vatos, eses, gánsteres no era algo nuevo para mí. Mi hermano pasaba horas con los cholos del barrio. Eran ya parte de mi vida. Claro, los veía fijamente. Siempre que pasaban por ahí, les veía sus brazos musculosos y llenos de tatuajes, miraba cómo se les marcaban los músculos con sus camisetas blancas. Pero siempre pensé que simplemente los admiraba. Sin embargo, esto era diferente. Me estaba gustando otro muchacho y nadie en mi comunidad, nadie en la sociedad, en la tele o en ningún otro lado, me había dicho que eso estaba bien. Pensaba que era algo malo, pero a la vez sentía que era muy natural. Era increíble cuando Willy me sonreía, pero me daba miedo lo que sentía por él y entonces me aseguré de enterrarlo en lo más profundo de mi ser. Juré no decirle nada a nadie.

Tenía miedo de que Willy se enterara de que me gustaba y que eso acabara con nuestra amistad, o peor aún, que los *homeboys* me golpearan solo por ser gay. *O sea, los homeboys no son gay, les gustan las mujeres.* No quería ser el primero.

Unas semanas después de haber empezado el séptimo grado, como a los cuatro meses que el tendero había empezado a abusar de mí, e inspirado por el valor que obtuve de mis nuevos amigos, decidí que ya no iba a ir a la tienda de regalos. Decidí que no iba a creer lo que me decía mi abusador. Pensé, *Que se vaya a la chingada. No va a hacer ni madres.*

Pero estaba equivocado.

Una noche un grupo de niños estaba jugando en la calle. Ya era casi de noche y estaba todo muy oscuro. Iba corriendo y paré en seco. El tendero estaba del otro lado de la calle, con un pie sobre un hidrante. Sentí como que si alguien me hubiera dado un golpe en el estómago y me hubieran sacado el aire. Me quedé ahí parado. Era él. No podía ser nadie más. Era un hombre blanco, con pelo negro y un bigote grueso, igualito al de Freddie Mercury. Vestía unos *jeans* azules, una playera blanca y una gorra de béisbol. Tocó su reloj; el mensaje era obvio. Sabía dónde vivía. La amenaza era real.

Al día siguiente volví a la tienda. Había perdido. Volví a sentir esa impotencia que conocía tan bien. Cuando entré a la tienda el hombre fue muy amable conmigo. Puso su brazo sobre mis hombros y me llevó a la bodega. Me dijo:

—Qué bueno verte. Te extrañé. Pensé que te había pasado algo y estaba preocupado por ti.

Cualquier otra persona hubiera pensado que nos conocíamos de antes, que éramos amigos, que él era mi amigo del alma. Pero claro, yo sabía que sus palabras no eran sinceras.

Tan pronto llegamos a la bodega, me agarró de la nuca y, apretando fuerte, me empujó bien duro contra la pared. Sentí ese dolor que ya conocía tan bien fluyendo por todo mi cuerpo, sentí dolor en la nariz y me empezó a sangrar. Me soltó y me dejé caer. Me levantó del suelo y me aventó varias veces contra la pared. Ni siquiera lloré.

—Ya sé dónde vives. Hablé con tu mamá. Primero la mato a ella —dijo amenazante y cerca de mi oído.

—No hables de mi mamá, maricón hijo de puta. Haz lo que sea que tengas que hacer —le repliqué.

El escuchar que hablaba de mi mamá me motivó a defenderme por primera vez. No debí haberlo hecho.

Se desabotonó el pantalón; el sonido del zipper sonó bien fuerte. Me levantó del cuello de la camisa, como si estuviera agarrando un cachorrito y me dijo:

—Te voy a enseñar quién es el maricón acá.

Me agarró de la nuca, me empujó la cara contra la pared y empezó hacer lo de siempre. Pero esa vez fue la peor de todas. Intenté no llorar, pero no pude. Me desgarró las entrañas y el dolor era insoportable. Esa fue la primera vez que alguien me violó de forma anal. Nunca me había sentido tan humillado y mutilado en mi vida. Nunca me había sentido tan dominado y débil. Deseé tomar algo o fumar mota para suavizar el dolor.

Cuando terminó, se quedó ahí parado, viéndome mientras yo estaba tirado en el suelo. Por un momento pensé que me dejaría ir, que no volvería a verlo más nunca. Me dijo que me levantara, que fuera al baño, que me limpiara. Me costó ponerme de pie. Me empujó dentro del baño, observándome desde atrás. Pude ver su cara amenazante en el espejo. Tenía miedo de lavarme, porque pensé que el hombre me estrellaría la cara contra el lavamanos o contra el espejo. Abrió la llave del agua y puso su mano sobre mi hombro. De nuevo cambió su forma de ser.

—No llores. No tienes por qué tener miedo. Cuando vi que no venías, de verdad heriste mis sentimientos. Te amo. Por favor no hagas lo mismo otra vez. No me hagas enojar. Me duele cuando te lastimo.

Me temblaba todo. Tomé las toallas de papel que me entregó. Lloré, pero tenía miedo de hacer ruido cuando de repente vi que estaba sangrando.

JESSE LEÓN   69

△ △ △

No fui directo a casa. Fui al Balboa Park, uno de los parques urbanos más antiguos de San Diego y donde había
pasado muchos días de verano, feliz. Me recosté contra
un árbol y, con la mirada perdida, miré un lugar que, en
algún momento, me había parecido bonito y que conocía
bien. Ahora el parque era parte de un mundo desconocido,
un abismo vacío y oscuro donde me sentía insignificante,
donde sentía que yo no valía nada.

El niño dentro de mí había muerto.

Cuando se hizo de noche, fui finalmente a casa. Caminé como un robot, como un zombi, sin ponerle atención
a lo que había alrededor de mí. No me costaba mentirles
a mis papás. Les dije que unos tipos me habían asaltado
cuando estaba esperando el autobús. Mi mamá agarró el
teléfono, pero mi papá se lo quitó.

—No seas ridícula —le gritó—. La policía no va a hacer
nada. Jesse tiene que aprender a pelear, a defenderse como
un hombre. Ya me cansé que se porte como un miedoso.

Quería que mi mamá llamara a la policía, pero no dije
nada. Tenía mucho miedo, y si mi mamá reportaba el incidente, no iba a poder demostrar que el tendero amenazó
con matarla a ella. Sin embargo, rápidamente dejé de sentir esperanza por hablar con la policía, se esfumó también
el miedo y me desinflé totalmente.

—Pero, apá, sí me defendí. Tal vez me partieron la madre, pero sí me defendí —dije, implorando.

—Eso es, mijo. ¡Qué bueno! ¡Aprende a ser hombre, chingado! —dijo mi apá.

—Deja servirte un poco de brandy, para celebrar, apá —dije con la esperanza de que me dejara ir por la botella y así poder tomar un trago de brandy con él.

Funcionó. Fui a agarrar la botella y mi mamá volteó a verme; estaba decepcionada.

—No lo puedo creer —dijo ella, bien duro y salió por la puerta de atrás.

Abrí la botella, le serví un vaso de brandy a mi papá y otro a mí.

—Ten, apá. Brindemos por ser hombres —dije.

Él volteo a verme, como dudando, pero agarró el vaso. Brindamos. El trago de brandy me quemó la garganta, pero sentí como que si fuera agua bendita y me limpiaba todo desde adentro. Mi papá me vio fijamente. Él apenas había tomado un traguito, y yo ya me había terminado el vaso de un solo trago. Me reí y lo abracé y luego me fui a bañar. Pero ni el agua caliente que caía sobre mi cuerpo pudo lavar la sensación de vacío, de no ser nada, de estar en la nada.

Mi papá había crecido en México, en un lugar y en una época donde era matar o morir. Podía solo imaginar cómo aprendió a gritar así y a ser tan abusivo. Nunca esperé que mi papá me defendiera. Sin embargo, sí esperaba que mi mamá me protegiera de todo. Igual que la Virgen de Guadalupe, que protege a todos los indígenas que están solos, a los huérfanos, a las viudas sin ningún hombre a su lado;

mi mamá debía hacer lo mismo. Y cuando no lo hacía, mi papá, mi hermano, mi hermana, yo, nosotros la criticábamos a morir. No sé qué hubiera hecho mi amá si hubiera sabido lo que me estaba pasando. Estoy seguro de que, si le hubiera contado todo, ella hubiera hecho lo imposible por protegerme, para salvarme. Pero ¿quién estaba ahí para socorrerla a ella de la furia de mi padre?

Mi amá hizo lo que pudo para sobrellevar el hecho de que estaba casada con un hombre machista, conservador y que era mucho mayor que ella. Él estaba incapacitado físicamente y no podía trabajar, sin embargo, cada vez que hablaba decía un montón de malas palabras y solo criticaba. Mi mamá tenía que criar a tres niños, Yo, mi hermano mayor y mi hermanita, y cada uno era un montón de responsabilidad. Pero yo era su *nerd*, su niño bueno y rápidamente me estaba convirtiendo en alguien más. Ella no entendía por qué y eso la hacía sentir cada vez más impotente. Quería protegerla. No solo del tendero, sino de mi papá. Sabía que mi papá era capaz de hacerle daño a ella. Cuando ella estaba en el trabajo, él le pegaba a mi hermano y a mí con cinturones o antenas rotas. Tenía miedo de que un día él le pegara a ella como nos pegaba a nosotros.

No quería decepcionar a mi amá o ponerle más peso encima. Me esforcé, entonces, para no decirle nada. Todos los días ella se levantaba a las cuatro y media de la mañana, para agarrar el autobús de las cinco y media y llegar a tiempo al trabajo y servir el desayuno en la escuela; mi papá se rehusaba a levantarse tan temprano para llevarla.

Al salir de la escuela, a las tres de la tarde, mi amá iba a su segundo empleo. Luego llegaba a la casa a hacer la cena. Hizo lo mejor que pudo. Igual que tantos otros inmigrantes, que no sabían a quién acudir cuando las pandillas reclutaban a sus hijos o cuando sus hijos empezaban a consumir drogas, mi amá no supo con quién contar y finalmente acudió a la iglesia —muchas veces ni los padres, ni las monjas saben qué hacer. Al menos ella nunca perdió la esperanza.

CAPÍTULO 5

Una vez que fui a la tienda de regalos, meses después de que regresé a casa lleno de golpes y moretones, vi que había otros dos hombres en la tienda. No los había visto antes y al principio pensé que eran clientes. Uno era muy alto y delgado. Era un hombre negro con un bigote bien grueso, igual al del tendero, y un afro cortito. Él miraba fijamente a la puerta de la tienda mientras el tendero me llevaba a la bodega junto al otro hombre. A partir de ese momento, a veces él estaba ahí, cuidando que nadie entrara a la tienda. En ocasiones entraba a la bodega a ver lo que me estaban haciendo. A veces él también me hacía cosas.

Un día que entré a la tienda, el hombre negro asintió con la cabeza, viendo a la bodega. Dentro no estaba el tendero, sino un hombre gordo, blanco y más viejo. Me quedé ahí por unos minutos con el gordo hasta que el hombre negro entró y le dijo:

—¿Te gusta lo que ves?

El hombre blanco le respondió:

—Sí. Sí me gusta.

73

—A ver pues. Haz lo que quieras con él —dijo el hombre negro.

Pero cuando el hombre gordo caminó hasta donde estaba yo, el hombre negro le agarró el brazo.

—Primero el dinero. —El hombre gordo le dio un manojo de billetes, viéndome fijamente.

Vi al hombre negro que estaba a un lado de la puerta, viéndonos. Sonrió mientras el hombre gordo me violaba. Yo estaba lleno de odio. Lo odiaba a él y al tendero. Quería llorar. Quería gritarles, *¡Déjenme en paz, malditos enfermos! ¡Por favor!* Pero no pude.

Cuando el hombre gordo terminó y se fue, empecé a vestirme. Mientras me amarraba los zapatos el hombre negro me dijo.

—Vamos a hacer mucho dinero contigo —y me tiró un billete de cinco dólares en la cara.

—Esto es tuyo. No te acostumbres. Ve a comprarle algo lindo a tu novia. —Y se rio.

Me fui corriendo a casa para quitarme la mugre de encima. Me sentía usado, más que nunca. Tenía miedo, pero ya me había resignado al hecho de que me iban a vender.

Y así fue.

Y así empezó mi carrera como trabajador sexual. Por los próximos tres años, hasta que cumplí catorce, tuve relaciones con cientos de hombres. Cincuenta y dos semanas al año. Dos idas a la tienda a la semana. Un total de 104 hombres al año. Multiplicado por tres años, da un gran total de 312. Y esto no incluye al tendero y su amigo, o el hecho que a veces había dos hombres esperándome en la bodega.

△ △ △

Para poder salir de mí mismo y escapar la realidad, pasé casi todo el séptimo grado bien borracho, drogado y casi no iba a clase. No tengo idea cómo aprobé el grado. Las maestras y el staff de la escuela nunca me hablaron sobre mi asistencia irregular o mis malas notas. Tal vez las maestras estaban muy abrumadas con todo como para involucrarse o ponerle atención a un solo alumno. Mis maestras de séptimo grado no tuvieron impacto alguno en mi vida. Fueron nada más otro grupo de adultos fríos e indiferentes. Siempre me daban permiso de ir al baño o a la enfermería. Media hora después finalmente regresaba a clase oliendo a mota o cerveza, pero ellos nunca me preguntaron nada.

Todo cambió el verano siguiente, justo antes de empezar el octavo grado. Ya no quería ser ese *nerd* de lentes y peinado para un lado. Me transformé. Por épocas iba a robar ropa a las tiendas y conseguí unos Dickies holgados, unos cinturones con hebillas plateadas y en un Kmart encontré unas pantuflas negras de pana, camisetas y un montón camisas polo de rayas como las que usa Charlie Brown. Empecé a peinarme el pelo hacia atrás e igual que los otros cholos, me ponía redes en la cabeza para que mi cabello se acostumbrara a estar en esa posición. Pasaba horas planchando los pliegues de mi ropa con almidón. Mis playeras blancas tenían un pliegue al frente y tres en la espalda, y los de mis pantalones eran aún más pronunciados.

Mis papás vieron que estaba cambiando. Mi mamá me rogó que me vistiera como antes, para verme más presentable, pero no le hice caso. Les dije a mis papás que era culpa de la escuela, de Gompers. Les dije que los pandilleros que vivían cerca de la escuela me molestaban por ser de otro barrio, entonces tenía que verme y actuar más rudo que antes, si no me iban a seguir molestando. Mi papá me motivó a que me peleara con ellos.

—Tal vez así van a empezar a respetarlo y va a hacer amigos —dijo.

En los años ochenta la violencia entre pandillas en San Diego iba en aumento y eventualmente mi amá aceptó que era mejor si yo iba a una escuela más cerca de casa. Empecé el octavo grado en el Roosevelt Junior High y así tuve un nuevo comienzo. En mi nueva escuela ya no iba a ser el niño intelectual, el niño *nerd*. Iba a ser el que se las daba de cholo, aunque no lo fuera.

Ya no quería ser un hijo de mami. Ya estaba cansado de ser diferente a los demás y de sentirme indefenso. Ya estaba cansado de ser el que miraba todo desde afuera, de no pertenecer. Por un tiempo el amor de mi mamá era lo que me protegía. Luego quería alejarme de ese amor. Por seguir su consejo y sus enseñanzas, mi hermano empezó a molestarme y mi papá nunca me aceptó. Quería distanciarme de esas cosas, distanciarme de mí mismo. Ataqué a mi antiguo yo. Pensaba. *Si tan solo ella no me hubiera cuidado tanto. Si tan solo ella no me hubiera querido tanto. Si tan solo no hubiera trabajado en mi escuela. Tal vez entonces yo sería un niño normal.*

Creía que me habían molestado, golpeado, dicho qué hacer, abusado y violado por ser un niño bueno. Le creí a mi papá cuando le dijo a mi amá que me estaba convirtiendo en una mariposa. Creía que el tendero había percibido esa suavidad y lo había motivado a abusar de mí. Tal vez si mi mamá me hubiera obligado a jugar con otros niños, como mi papá quería, en vez de dejar que la ayudara en la cocina, o a motivarme a dibujar y leer, entonces no le hubiera hecho caso a mi hermano aquel día cuando me dijo que fuera a la tienda a comprar globos de agua. Tal vez así hubiera sido más como mi hermano. Pensaba que el amor de mi mamá me había convertido en un maricón, que era su culpa, y yo ya no quería ser un maricón.

Me tomó años entender que igual que mi padre, yo tenía expectativas de ella, de todas las madres. Esperaba que me cuidara, que me protegiera. Mientras mi padre era exento de esa responsabilidad.

Me sentía guapo y elegante cuando usaba mi ropa robada. No quise volver a usar lentes, aunque por eso tenía dolores de cabeza y no veía bien. Cambié completamente. Cambió mi forma de caminar, mi parado, cómo me sentaba, cómo cruzaba las piernas. Quería ser un gánster.

Faltaba a clase para ir a fiestas. Empecé a recibir atención y eso quitó algo del dolor que sentía.

Tomaba y me drogaba seguido. Tenía una alta tolerancia al alcohol y hasta podía tomar más que la mayoría de mis amigos, más que mi hermano y sus compas. Esa transformación ayudó a que mi hermano me aceptara, no mucho, pero era mejor que nada. Él me pedía que le planchara sus camisas. Aprobó al nuevo Jesse, al Jesse machista. Seguramente ya no le daba vergüenza que yo fuera su hermano.

△ △ △

Desde que unos familiares se mudaron a Tijuana, a una media hora de San Diego, pasamos muchos fines de semana con ellos. Todos mis primos en TJ eran mucho mayores que yo y trabajaban en bares como gerentes o *bartenders* en la Avenida Revolución. La Revo es una larga calle donde hay bares y clubes nocturnos en ambos lados. Uno de mis primos le pidió a mi mamá que me dejara en TJ por unos días para hacerle compañía porque su esposa se había ido a ver a la familia en Mazatlán. Él era mucho más grande que yo, era mi padrino, de hecho; y mi mamá confiaba en él.

Él me llevó a su trabajo, un sábado por la noche. Era la primera vez que iba a un club en Tijuana y no tenía ni trece años de edad. En el club sonaba música de los años ochenta y había muchísima gente adentro, bailando. Había un balcón sobre la pista de baile. Estaba contento de estar ahí.

Primero mi primo me dio un Shirley Temple y después un Margarita virgen, y entonces le pedí a uno de los amigos de mi primo, otro *bartender*, que me preparara una Margarita de a de veras y así lo hizo. Luego me dio un té helado Long Island y después un cóctel Midori y otro Long Island. No conocía esos tragos. El amigo de mi primo me entregaba uno y decía:

—A ver, este se llama tal, pruébalo —y se reía.

Mi primo no sabía qué estaba haciendo hasta que me encontró bien borracho en la barra. No puedo ni imaginarme qué aspecto tenía yo; era un niño de doce años bien borracho en un club en Tijuana.

Vi a mi primo hablándole a una güera oxigenada muy guapa, de unos veintitantos años, con grandes senos, pelo ondulado; y que llevaba un vestido corto y apretado color turquesa o verde y unas largas botas negras de gamuza. Ella llegó hasta donde estaba yo, me tomó de la mano y me llevó a la pista de baile. Vi a mi alrededor. Me sorprendió ver a mi primo, a los *bartenders* y los guardias viéndome, riéndose de mí. La mujer me agarró la barbilla y vi su cara llena de maquillaje acercándose a mí y entonces, ¡pum! La mujer me dio un beso y su lengua me abrió la boca. Luego escuché a gente gritando y aplaudiendo; gritaban más fuerte que la música. Su mano entonces alcanzó mi entrepierna y empezó a tocarme sobre la ropa. Me dio pena. Escapé de sus brazos y me fui corriendo.

Cuando mi primo me encontró, yo estaba afuera, a la par de la puerta, agarrando una pared y jadeando, mientras la gente esperaba a entrar al club; la música se escuchaba hasta en la calle.

—¿Y a ti qué te pasa? Es una de las más buenotas. Ándale que ya está todo arreglado —dijo bien fuerte y pasando a un lado del portero. Hizo una pausa enfrente de mí.

Me entregó un cigarro y con una mano en el hombro, me llevó de vuelta al club. La mujer estaba cerca de la barra, bailando.

—Ay, tan lindo —dijo—. Está nervioso. Pero no pasa nada. Solo relájate, mi amor.

Me besó el cuello y la boca y me levantó la camisa, y sentí sus uñas largas en mi abdomen y pecho. Pensé que lo mejor era seguirle la corriente. Quería desesperadamente la aprobación de mi primo, quería verme bien macho.

Cuando terminó de manosearme, la mujer me dio un último beso, un beso de despedida. Antes de irse vi que mi primo le entregó algo. Todos los hombres llegaron a darme palmaditas en la espalda y los hombros y a felicitarme.

—¡Más te vale que no le digas ni madres a tu mamá! —me dijo mi primo—. Acá vas a aprender a hacerte hombre.

Sonreí, encendí un cigarro y me tomé otra Long Island. Ya era uno de ellos.

Δ Δ Δ

Esa noche empecé a salir de fiesta. Casi cada fin de semana le rogaba a mi mamá que me dejara ir a Tijuana, a ver a la familia. Mi amá no tenía ni idea que iba al club de mi primo. En Tijuana también aprendí a manejar. Me enseñó mi primo, y todos los días me dejaba manejar en su barrio antes de ir al club.

—Si alguna vez estoy muy pedo para manejar, te voy a pedir a ti que manejes. Mejor prevenir que lamentar.

Una noche lo llevé de vuelta a casa y desde ahí siempre manejaba yo. Siempre que iba a Tijuana yo lo llevaba de vuelta a casa.

Conocí muy bien Tijuana. Desde los bares en La Coahuila (un barrio en zona roja) a los clubs por toda La Revo. Todos conocían a mis primos, entonces me sentía seguro. Nunca tuve que pagar por la entrada o por un trago.

Mientras más popular me volvía, más las cosas me valían madre. Quería probarlo todo y eso empeoró a medida que más gente me conocía. Me gustaba ir de fiesta. Era algo que no había podido hacer antes, entonces cuando estaba en TJ, para mí era una prioridad ir de fiesta. Me gustaba romper las reglas. *¿Por qué, entonces, debería volver a ser un nerd? ¿Por qué debería dejar que me molesten, castiguen y excluyan por ser inteligente? ¿Por qué debería ser otra vez un niño aburrido? ¿Por qué debería volver a ser ese niño que lo rechazan las niñas por no ser cool?* Cuando estaba en el octavo grado, me convertí en el payaso de la clase. Hacía bromas y les respondía a los maestros. Me inscribí en una academia de boxeo pública para aprender a pelear y a mi papá le encantó que hiciera eso. Mi mamá no dijo nada. Pero igual, yo no tenía el valor de defenderme del tendero.

La persona que alejé más fue la que más intentó demostrarme que me amaba. Cuando mi *amá* me pedía que la ayudara a preparar los vegetales para la cena, le decía que no. Salía a la calle sin razón y sin rumbo. Por las noches ella entraba a mi cuarto a persignarme, pero yo le hacía la mano a un lado y me daba la vuelta, para estar de frente a la pared.

—Déjame en paz —le decía.

No me importaba el dolor que le causaba a mi mamá cada vez que yo la rechazaba. A veces la veía cargando bolsas pesadas, llenas de ropa y no iba a ayudarla.

—Mijo, ¿puedes ayudarme, por favor? Estas bolsas están bien pesadas —decía.

—Ni madres. Háblale a mi hermano o a mi papá para que te ayuden. Ah sí, nunca están aquí porque tú los ahuyentaste —le gritaba y salía de la casa.

Al regresar veía que ella había dejado mi ropa doblada sobre la cama. Luego iba a reclamarle que la había doblado mal.

—Mijo, ¿por qué eres tan malo? Solo quiero ayudarte. ¿Qué te hice?

—Sí, ese es el pinche problema, nunca sabes qué chingado hiciste. Solo salte de mi pinche cuarto —le gritaba.

—¡No me hables así y no me faltes el respeto!

—¿O qué? ¿Qué chingado vas a hacer? ¿Qué no te das cuenta? Mi papá no quiere estar aquí. Mi hermano siempre está afuera. ¿Entonces qué vas a hacer? ¿Qué chingados vas a hacer? ¿Me vas a pegar? A ver, pégame. ¡Chingada madre! Ni a mi papá te le pones al brinco –seguía gritando yo.

—¿Qué hice? Por favor, tú no, mijo. Ya he tenido suficiente con tu papá. No me hagas esto tú también —contestaba ella llorando.

—¿Y yo por qué no? —Pasaba a su lado y salía del apartamento.

Años después aprendí que quienes somos obligados a ser trabajadores sexuales en situaciones de riesgo, no nos identificamos como víctimas. Estamos tan traumados que eventualmente creemos que no tenemos otra opción, y para obtener un poco de normalidad en nuestras vidas, vivimos en una realidad alterna.

Quería ser un niño y quería vivir la vida como cualquier otro niño, pero no sabía cómo. Como la mayoría de niños y niñas en mi clase ya tenían relaciones sexuales, pensé que también yo debería hacerlo. Pero siempre que conocía a alguien, escuchaba la voz de mi mamá decir: "A todas las mujeres hay que respetarlas".

Mi primera experiencia sexual había sido una experiencia dolorosa, fue contra mi voluntad y con un hombre. Siempre que una muchacha o una mujer se acercaban a mí, sentía mucha ansiedad. Me odiaba por eso. Sentía como que si estuviera roto. Odiaba que no podía tener una vida como la que tenían los otros niños, los otros adolescentes que experimentaban su pubertad de forma sana.

Empecé a leer libros en la biblioteca pública, libros de psicología, ansiedad sexual, crisis de identidad y de cómo mejorar el desempeño sexual. Leí el Kama Sutra, un libro que se llama *The Art of Sex* y aprendí sobre afrodisíacos y remedios para mejorar el desempeño sexual como el yohimbe, aleta de tiburón y las ostras.

Sabía cómo tener sexo con hombres. Para mí eso era un trabajo. Y sabía que sentía atracción por los hombres mucho antes de ser víctima de abuso sexual porque, sin darme cuenta, veía fijamente a los hombres del barrio, sus caras y sus cuerpos. Pero no pensaba que eso fuera algo sexual. Los admiraba. Me gustaba verlos. Era un niño y ellos me resultaban lejanos. Enterré esos sentimientos muy dentro de mí y no quería siquiera pensar al respecto porque tenía miedo de ser gay. Conforme crecía culpé al abuso por mi escasa curiosidad. Para mí ser gay y ser un pervertido eran lo mismo y pensaba que todos los hombres homosexuales eran depredadores y pedófilos. A pesar de que nunca escuché a mi padre o mi hermano ser explícitamente homofóbicos, no conocía a nadie que fuera abiertamente gay.

Quería estar con muchachas de la misma forma que lo hacía un muchacho "normal". Me esforcé muchísimo para ligar y que así me "quitaran" lo gay. Besé a la mayor cantidad de muchachas que pude y decían que besaba bien rico. Tanto así que muchas del noveno grado me llegaban a hablar entre clases y me pedían que las besara. Una de ellas se llamaba Brandy, tenía un cuerpo como de porrista y pelo largo, rubio como la arena. Después de clases Brandy y yo pasábamos horas besándonos. Me gustaba que me vieran con ella. Me gustaba que Brandy se fijara en mí. Me hacía sentir importante porque era blanca y popular. Tristemente ella era apenas un trofeo para un niño confundido, que era víctima de abuso sexual y que intentaba torpemente encontrarle sentido a la vida y su lugar en el mundo. Brandy quería que tuviéramos relaciones, pero nunca había tenido sexo con una muchacha. No estaba listo, pero me daba vergüenza decirle eso. Tenía que mantener las apariencias y cada vez que intentaba desabrocharme el pantalón, yo sentía ansiedad y me la quitaba de encima. Me abrumaba la sensación de estar siendo violado, de verme obligado a hacer algo que no quería hacer.

Una noche en una fiesta Brandy me llevó a un cuarto, cerró la puerta detrás de nosotros y mientras estábamos de pie a la par de una cama, empezó a besarme con desesperación. Sentía el alcohol en su boca. Me desvistió de una forma violenta. Rápidamente me quitó la camisa y me desabrochó el cinturón. No pude siquiera dar mi consentimiento y por eso estaba muy incómodo. Estaba ahí, parado, solo con mis *boxers* mientras ella me besaba y se quitaba la ropa. Intenté demorar lo inevitable, pero Brandy se tiró sobre la cama y me jaló hacia ella.

Le seguí la corriente de muy mala gana. El corazón me latía bien rápido. Tenía tantas ganas de decirle que no, que parara. Pero ahora yo era un niño *cool. Todo mundo lo está haciendo*, pensé.

Había escuchado que las niñas de octavo grado fingían tener orgasmos para que sus novios pensaran que eran buenos amantes. No quería que eso me pasara a mí. Nunca había estado con una muchacha desnuda antes y sentía extraño cuando su cuerpo tocaba el mío. Estaba tan nervioso que ni siquiera se me paró y de inmediato pensé: *¿Por qué?* Mientras más me enfocaba en obtener una erección, menos lo lograba. Mientras Brandy se ponía más y más agresiva, mientras más insistía, a mí me daba más miedo. De repente exhaló con fuerza. Estaba frustrada. La había decepcionado. Traté de despejar mi mente y relajarme. *Todo había funcionado bien con aquella señora en el bar de Tijuana, ¿por qué aquí no?*

Tomé aliento y me agaché para darme a comérmela. Brandy arqueó la espalda y gimió con fuerza. Con las manos jaló y apretó las sábanas. Arqueó más la espalda. Me apretó la cabeza con las rodillas. Tomé aliento. Tenía que hacer una pausa. Brandy se molestó.

—¿Por qué chingado paraste? Ya me iba a venir. ¡Mierda! Sigue, Jesse —insistió.

Pensé que me sentiría a salvo estando con mujeres, pero en ese momento supe que no. Hice todo como en piloto automático. Era como que si estuviera otra vez en la tienda. Hice solo lo que esperaban que hiciera. Aprendí a poner los deseos de la otra persona antes de los míos, algo que es trágicamente común entre aquellas personas que han sido víctimas de *bullying* y abuso sexual.

Me acostumbré a complacer a la gente y estaba dispuesto a hacer todo, especialmente durante el sexo, para evitar que las personas supieran quién era realmente yo. Podía soportar cualquier disgusto, siempre y cuando mi pareja sintiera placer.

Brandy insistió que la penetrara. Me acostó en la cama y se montó sobre mí. Vi que sentía dolor, pues su mano me apretó el pecho y enterró sus uñas en mi piel. Me sentía sofocado. Tenía tanto miedo de lastimarla que la empujé a un lado. Me levanté de la cama y, rápidamente, empecé a vestirme.

—¿Qué estás haciendo? ¿Por qué paraste? —gritó.

—Pensé que te estaba lastimando —dije.

—Sí, un poco, pero también se sentía rico. Ven para acá. Quiero que sigas.

—No —contesté abrochándome el pantalón.

En un abrir y cerrar de ojos salí del cuarto y atravesé el mar de gente hasta encontrar a mi amigo Rudy, que había ido a la fiesta conmigo. Rudy estaba recostado sobre un carro mientras una muchacha le mamaba la verga.

—¡Vámonos ya, güey! ¡Vámonos! —le grité.

Rudy empujó a la muchacha y se abrochó el pantalón.

—A la chingada. ¡Vámonos! De todas formas, esta igual ni sabe mamar.

Mientras íbamos caminando Rudy me preguntó:

—¿Y a ti qué te pasó? Pensé que te estabas cogiendo a alguien.

Ya era de noche. Le conté todo a Rudy, mientras nuestros tenis golpeaban el suelo, y le dio un ataque de risa. La ansiedad que yo tenía en el pecho se convirtió en vergüenza. Me sentía como un idiota, pero su risa era contagiosa y me empecé a reír también. Rudy era un playboy y todas las chicas estaban enamoradas de él. Hasta las más grandes, las de preparatoria le hablaban después de clases y le daban aventón a su casa. Rudy nunca se vistió como un *cholo*. Se vestía como los modelos de *GQ Magazine*; tenía un estilo de *pretty—boy* y no le gustaba que yo me vistiera como cholo. Me decía cosas como:

—Güey, esa es la peor forma de llamar la atención. ¿Por qué crees que a mí no me para la chota? Si te vistes como cholo, te van a tratar como criminal.

Yéndonos de la fiesta me dijo:

—Mira, güey, te va a tomar un rato acostumbrarte, pero luego es más fácil. Confía en mí —y me dio un empujón.

—Güey, pero no me gustó —le dije, y me sentí bien tonto.

—Mira güey, la panocha es un gusto adquirido —dijo Rudy.

—¿'Adquirido'? ¿Cómo que 'adquirido'?.

—Significa que mientras más lo hagas, más te va a gustar, menso.

"Órale, güey", dije; fue lo único que se me ocurrió decir y mientras caminábamos de vuelta a casa pensé: *Sin tan solo mi hermano me enseñara estas chingaderas, no tendría que preguntarle a mi compa.* Rudy me dio otros consejos y yo lo escuché con atención.

Brandy les contó a todas sus amigas que a mí me gustaba comérmela, y rápido se enteraron todas las chicas de la escuela. Otras chicas me llegaban a hablar a escondidas o me escribían cartas porque querían "salir" conmigo. Después de leer las cartas, volteaba a ver a quienes las habían escrito y ellas se reían y me guiñaban el ojo. Los compas empezaron a hacer bromas. Decían que nunca había crema de cacahuate o queso en mi casa porque yo siempre tenía hambre. Me creció el ego. Sentía que era todo un seductor, un *player*.

△ △ △

Brandy y yo seguimos viéndonos después de clase y, eventualmente, pude tener sexo con ella una y otra vez —me acostumbré, como dijo Rudy— pero también me sentía menos hombre por haberla dejado esa noche en la fiesta sin siquiera decirle adiós. Por cuán indiferentes éramos el uno por el otro, nunca pensé que seguramente ella estaba tan apenada y avergonzada como yo. Nunca creí que la había hecho sentir menos, pero la verdad es que no podía confiar completamente en ella. Sin esa confianza, todo lo hacía como en piloto automático. No me di cuenta de que, tal vez, ella tenía sexo conmigo porque ella pensó que eso era lo que yo quería. Creía que si le decía la verdad —que no era realmente lo que yo quería— ella iba a pensar que yo era gay, y que todos se iban a enterar y que eso iba a destruir la imagen que había creado. Por suerte pude mantener la farsa.

Hice todo esto mientras iba a la tienda de regalos varias veces por semana, después de clases.

△ △ △

Una fresca tardecita de octubre de 1987, cuando tenía casi 13 años, Rudy me convenció de ir con él y unos de nuestros amigos a un partido de fútbol americano a la San Diego High School. El hermano de un amigo estaba jugando, igual que mi hermano. Mi hermano nunca me había invitado a mí o a mis papás a alguno de sus partidos, pero pensé: *A la chingada, ¿por qué no?* Nunca había ido a un partido de fútbol americano antes. Además, sabía que mi hermano se molestaría al ver que estaba ahí. Rudy, los amigos y yo llegamos en autobús y cada uno pagó por su boleto. En la entrada estaba una mujer blanca, güera y muy buena onda. Me emocioné viendo el partido, como que si entendiera lo que estaba pasando. Disfruté ver las rutinas de las porristas, sus gritos y acrobacias.

En el medio tiempo, Rudy y yo fuimos a los puestos de comida y vimos a un par de chicas muy lindas. Una era blanca y tenía el pelo rubio y muy largo. La otra era latina, tenía la piel color caramelo y el pelo rizado. Ambas nos veían y se reían, como tratando de armarse de valor para llegar a hablarnos. La latina le agarró la mano a su amiga y la llevó hasta donde estábamos nosotros.

—Hola. Me llamo Ariyel. Ella es mi amiga Melissa. Tú estás en mi clase de español, pero creo que no te acuerdas de mí. Melissa dice que tu amigo Rudy es muy guapo y quería venir a saludar. ¡Hola!

Rudy y yo nos reímos.

—Qué bien. Yo soy Jesse y, como ya saben, él es Rudy.
Como Rudy escuchó que Melissa pensaba que él era
guapo, le puso la mano sobre el hombro. Ariyel y yo les
hicimos caras y nos reímos.

—Entonces, ¿estás en mi clase de español? —le pregunté.

—Sí. Tú siempre haces enojar al maestro, pero eres gracioso. Yo me siento hasta adelante, en una esquina.

Melissa y Rudy se fueron juntos. Ariyel y yo nos hicimos amigos de inmediato. Ella era mitad blanca y mitad
mexicana. Parecía muy inocente y sabía vestirse. Esa vez
llevaba puesto un moño blanco y rosado, unas calcetas
también blancas y rosadas, y unos tenis Reeboks igual
blancos y rosados y con hendiduras a los lados. Ella era
muy divertida, pero callada. Ágil y observadora. Mientras
Ariyel y yo hablábamos y nos reíamos, la mujer que estaba
en la entrada llegó a hablarnos.

—Hola, mi amor. ¿Quién es tu amigo? ¿Y Melissa? —le
preguntó a Ariyel, viéndome a mí con una sonrisa falsa,
forzada.

Me encogí, nervioso. La mujer tenía uñas pintadas de
rojo y las manos adornadas con anillos y pulseras.

—Hola, mamá. Él es Jesse, un amigo de mi clase de español. Melissa fue al baño, pero de seguro hay fila, como
siempre.

—Hola. Soy Jesse León. Mucho gusto, mamá de Ariyel —dije sonriendo y ofreciéndole la mano a la mamá de
Ariyel.

—¿León? Tu hermano está jugando hoy, ¿no?

—Sip. Mi hermano está en el equipo. Pero no se preocupe. No nos parecemos para nada. No puedo tirar un balón ni para salvarme la vida—añadí, sorprendiéndome de lo simpático que había sido.

—Soy Joy. Trabajo acá como voluntaria siempre que hay partido. Solo no me gusta cuando mi hija se desaparece.

—No fui a ningún lado, mamá —intervino Ariyel, haciéndole caras a su mamá, avergonzada de lo mucho que la protegía.

—Bueno, me alegra que Ariyel hizo un nuevo amigo. Tu hermano es un buen muchacho y estoy segura de que te ha sido una buena influencia. Deberías venir el domingo a casa, haremos una parrillada. Y tú, quédate donde te pueda ver —le dijo a su hija, esta vez sonriendo en serio.

Cuando Rudy y Melissa regresaron, Rudy me dijo algo al oído.

—Güey, no aguanto a esta chica; es fastidiosa. Vámonos.

Siguió caminando y me hizo señas para que lo siguiera.

SEGUNDA
PARTE

CAPÍTULO 6

Las mujeres de la familia de mi papá eran famosas en su pueblo porque eran buenas con los rifles. Mi abuela y sus primas conocían la Sierra como la palma de su mano. Eran dueños de ranchos y tenían mucho ganado: vacas, cabras, cerdos, gallos, gallinas y caballos. También tenían mascotas: búhos, halcones y un venado. Cuando mi papá tenía once años ya sabía cómo domesticar caballos salvajes y así ganaba dinero. Mientras los hombres estaban peleando para la Revolución, las mujeres y los niños se quedaban en casa, cuidando los ranchos y los pueblos.

Mi abuela Lola era una mujer indígena mitad tarahumara y mitad tepehuán; ambas son tribus nativas de la región. A los tarahumaras también se les conoce como los rarámuri y son famosos por sus habilidades para correr largas distancias. Lola le enseñó a Ricardo y a su hermana Victoria a interactuar con la madre tierra y a conocer la Sierra. Ellos veían cómo se movía el viento y los patrones de vuelo de los pájaros. Escuchaban el canto de las aves y le ponían atención al comportamiento de los perros, venados y otros animales. También sabían escuchar el silencio. Por eso ellos podían detectar a bandidos, contrarrevoluciona-rios o amigos que venían cerca.

Lola les decía:

—Tírense al suelo. Peguen la oreja a la tierra y escuchen el sonido de los pasos que se acercan. Escuchen con atención y sabrán cuántas personas vienen.

Si mi abuela Lola sospechaba que venía un grupo de gente mala, ella llamaba a sus hijos y los escondía en unas alcobas secretas, debajo de los corrales donde estaban los cerdos y las cabras. Ella abría las puertas ocultas, tiraba a sus hijos dentro y las cubría con heno. Ella tenía miedo de que esos hombres secuestraran a su hija y a mi tía Victoria y las violaran, o que se llevaran a Ricardo para que peleara en la guerra. Después de esconder a sus hijos, ella se paraba afuera de su casa con un rifle en la mano, y acompañada de cuatro perros bien entrenados para atacar al enemigo.

¡Durante la segunda década de los 1900 nacieron muchos héroes de la Revolución Mexicana en esa región de Durango! Mamá Lola siempre me dijo a mí y a mis hermanos que la rebeldía corría en nuestras venas.

—Jesse, mijito, somos gente que pelea por la justicia —decía—, que nunca se te olvide.

△ △ △

Cuando estaba en el octavo grado y a principios de noveno, vi que el tendero y el hombre negro fumaban marihuana

mezclada con cocaína. A esa mezcla la llamaban "primos".
Acababa de empezar el noveno grado, tenía trece años, a
punto de cumplir catorce, cuando un día ellos me obligaron a fumar mi primer 'primo'. Estábamos en la bodega y
sentía como que podía conquistar el mundo. Me sentía in-
vencible; obviamente esto era absurdo, porque estaba atra-
pado y me obligaban a tener sexo con extraños.

—¡Chingado! ¡Qué buena está esta mierda! —exclamé.
Se rieron.

Después de fumar "primo" era más fácil tener sexo con
ellos. Podía relajarme y perdía todas las inhibiciones. Hacía cosas sin que me pidieran que las hiciera, me abstraía
de lo que estaba pasando. Fumar "primo" se convirtió en
mi escapatoria.

A veces me daban extra y me lo fumaba o lo vendía
en la escuela. En ocasiones no me pagaban cinco dólares
sino veinte y así aprendí que no tener inhibiciones y tener
sexo mientras estaba drogado, me beneficiaba económicamente. Escondí el dinero que ganaba, quería comprar un
carro. El tendero dejó de golpearme y nos reíamos de cualquier cosa después de tener sexo. Pensé que mi vida iba
mejorando. Estaba en una nueva escuela, hice nuevos amigos como Ariyel, quien pronto se convirtió en mi mejor
amiga, mi *bestie*; le gustaba a las chicas y yo era un niño
cool. Nadie se recordaba del viejo Jesse. Pero de nuevo todo
cambió.

△ △ △

Un día llegó un muchacho nuevo a la escuela. Era blanco, pero se creía negro, se creía gánster. Era alto y musculoso. Tenía el pelo rubio trenzado y siempre llevaba una gorra de béisbol, playeras blancas bien grandes, unos Dickies con los pliegues bien planchados y unos tenis Nike Cortez.

Al principio no le puse atención. Había muchos niños que se creían gánsteres en la escuela, la única diferencia es que él era blanco. Pero una mañana, después del primer periodo, me enteré de que este muchacho había golpeado a un amigo mío y de Rudy, que estaba con nosotros en la clase de computación. Cuando me enteré sentí ira en todo el cuerpo; nunca había podido expresar esa ira y menos cuando yo había estado en una situación similar. Estaba bien encabronado. *¿Por qué este güey golpeó a alguien que no molesta a nadie?*, pensaba esto una y otra vez, y cada vez me enojaba más. Esa mañana enfoqué todo el enojo que había sentido por años en ese muchacho. Para la hora del almuerzo, me senté con un grupo de amigos, frente a una mesa de plástico, debajo de un toldo que estaba por fuera de la cafetería, donde todos los estudiantes se juntaban a comer. Rudy no estaba ahí. Gritábamos al hablar para escucharnos entre el caos de la hora del almuerzo.

—Sí, se pasó ese puto. ¿Por qué no se mete con alguien de su tamaño? Alguno tiene que ir a partirle la madre —dije, bien enojado.

—¿Y qué vas a hacer, vato? —dijo una cholita de noveno grado, de las del grupo que se maquillaban como cholas y tenían el pelo largo.

—Sí, ¿qué vas a hacer, vato? ¡Ve a partirle la madre, *güey*! —dijo otro del grupo, un muchacho que tenía la cabeza rapada, una playera blanca y Dickies, y toda la gente empezó a hablar.

Tenía miedo, pero no podía demostrarlo. Quería que alguien defendiera a nuestro amigo, pero no pensé que iba a ser mi responsabilidad. Ya no estaba tan disgustado como en la mañana, pero ahora estaba enojado conmigo mismo por haber abierto la bocota. No quería pelearme con nadie y no quería que me suspendieran de la escuela.

La chola bien maquillada me dijo:

—¿O qué? ¿Tienes miedo? ¿Eres chavala, güey? Yo creo que tienes miedo.

—Yo no soy una pinche chavala —le dije, bien enojado.

—Entonces deja de hablar mierda y ve a hacer algo, güey —dijo ella.

Y todos en el grupo empezaron a incitarme.

—Sí, ve a partirle la madre, Jesse. ¡Ve a partirle la madre!

Sentí que me tenían contra la pared y no había escapatoria. Por un momento deseé que Rudy estuviera ahí. Me los hubiera quitado de encima. Pero Rudy no estaba ni cerca.

—*Man* —dije—, a la chingada con todos ustedes, yo no me hago para atrás. Yo no soy una chavala. A la verga con ese puto. Solo miren, le voy a partir la pinche madre a ese hijo de la chingada.

Me estaban acusando de ser un cobarde solo por no ir a pegarle a ese güey, que yo pensaba había ido a golpear a un inocente, solo para llamar la atención. ¿Y qué si tenía miedo? Este pinche güero no iba a manchar mi reputación. Enfoqué toda mi ira en él. *¿Cómo se atreve ir a pegarle a alguien así? ¡A la chingada con ese puto! ¡A la chingada! Fuck him!*, pensaba una y otra vez, de camino a donde estaba él. El muchacho estaba sentado con cinco o seis muchachos negros que conocía. *Este hijo de su chingada madre le pegó a mi amigo solo para llamar la atención y hacer amigos, solo por eso no está solo ahorita*, pensé y me encabroné aún más. Se había aprovechado de alguien más por beneficio propio.

—¡Levántate, puto! ¿Por qué golpeaste a mi compa? A ver, métete conmigo, hijo de tu puta madre —le grité, y apreté los puños; estaba listo para pelear.

Se levantó de la banca y rápidamente intentó darme un golpe. Esquivé su puño y lo golpeé tan duro en la cara que cayó de espaldas sobre la banca y luego cayó al suelo. La gente se acercó a donde estábamos, formaron un círculo alrededor de nosotros y empezaron a gritar y a aplaudir. Brinqué desde la banca, le puse una rodilla en el pecho y empecé a golpearle la cara. Sentía cómo toda la ira que tenía dentro se iba a mis puños, cómo años de ira caían sobre él.

Luego me levanté y empecé a patearle la cabeza. Se le cayó la gorra, y el trapo que tenía en la cabeza empezaba a caérsele. Le agarré las trenzas y lo arrastré hasta llevarlo a la áspera pared de estuco. Le grité:

—Te crees muy chingón, ¿no, hijo de tu chingada madre? —y le estrellé la cabeza contra la pared, una y otra vez, y me caía sangre encima.

No pude parar. Me desconecté de mí mismo. Perdí la noción de la realidad. Dejé de escuchar los gritos de la gente. No sentí que nadie intentara separarnos. Veía al tendero abusando de mí, estrellando mi cabeza contra la pared y golpeándome. Veía las caras de un sinfín de hombres con quienes él me obligó a tener sexo.

Después de un rato el policía de la escuela, el oficial López, y otros guardias de seguridad me agarraron. El oficial López era un hombre latino de unos cuarenta y cinco años, tenía una barba de candado llena de canas y llevaba el pelo hacia atrás. El oficial López me conocía bien y éramos amigos. Era amable con los estudiantes y siempre estaba ahí para ayudarnos. Cuando sentí que alguien estrellaba mi cara en el suelo y me ponía un par de esposas en las muñecas, volví en mí. Salí de aquella especie de trance. Lo único que sabía era que me había peleado con alguien y que estaba cubierto de sangre. No entendía por qué me habían esposado o por qué me estaba empujando un policía que pensé que era amigo mío.

De repente estaba en la oficina del director de la escuela y con las manos atrás de la espalda. Vi a mi alrededor. Estaba muy calmado, resignado a lo que había pasado, pero sin saber qué había hecho. *Y ahora, ¿qué va a pasar?*

Escuché a gente hablar afuera de la oficina, pero no entendía qué decían. Cuando el oficial López entró, dijo que habían llamado a la mamá del otro niño, al único padre que tenía, y que habían tenido que llevarlo de emergencia al hospital. Me dijo que la mamá del niño quería presentar cargos y que tenía que esperar ahí hasta que ellos supieran si me iban a arrestar y acusar de algún crimen.

—Puede que te acusen de intento de homicidio, Jesse. ¿Qué te pasa? —me gritó el oficial López—. Nunca pensé que iba a tener que preocuparme de semejante mierda contigo. ¡A lo mejor te encierran por esto! Reza para que la mamá no presente cargos. Reza para que ese niño no se muera. ¿Qué te está pasando, Jesse?

Sentía que genuinamente estaba preocupado por mí. Pero no hice nada. Me quedé ahí sentado, estoicamente viendo hacia adelante, respirando con calma, como diciendo: "A la chingada, me vale madre ese güey".

No me importó siquiera que estaba lleno de sangre. No me importó que el oficial López estuviera preocupado por mí.

Luego, como un eco distante, la voz del oficial López reapareció en mi cabeza, diciendo: —Háblame, Jesse. Estoy tratando de ayudarte. —Estaba de rodillas a la par mía.

En ese momento una lágrima bajó por mi cara. Luego otra. Y otra. Pero seguía viendo a la pared, tenía los ojos fijos hacia adelante. Luego, con una voz muy suave, dije:

—No pude parar. Me desconecté. Lo único que veía era la cara del tendero.

—¿Qué? ¿Qué tendero? ¿De qué hablas? —Su voz de nuevo era apenas un eco lejano.

—El gringo hijo de su chingada madre, el de la tienda —dije, y me temblaba la voz.

—¿De quién hablas, Jesse? No te entiendo.

De repente empecé a respirar con fuerza; no tenía control de mi respiración. El pecho se me movía de arriba abajo, arriba abajo.

—¡Él! El maldito hijo de su puta madre que me obliga a mamarle la verga y que me mama la verga a mí también—. Lo único veía era la cara de ese pinche tendero y las caras de los otros hombres.

El dique se rompió y empecé a llorar, a llorar a chorros.

—¡Perdón! ¡Perdón! Ese muchacho no tenía la culpa. Me desconecté. Perdón. No quería hacerle tanto daño. Solo estaba protegiendo a mi amigo. Quería asegurarme que ese muchacho no lastimara a nadie más. Perdón. Me desconecté.

Luego como si me hubiera despertado de una pesadilla, vi claramente que el oficial López estaba sentado enfrente de mí.

—¿Qué dijiste, Jesse? —me preguntó lentamente; noté la preocupación en su voz—. ¿Alguien te está obligando a hacer actos sexuales? ¿Eso dijiste, Jesse? ¿Hay un hombre que está abusando de ti?

Lloraba tanto que parecía una catarata. Tomé aire. Pensé que me estaba dando un ataque de asma. "Sí", dije y apenas pude decir esa palabra ahogado por el llanto.

El oficial López me dijo que esperara ahí, y salió de la oficina.

Veinte minutos después regresó a la oficina con el director. Dijeron que iban a esperar a que llegara el trabajador social de la escuela, porque querían hacerme más preguntas. Nos quedamos ahí en silencio. Unos minutos después alguien tocó la puerta y luego entró una mujer blanca, alta y delgada, y que nunca había visto antes. Alcanzó una silla y se sentó a la par mía mientras el oficial López le contó de la pelea y luego repitió todo lo que le había dicho del tendero.

—Jesse, sabes que lo que estás diciendo son unas acusaciones bastante serias, ¿no? —dijo la mujer; ella trató de que la viera a los ojos.

Volteé a verla y le dije:

—Chinga tu puta madre, pinche perra. Lo que les dije es la pura verdad. Por eso no quería contarle nada a nadie. ¡Él me dijo que nadie me iba a creer! Pero si fuera un pinche gringo hijo de la chingada el que les estuviera contando esta mierda sí le creerían, ¿no?

—Hey, hey, hey —dijo el director.

No le hice caso al director. "Chinga tu madre, pinche gringa puta". Sabía que estaba gritando. Volteé a ver al oficial López y le dije:

—Qué chingado, me van a suspender por haberle pegado a ese niño gringo, ¿o qué? Apúrense y quítenme a esta pinche puta de enfrente. Llévenme a la cárcel juvenil y olvídense de todo lo que les dije.

Nunca le había gritado a un adulto antes. La mujer no levantó la voz.

—Jesse, ya sé que estás molesto. Pero no deberías estarlo conmigo. Estoy aquí para ayudarte. Necesito que me cuentes todo desde el principio. Por favor, intenta calmarte y dime qué te pasa. ¿Cuándo empezó el abuso? ¿Quién abusó de ti? ¿Un familiar?

—¿Un familiar? —le grité a la mujer—. Pero, ¿qué le pasa a esta pinche puta pendeja? Ningún pariente me haría algo así. A lo mejor somos pobres y estamos bien jodidos, pero no tanto. Hey, güey, sácala a la verga —le dije al oficial López.

El oficial López se acercó a mí, me puso una mano en el hombro y me vio fijamente.

—Por favor, Jesse, necesito que cooperes con nosotros. Nadie te está culpando de nada. Nadie dice que eres un mentiroso. Necesitamos conocer qué te está pasando para saber cómo te podemos ayudar. Hoy casi matas a un muchacho. Si hay algo que podemos hacer para ayudarte, entonces te vamos a ayudar. Pero por favor, Jesse, déjanos ayudarte.

Quería que mi mamá, que mi amá, estuviera ahí conmigo, pero tenía miedo de pedirles que la llamarán porque no quería que pensaran que era un niño llorón que quería estar con su mami. Vi fijamente al oficial López y le conté todo. Empecé con lo que pasó el día que fui a comprar globos de agua.

Como el oficial López era un hombre latino, tenía miedo de que me juzgara. Él entendía el machismo que define

a nuestra cultura y lo que yo le estaba contando definitivamente no me hacía ver como alguien muy macho. Me caía
bien el oficial López. Pensaba que era bien cool y no quería
darle asco o decepcionarlo. Además, no iba a soportar la
vergüenza si me juzgaba por lo que me estaba pasando. Él
era la primera persona a la que le contaba mi terrible experiencia, y las lágrimas rodaban por mi cara. Había llegado
a un punto de quiebre, al punto que necesitaba llegar para
que todo se rebalsara y saliera de mí.

Cuando terminé, el oficial López le dijo a la trabajadora
social y al director que yo era un niño bueno y que sabía que algo me estaba pasando porque yo no causaba ese
tipo de problemas. Me preguntó que si podía hablar con los
demás en privado. Me dejaron en la oficina solo. Todavía
tenía las esposas. Estaba desubicado. No sabía quién era
yo. Tenía miedo, yo era una bola de ansiedad, pero al mismo tiempo otra parte de mí no le importaba qué podía
pasar conmigo, qué iba a pasarme.

Cuando volvieron, el director me dijo que habían hablado con la mamá del niño. Le explicaron lo que estaba
pasando, sin darle muchos detalles, y le rogaron que no
presentara cargos. La mamá del niño aceptó, siempre y
cuando la escuela ayudara a encontrar un tipo de ayuda
para mí. Me sentía aliviado. No quería que la mamá del
niño me viera como el villano de película. Quería que me
ayudaran.

△ △ △

El resto es algo borroso. No recuerdo cuando me quitaron las esposas. No recuerdo irme a limpiar o a lavarme la cara. Lo único que recuerdo son los tres adultos entrando y saliendo de la oficina y esperando afuera, hasta que la trabajadora social regresó con el oficial López, quien traía un montón de papeles.

Nadie llamó a mi mamá.

—Tenemos mucho qué hacer —sentenció la trabajadora social— y voy a necesitar que pongas de tu parte si no quieres ir a la cárcel. Primero, necesitamos que nos digas dónde exactamente está esa tienda de regalos. Solo así podemos asegurarnos de que ese hombre no le haga lo mismo a otros niños. Y tenemos que decirles a tus papás, explicarles lo que está pasando, porque ellos tienen que llenar estas formas, para conseguirte ayuda del gobierno.

Lo de decirles a mis papás me agarró de sorpresa, me asustó. Tan pronto me di cuenta de que mis papás se enterarían de lo que me estaba pasando les rogué que no les dijeran nada.

—¡Por favor! —les dije—, ¡no les digan! Ellos no van a entender. Solo díganles que me peleé con alguien y que tengo problemas de ira. Por favor, no les digan.

Rogué y rogué. Sentía más y más miedo con cada segundo que pasaba. Perdí el control de mis emociones, me arrepentí de haberles contado mi secreto. Tenía miedo, estaba enojado y me odiaba a mí mismo. Hablaba conmigo mismo, en mi cabeza, como Gollum hace con Smeagol en *El Señor de los Anillos*. *¿Por qué les contaste, pinche pendejo?* Me preguntaba una y otra vez, incluso mientras le gritaba a la trabajadora social y al oficial López, que por favor no les contaran a mis papás.

—Tienes hasta mañana para contarle a tu mamá —dijo la trabajadora social—. No tienes que contarle a tu papá. Solo necesitamos la firma de un padre. Si no me habla ella mañana, voy a llamarla yo y le voy a contar todo. Necesitamos su firma para que podamos ingresarte en un programa estatal de asistencia para víctimas y testigos y brindarte ayuda.

Era la primera vez que escuchaba sobre un programa de asistencia a víctimas y testigos. No me gustó cómo sonaba eso. Odié la palabra "víctima". Escucharla dejó un sabor amargo en mi boca, y sentía que me hacía parecer como que yo era débil.

La trabajadora social dijo que la mamá del niño no iba a presentar cargos solo si le mostraban documentos que probaran que yo estaba recibiendo ayuda. Esas palabras rebotaron dentro de mi cabeza.

El oficial López me llevó a casa; yo iba sentado atrás, en la patrulla. El director llamó a mi mamá para avisarle que íbamos en camino, y cuando llegamos mi amá estaba caminando de un lado a otro afuera del apartamento. Cuando el oficial abrió la puerta, mi mamá corrió a abrazarme.

—Ay, Jesse, ¿qué fue lo que hiciste?

—Por favor, señora, mantenga la calma y sea paciente con su hijo —le dijo el oficial López a mi mamá en español, mientras ella me abrazaba, acariciándome la cabeza con su mano—. Tiene mucho que qué hablar con usted. Jesse tiene que ir a la escuela mañana a hablar con el director, para que no lo suspendan. Al menos todavía no.

Mi mamá volteó a verme. Vi la decepción y el dolor en sus ojos; yo lo sentí como un disparo que me atravesó el pecho. Apenas podía ver a mi mamá a los ojos y me alegró que el oficial López hubiera hablado por mí.

—¿A qué horas tengo que estar en la escuela mañana para hablar con el director? —preguntó mi amá.

—Usted no tiene que ir, señora. Nosotros nos haremos cargo y le avisamos —dijo el oficial López.

—¿Está seguro? Mi hijo golpeó a un muchacho. Quiero saber qué está pasando y qué va a pasar con él.

—Por favor, señora, déjenos ver lo que vamos a hacer y luego le hablamos —dijo el oficial López, volviendo a entrar a su carro.

Mi mamá estaba acostumbrada a respetar siempre a la autoridad, entonces no dijo nada más. Para ella la policía y el director de un colegio sabrían qué es lo mejor para todos.

Pensé que el oficial López no se iba a ir. No quería contarle todo a mi mamá yo solo. Cuando entramos al apartamento, mi papá estaba en el sillón, viendo una lucha de box en la tele. Ni siquiera me saludó. Cuando vio que estaba lleno de sangre solo dijo:

—Pues vale más que te lo hayas chingado, ¿eh? Si no, soy yo el que te va a partir la madre, cabrón.

—Sí, me lo chingué. Le partí la madre, apá. Estarías orgulloso de mí si vieras cómo quedó —le dije mientras pasaba por la sala, a la par de él, camino a mi cuarto. Vi que asintió con la cabeza, como en señal de aprobación.

Me quité la ropa y la fui a dejar al cuarto de lavandería, para quitarle la sangre. Después fui a bañarme. Mientras estaba en la ducha, puse la cabeza en la pared y dejé que el agua cayera sobre mí, que bajara por mi espalda. No sabía qué decirle a mi mamá. Pensaba: *¿Cómo chingados le voy a contar todo a mi amá?*

Después de bañarme fui hacia la cocina y vi que mi mamá iba saliendo de la lavandería.

—¿Qué haces? —le pregunté.

—Le puse Suavitel a tu ropa.

—Ah, *okay.* Bueno, vamos afuera. Te tengo que hablar de lo que pasó hoy, en privado.

Eran las cinco y media, y aún había luz afuera. Fuimos a la parte de enfrente del edificio y nos sentamos en una pequeña pared de ladrillo. No sabía qué decirle a mi mamá. No encontraba cómo decírselo en español. Crecí hablando ambos idiomas, pero no hablaba muy bien el español y usaba mucha jerga.

Antes de empezar mi mamá me dijo:

—¿Qué está pasando, mijo?

—Amá, no sé cómo decirte, pero necesito que por favor no le digas nada a nadie —le dije.

—¿Qué pasa? Dime —dijo viéndome, y en sus ojos vi interés y curiosidad.

Entonces le dije:

—Me están molestando.

Quise decirle que *I was being molested*. Pero en español no hay un equivalente preciso para *molest*. Por eso le dije "molestando". Y claro, mi mamá luego me preguntó:

—¿Quién te está molestando y por qué?

Tomé aliento y finalmente logré decirle:

—Me están molestando sexualmente.

—¿Cómo así que te están molestando sexualmente? —dijo, confundida.

Noté que mi mamá trataba de entender lo que le estaba diciendo. De repente vi que se le prendió el foco y le cambió la cara. La confusión se convirtió en sorpresa, luego tomó forma de incredulidad y finalmente se volvió ira.

—¿Quién está abusando de ti, Jesse? —Se puso de pie— ¿Qué está pasando?

Le conté de la pelea y cómo me desconecté. Le dije que, mientras le pegaba al otro muchacho, veía la cara del hombre que abusaba de mí. No le conté de los otros hombres.

—Pero ¿quién? ¿Dónde chingados está? Dime dónde está para ir a matar a ese hijo de su chingada madre. —Estaba ya muy encabronada—. ¡Lo voy a matar! ¡Llévame a donde está el cabrón!

Mi mamá caminaba con fuerza y tenía los puños apretados, como lista para ir a golpear al hombre si estuviera enfrente de ella.

—Eres solo un niño. ¡Voy a ir a matar a ese desgraciado!

Yo le conté de cómo lastimé tanto al otro niño, que me querían meter a la cárcel, pero que la mamá del niño aceptó no presentar cargos siempre y cuando recibiera ayuda.

Fue la plática más difícil que he tenido en mi vida. Vi cómo cambió mi mamá. Me dejaron solo para explicárselo. No había nadie para ayudarme, guiarme o apoyarme. De igual forma, nadie ayudó a mi mamá a procesar lo que yo le estaba contando.

Le dije que tenía que llenar unos papeles para que yo pudiera recibir apoyo para aprender a lidiar con mi ira y el trauma. Como yo era la víctima de un crimen, el gobierno iba a pagar por mi terapia. Cuando dije "víctima de un crimen", así en español, ella me agarró y me abrazó bien fuerte. Se puso a llorar y me apretó aún más, como si tuviera miedo de soltarme. La abracé mientras lloraba. Yo no solté ni una lágrima.

Le dije que la policía ya estaba buscando a mi violador y que no tenía que preocuparse de nada.

—¿Cómo que no tengo que preocuparme de nada? —exclamó—. Toda la vida me he esforzado para que estuvieras bien y tuvieras una buena vida, una vida mejor a la mía, y fallé. Todo esto es culpa mía, por no haberte cuidado mejor. ¡Es culpa mía! Te fallé, mijo. No te cuidé. Perdón, mijo, te fallé. Por estar siempre en el trabajo y no haber estado ahí para cuidarte. ¡Soy una estúpida! ¡Soy una pinche estúpida por no haber cuidado bien de ti! ¡Chingada madre!

Gritaba bien duro y se pegaba en el pecho.

Ahí empecé a llorar yo. El dolor y la ira hicieron que mi mamá se golpeara a sí misma y verla así me asustó más de lo que ya estaba. Nunca le había causado semejante angustia antes.

—No es tu culpa, mami —dije llorando—. Por favor, no digas eso. No es tu culpa. No quería contarte, pero no quería ir a la cárcel. Debí haberme quedado callado. Debí no haber dicho nada.

Lloramos juntos, abrazados.

Que Dios bendiga a mi mamá. Destruí su mundo. Intenté abrazarla cuando me dijo:

—¿Cómo no me dijiste que alguien te estaba tocando, Jesse? ¿Por qué no me dijiste? ¿Por qué no me contaste antes?

Escucharla decir eso me llevó al límite. No era su intención, pero sentí que estaba echándome la culpa y eso me llenó de ira. Dijo lo que dijo, y lo que yo escuché fue:

—Esto es tu culpa, Jesse. Es tu culpa por no haberme contado antes.

No podía lidiar con la agonía que me provocaba el haber lastimado así a mi mamá. Mi mente desesperada tomó el amor que sentía por ella y lo transformó en ira. Reventé como una olla de presión.

Le grité:

—*¡No chingues!* Yo no quería que me tocara nadie. Lo único que quería eran unos pinches globos de agua. Pero como somos tan pobres, ni eso tenemos en la casa. Esto pasó porque somos pobres. Chinga tu madre. Te odio.

Es tu culpa por haberme mandado a aquella escuela donde solo había gringos, donde me molestaban por ser pobre y por no ser tan inteligente como los otros niños. Te odio. Te odio por haberme traído a este mundo.

Vi cómo cambió la cara de mi madre, vi en ella dolor y luego desesperación. Me abrazó y quise deshacerme de ella. Sabía que ella podía sentir mi tristeza. Sabía en lo más profundo de mi ser que ella entendía cómo yo podía sentir tanta ira. Quería abrazarla, quería rodearla con mis brazos y enterrar mi cara en ella, quería sentirme seguro en sus brazos como otras veces. Pero en vez de eso la empujé, y lo hice tan fuerte que perdió el equilibrio y cayó de espaldas. Quería ayudarla a levantarse, quería abrazarla, sostenerla. Quería decirle *Amá, perdóname. Amá, no es tu culpa. Perdón, amá. Te quiero, amá. Te quiero mucho.*

Pero no lo hice. Nunca le dije esas palabras.

No entendía que, sobre todo, estaba enojado conmigo mismo por sentir que había decepcionado a mi mamá. Ella había sacrificado tanto por nosotros. Trabajaba bien duro, le pagaban una miseria y con eso nos mantenía a todos porque su esposo era un mujeriego egoísta que se aprovechaba de su generosidad y exigía que le dieran todo lo que quería y necesitaba; no era realmente una pareja. ¿Cómo podía lastimarla, aún más si ella solo quería lo mejor para mí? Sin embargo, nada podía superar a mi ira.

—Firma los pinches papeles y ya —le grité, y me fui corriendo. Ya era de noche y me escondí en la oscuridad para estar solo.

Volví una hora después y ella seguía ahí, llorando. Cuando me vio, corrió a abrazarme. Me quedé ahí parado y no la abracé.

—Firmo lo que sea para protegerte, para ayudarte y corregir lo que hice mal, mijo. No quiero que el enojo se apodere de tu vida. Perdóname, perdóname, perdóname, mijo —dijo una y otra vez, llorando.

Me alejé de ella y le dejé ahí afuera, en el frío de la noche y regresé a mi cuarto. Me metí en la cama y miré fijamente la pared sin decir o hacer nada.

△ △ △

Al día siguiente, todos hablaban de mí en la escuela. Tipos con los que nunca había hablado me felicitaron. Era hasta más popular que antes por haberle pegado a ese muchacho. Muchos me chocaron el puño o me dieron palmadas en la espalda ese día. Me felicitaron, y eso me hizo sentir aún peor. No sentía que había hecho algo bueno. Durante el cuarto periodo la trabajadora social me mandó a llamar y me preguntó si había hablado con mi mamá. Le dije que sí. Luego le pedí que quería salir temprano e irme a casa porque me era muy difícil estar en la escuela. No deseaba lidiar con los otros estudiantes y no quería ni pensar en el otro niño o lo que hablamos con mi mamá. Quería que todo parara. Quería irme a otro planeta. Quería dejar de pensar.

Le entregué los papeles que había firmado mi mamá y me dejaron ir a casa. Nadie llamó a mi mamá. Nadie.

Cuando llegué, no había nadie en la casa. Mi mamá estaba trabajando. Alcancé un libro para colorear y unos crayones. Me acosté en el suelo, como había hecho tantas veces de niño y empecé a colorear.

CAPÍTULO 7

Unos días después, el director llegó a mi clase; lo acompañaban dos detectives, un hombre y una mujer. Ambos vestían trajes oscuros y llevaban lentes de sol, a pesar de que eran como las diez de la mañana. Los detectives se quedaron en la puerta mientras el director entró a la clase. Cuando los vimos, todos nos quedamos callados. Hasta Rudy, que estaba sentado a la par mía, los miró fijamente. Nuestras miradas siguieron al director mientras él iba a hablarle a la maestra y luego volteamos a ver los detectives.

El director le dijo algo a la maestra, se lo dijo al oído, y luego volteó a verme y dijo:

—Jesse, por favor, ven conmigo.

Los estudiantes me miraron fijamente y no dijeron nada, pero luego empezaron a hacer ruido: "Uuuuuu, ¡te van a suspender! ¡Hoy sí te cae!".

Por un momento pensé que la mamá del niño había decidido presentar cargos. Pensaba en eso mientras el director, los detectives y yo íbamos por la escuela, camino a la oficina del director. Al llegar a su despacho, el director fue a sentarse en su gran silla de cuero, detrás de un enorme escritorio de madera. Pero uno de los detectives dijo:

—Queremos hablar con él a solas. Puede esperarnos afuera.

El director me miró. Pude darme cuenta de que estaba confundido por lo que le habían pedido y salió de la oficina lentamente y sin hablar.

Me indicaron que me sentara en una de las sillas de madera que estaban frente al escritorio del director. Estaba nervioso. Me incliné hacia adelante y puse mis codos sobre mis rodillas. Me sudaban las manos y movía los pulgares mientras la detective se recostaba en el escritorio y el detective se apoyaba en la puerta con los brazos cruzados. Quería que estuviera allí mi mamá. Quería que estuviera el oficial López.

—¿Me van a arrestar? —la voz me tembló.

Ignoraron mi pregunta. En vez de eso se presentaron y de inmediato empezaron a preguntarme sobre lo que había pasado en la tienda de regalos. No recuerdo cómo se llamaban los detectives ni recuerdo todas las preguntas, pero sí me acuerdo de que ambos eran muy fríos y despiadados, como si no tuvieran emociones. No mostraron ni un gramo de compasión. No demostraron que les importara siquiera lo que me pasó. Tampoco me preguntaron si prefería que me dijeran Jesse o Jesús ni cómo estaba, o si quería que mis papás estuvieran presentes mientras me hacían preguntas.

La mujer detective dijo:

—Si te pedimos que nos lleves al lugar donde ocurrió este supuesto crimen, ¿podrías hacerlo?

—¿'Supuesto crimen'? ¿Por qué me inventaría algo así? —le grité—. Si la gente se entera de esto, ya me jodí. ¿Por qué hacen como si yo fuera el pinche criminal?

—Pues, si golpeaste a un niño inocente, podrías estar mintiendo para que no te castiguen —observó la mujer detective, haciendo la cabeza a un lado.

—¿Inocente? Ese cabrón le pegó a un niño más pequeño que él. ¿Sabían eso? ¿Se tomaron la molestia de averiguar eso? Ese desgraciado se lo merecía. ¿Y ahora qué? ¿Creen que soy un mentiroso? ¿Les molesta estar aquí? ¿Les arruiné su día porque tuvieron que trabajar en vez quedarse en la estación comiendo donas, pinches hijos de la chingada? —Temblaba de lo enojado que estaba.

Ignoraron todo lo que dije.

—Tienes que venir con nosotros y mostrarnos ese lugar.

—Na, con ustedes a ningún lado. Están locos. Ese maldito dijo que me iba a matar y a mi familia también. Sabe dónde vivo. No voy con ustedes —afirmé tercamente.

—No tienes alternativa. Tienes que venir con nosotros.

La mujer detective amenazó con ponerme las esposas si no colaboraba. Empecé a mover la cabeza. No podía creer lo que estaba pasando. Me obligué a calmarme. Traté de enterrar el miedo y la ira que tenía adentro y me enfoqué en lo que estaba frente a mí. El detective me apretó el hombro, me apretó fuerte, y me levantó de la silla, me llevó afuera de la oficina y salimos al estacionamiento. Me senté encorvado en el asiento trasero del carro de los detectives. Me hicieron más preguntas y todas mis respuestas eran de apenas de una palabra. Las puertas no tenían manijas para abrir la puerta o las ventanas. Por un momento pensé que me habían mentido y que en realidad me llevaban a la cárcel para menores.

Llegamos hasta donde estaba la tienda de regalos y la señalé. Dimos una vuelta y regresamos. Lentamente nos acercamos a la puerta y me preguntaron si el hombre que estaba detrás del mostrador era el que había estado abusando de mí.

Les dije:

—No, no es él. No está ahí.

Pero sí era él. Me vio la cara y un miedo paralizante me cerró la garganta; fue un miedo que ahogó incluso la ira que sentía hacia esos policías, la ira que sentía por cómo me trataban.

La detective volvió a preguntar:

—¿Viste a ese hombre? ¿Es él?

—Ya le dije que no.

La combinación del pánico que sentí cuando el tendero me vio, con creer que esos detectives no me iban a ayudar, fue lo que evitó que hablara, que dijera la verdad. Los detectives me llevaron de vuelta a la escuela. Dijeron que iban a regresar si necesitaban algo más de mí. No me llevaron a la oficina del director, ni de vuelta a la clase. Me dejaron en la entrada de la escuela. Me sentí vulnerable. Estaba decepcionado de mí mismo por haber abierto la boca el día que le pegué a ese niño.

Estaba ahí parado, enfrente de la escuela, pensando qué podía hacer, cuando mi compa Rudy pasó cerca de mí. Asintiendo con la cabeza le dije:

—¿Qué onda, güey? ¿Qué vas a hacer? Vámonos a tu cantón. No tengo ganas de estar aquí hoy, *homeboy*. Y no quiero ver a otra gente ahorita para el almuerzo. Borrón. Vámonos.

—Órale. Borrón, pues. Vámonos. ¿Estás bien? —preguntó Rudy, dándome la mano y chocó sus hombros con los míos mientras nos dábamos medio abrazo. Yo estaba ahí parado, moviéndome inquieto y Rudy podía ver el miedo y la duda en mis ojos.

—Sí, todo bien. Solo tengo que pasar por mi cantón a agarrar algo —dije, pero no era cierto. Rudy puso su mano sobre mi hombro y me llevó de vuelta a la calle, y la escuela quedó atrás de nosotros.

No fuimos a mi casa. En vez de eso fuimos a la tienda de regalos.

Me quedé enfrente de la tienda, viendo hacia adentro. El tendero todavía estaba ahí. Me vio. Ese bigote era único e inconfundible. Recuerdo que estaba ahí y no me pude mover. Lo vi fijamente y él me vio a mí. Rudy se detuvo cuando vio que no iba a la par de él. Fue hasta donde estaba yo.

—¿Qué onda, güey?

Pero yo solo miraba al hombre. Le dije a Rudy:

—Por culpa de ese hombre fue que los detectives llegaron a buscarme hoy. —Mi voz era inquebrantable y no mostraba emociones—. Mi vida vale madre ahora. Ese puto me chingó la vida.

—¿Qué, qué? —La cara de Rudy se iba llenando de ira. Rudy quería protegerme—¿Ese puto?

Rudy caminó hacia la puerta, como para entrar a la tienda, listo para ir a pegarle al tendero, pero lo agarré con fuerza y le dije:

—No mames güey. Los detectives ya saben. Si hacemos algo solo nos vamos a meter en problemas. Además, detrás del mostrador tiene un bate y una pistola. No me puedo dar el lujo de hacer algo estúpido. Ojalá reciba lo que se merece. Borrón, güey, vámonos.

—¡A la chingada, *cabron*! ¡*Déjamelo*, yo me hago cargo! ¿Por qué te está cagando el palo ese puto? ¿Le debes feria o algo?

—Mejor vámonos y ya. Te cuento después.

No fuimos a mi casa. Fuimos a la casa de Rudy. Todo el rato Rudy seguía preguntándome,

—¿Qué onda? ¿Qué pasó?

Me quedé callado. Mientras íbamos caminando, encendí un cigarro de marihuana y fumé mirando hacia abajo, viendo a los dobleces de mis *jeans*, a mis Vans negros con suelas blancas.

Cuando llegamos a la casa de Rudy le conté toda la historia, le conté hasta que el tendero me vendió a un montón de hombres y eso era algo que no le conté ni a los detectives.

—Me estaban prostituyendo, güey —le dije, sacando más mota y papeles para armar otro churro. Puso su mano sobre la mía y me quitó la mota y los papeles. Se me llenaron los ojos de lágrimas.

Rudy dejó que me desahogara con él. Dejó que llorara. Era la primera vez que realmente hablaba con un amigo. Mientras yo lloraba él no dijo nada; dejó que lo sacara todo. Todo el rato dejó su mano en mi hombro mientras yo estaba sentado con los codos sobre mis rodillas y mis manos sosteniendo mi cabeza. Le rogué que no hiciera nada, que no le dijera nada a nadie, pero no era necesario. No iba a hacer nada. En ese momento él fue más un hermano de lo que alguna vez había sido el mío propio.

Como a las cinco y media salí de la casa de Rudy camino a mi casa. Encendí otro cigarro de marihuana de camino a casa y pasé por la tienda de regalos. Cuando el tendero me vio entrar, la sorpresa e incredulidad le cambiaron su cara.

—Vete de aquí y nunca regreses —me dijo. No había nadie más en la tienda.

—¿Por qué? Si tú empezaste y ahora quiero que me la mames, hijo de puta. He venido todos estos años porque tú querías, y ahora vine por mi cuenta y quiero que alguien me mame la verga, y tú me la vas a mamar puto. Dale. Vamos atrás.

—No tengo idea de qué estás hablando. Lárgate. No quiero que regreses. No te conozco.

Por un momento me quedé ahí parado. Me sorprendió lo que dijo. Estaba confundido.

—Ah, crees que te estoy tendiendo una trampa. —Me reí—. No'ombre, güey.

Luego su expresión cambió a una de ira y con una voz bien grave dijo:

—Si vuelves a venir o si dices algo, puto de mierda —hizo una pausa—. Recuérdate que sé dónde vives y voy a matar a la gorda de tu madre.

De la nada le grité:

—¡Púdrete, pinche puto enfermo! No vas a hacerle nada a mi mamá ni a nadie. Si sabes lo que te conviene, deberías matarte o irte a la chingada antes de que yo te agarre primero cabrón.

—Lárgate —dijo sin levantar la voz—. No quiero volverte a ver.

Me di la vuelta y salí de la tienda. Cuando llegué a la puerta le dije:

—Vas a recibir lo que te mereces.

Me sentía bien, me preparé otro churro y regresé a casa.

△ △ △

A partir de ese día, Rudy hizo todo lo que pudo para asegurarse de que yo estuviera bien. Siempre estaba conmigo en la escuela. Además, se ofrecía a llevarme a mi casa después de la escuela y eso me daba mucha risa. Me trató de la forma que quería que me tratara mi hermano. Cuidó de mí.

Poco después de que le conté mi secreto a Rudy, el hombre que abusó de mí y me obligó desde que yo era un niño a tener sexo con otros hombres, despareció. No volví a verlo ni a él ni a sus amigos. Al tiempo, la tienda cerró.

Δ Δ Δ

La psicoterapeuta que el programa de asistencia para víctimas y testigos asignó a mi caso, era una mujer bien corpulenta, y me ayudó muy poco para tratar mis problemas
de desconfianza, ira y victimización. A pesar de que iba en
terapia, caí rápido.

La terapeuta pidió que mi mamá llegara a mi primera
cita. Ella llegó sin saber qué esperar, pero estaba dispuesta a
hacer lo que fuera para asegurarse de que recibiera la ayuda
que yo necesitaba. La oficina de la terapeuta estaba dentro
de una casita, en un complejo de ocho casas victorianas en
el centro de San Diego, cerca de Little Italy. Cuando entramos, mi amá y yo vimos los muebles bonitos que tenía
la terapeuta: un largo sillón de terciopelo verde oscuro y
a cada lado del sillón había mesas y encima de estas, lámparas. Había además una silla de cuero negro debajo de
una gran mesa de madera, enfrente de una ventana que
daba a un jardín, al patio del complejo de casitas. Mi *amá*
me pidió que me presentara.

—Jesse León, para servirle —dije usando esa frase, des-
graciadamente tan común en nuestra clase social. Mi *amá*
hizo lo mismo.

La terapeuta nos dio la mano a ambos con indiferencia
y nos mostró dónde sentarnos. Mi amá y yo nos sentamos
torpemente en el sillón de terciopelo. La terapeuta se sentó
en la silla de cuero. La mujer no sonreía, como usualmente
hacemos los latinos para ayudar a los demás a sentirse más

cómodos. Ni siquiera veía a los ojos a mi amá cuando hablaba con ella. En vez de eso, revisaba papeles; al empezar me entregó unos para que firmara mi amá y no me dijo siquiera para qué eran o qué decían.

—¿Tenemos que llenar esta sección? —le pregunté, mostrándole una de las hojas.

—Llénalo tú por ella, llena lo que puedas y pídele que lo firme —dijo, y tampoco me vio a los ojos.

Una vez hicimos eso la mujer le dijo a mi *amá*, y yo le traduje:

—Jesús va a tener que venir a verme una vez a la semana. Tú no tienes que regresar. Si necesito que firmes más papeles, voy a enviártelos con Jesús y él los puede traer la próxima vez que nos veamos. ¿Tienes alguna otra pregunta?

Odié que me dijera Jesús, a pesar de que me había presentado como Jesse.

—Sí. ¿Cómo nos aseguramos de que mi hijo mejore? ¿Cómo podemos ayudarlo? ¿Vamos a tener una terapia familiar? ¿Cómo usted me va a dar noticias si Jesse va mejorando o no, si no tiene un intérprete?

Mi *amá* habló con los ojos llenos de lágrimas. Yo traduje todo lo que dijo mientras ella me agarraba la mano.

—Si necesito verte, yo te aviso. No necesito un intérprete. Parece que tu hijo es buen intérprete. Mis reuniones con Jesús son confidenciales. No puedo decirte de qué hablaremos, a menos que él decida que va a lastimarse o va a agredir a alguien más. Como te dije, yo te aviso si tengo que hablar contigo otra vez —le dijo a mi mamá, ahora sí viéndola a los ojos como tratando de intimidarla.

Sentí cuando mi amá me apretó la mano; sabía que ella quería responderle a la mujer.

—Entonces, ¿no vamos a tener terapia familiar? —preguntó fríamente mi amá, mientras se secaba las lágrimas.

—No. Primero debo conocer a Jesús. Si tengo preguntas sobre ustedes, se las haré a Jesús.

—Pero por años él ha estado mintiéndome y no me cuenta las cosas. Ya vi que en los papeles dice que usted cobra 125 dólares la hora. Con ese dinero seguro puede contratar a un intérprete.

—El Estado no contrata intérpretes y, desafortunadamente, sé que tú no puedes pagar por uno —le dijo a mi amá.

Viéndome la terapeuta dijo:

—Se nos acabó el tiempo. Ya se pasaron los cuarenta y cinco minutos de nuestra cita. Te veré acá cada lunes, al salir de clases. Adiós y que tengan un buen día.

La terapeuta se levantó, caminó hacia la puerta y la abrió, como diciéndonos que ya nos teníamos que ir.

Mi amá se levantó. Estaba frustrada aunque igual fue a darle la mano a la terapeuta, a decirle gracias. Pero la mujer rechazó el gesto de mi mamá y entonces mi mama le agarró la mano con sus dos manos y llorando le dijo:

—Por favor, le ruego que ayude a mi hijo. Es un niño bueno. Es bien inteligente. No quiero que se me pierda y se vaya con las pandillas y se vuelva un drogadicto como muchos otros niños. Por favor, ayúdelo.

Mi amá seguía llorando e intentó abrazar a la terapeuta. Ella se soltó de las manos de mi mamá, levantó los brazos en rechazo y dio un paso hacia atrás. Me hirió ver eso, y, muy triste, empecé a traducir lo que mi amá había dicho cuando de repente la terapeuta me interrumpió.

—No hace falta, Jesús. Es obvio que vienes de una familia muy emotiva. No me sorprende que tu... —Dejó de hablar y luego agregó—: Te veré el lunes, ahora deben irse porque debo preparar todo para mi próximo paciente.

Mi amá y yo nos fuimos.

Esto fue en 1988 y en esa época mi mamá ganaba el salario mínimo que había establecido el gobierno de California: cuatro dólares y veinticinco centavos la hora.

—¿Te imaginas cuántos días tendría que trabajar para pagarle una hora a esa mujer? Carajo, ¡cuarenta y cinco minutos! Ni siquiera fue la hora entera. Ha de ser millonaria. Solo espero que te ayude, mijo —dijo mi amá, besándome la frente y mientras esperábamos el autobús para regresar a casa.

CAPÍTULO 8

Una noche, a eso de las seis, mi mamá estaba en la cocina, haciendo la cena mientras yo estaba en la sala viendo tele. Mi papá entró al apartamento y, sin siquiera saludar, fue a ver qué estaba cocinando mi mamá.

—Son casi las seis y media, he estado en la calle todo el día tratando de ganar dinero para la familia y la pinche cena no está lista —dijo—. No sé por qué chingados me casé contigo. ¿Es mucho pedir que la cena esté lista para cuando llegue a la casa?

Mi amá no le hizo caso y siguió cocinando.

—Jesse, ve por tu hermano y pongan la mesa. Ya casi está lista la cena —dijo.

Mi papá estaba a punto de sentarse a la par mía, cuando me levanté a hacer lo que me pidió mi mamá que hiciera.

—¡No! Tú pon la mesa. Él no tiene que hacer nada. Te toca a ti, ¡ballena gorda buena pa' nada! Mi papá me agarró del brazo y me sentó en el sillón.

Mi mamá le respondió y empezaron a gritar los dos. Salí del apartamento y el ruido de la calle ahogó las voces de mis papás; estaba frustrado porque era la misma mierda de siempre. Parecía como que mi papá siempre estaba de mal humor, como que siempre estaba enojado. Era como que si nosotros le recordáramos todo lo que él odiaba en su vida. Me alejé de la casa y sin querer llegué a la tienda de regalos, como si estuviera cumpliendo con una rutina. Cuando me di cuenta qué estaba haciendo, me enojé muchísimo. Pude haber ido a la casa de mi amiga Ariyel, pues era algo que hacía con más frecuencia desde unos meses antes, pero la verdad es que quería estar solo. No quería ser una carga para Ariyel. Ella era parte de una familia muy diferente a la mía. Era raro que alguien gritara en su casa.

Llegué a la 6ª venida, como yendo al centro de San Diego, camino a Balboa Park. Ya casi era de noche, pero igual podía ver el contorno del parque. Fui a la zona de juegos, donde estaban los columpios y pasamanos. Pensé en cuando era un niño chiquito y jugaba ahí, cuando era un pequeño inocente. Me acosté en una rotonda roja con pasamanos de colores y sentí lo frío del metal en mi cuerpo. Vi hacia arriba, al cielo entre las ramas de los árboles, pensando hacia dónde iba mi vida y si valía la pena seguir vivo. Encendí un churro y empecé a fumar.

Tenía pensamientos suicidas y cada vez eran más frecuentes. Pensaba si todos, especialmente mi mamá, iban a estar mejor si me suicidaba y ya. Mientras estaba ahí, en la rotonda, viendo al cielo, sentí como que yo era pequeñísimo e insignificante.

Cuando ya no podía aguantar lo frío del metal, me levanté y vi a dos tipos a la par de un Cadillac amarillo. Me quedé ahí fumando cuando uno de ellos me dijo:

—Oye, compa, ¿tienes fuego? —Le dije que sí.

Ambos empezaron a caminar hasta donde estaba yo. Uno era latino y el otro era un hombre negro. El hombre negro tenía largas rastas. Los dos estaban vestidos como gánsteres. Le di mi encendedor al latino. Él encendió un churro y me preguntó que si quería darle un jalón. Le mostré el mío como diciendo: "Na, acá tengo, compa".

—Sí, pero ésta es Lovely, *homey* —dijo el latino, dándole otro toque a su churro. Me encantaba fumar Lovely —marihuana con PCP (o líquido para embalsamar o tranquilizante de caballo o tranquilizante de gatos, depende quién te lo venda; y unos le dicen Dip, otros Wack, Sherm o Love Boat). A los cigarros con PCP les dicen Kools, porque casi siempre se usan cigarros marca Kool.

—Na, estoy bien, ese. No quiero ponerme tan loco hoy —dije.

—Solo dale un toque. El papel está hecho de hashish, no es papel corriente. Y la mota es Chocolate Thai; sabe igualita a una barra de chocolate, *homey* —dijo el de rastas, sacó una botella de cuarenta onzas de Olde English 800 de su bolsillo de atrás y le dio un trago.

—Na, estoy bien, compa, pero te acepto un trago, ey. La mota me dejó la boca bien seca.

Me quedé con ellos como por una hora. Eran bien graciosos los dos y por un rato me olvidé del drama de mi casa, ya no pensé en suicidarme y todo lo demás. Pero no bajé la guardia. Sabía que había personas que se juntaban con extraños y les daban droga para así robarles más fácil. Las chicas en secundaria y preparatoria, las cholas, sabían bien cómo hacerle; especialmente para tenderles trampas a los miembros de las pandillas rivales, entonces sabía que no podía confiar en estos muchachos.

Me preguntaron por qué estaba en el parque tan de noche. Les dije que en mi casa se estaban peleando y que había salido a distraerme y nada más. Se vieron entre sí y se rieron de una forma extraña.

—¿Te quieres quedar con nosotros otro rato? —me preguntó el hombre negro.

Me dio desconfianza cómo se rieron, entonces solo les dije:

—Na, *estoy bien*. Me tengo que ir al cantón. Es tarde y tengo que ir a la escuela mañana.

—Les di la mano y caminé de vuelta a casa. Mi mamá estaba esperándome.

—¿Adónde fuiste? Estaba preocupada. Por favor no te vayas de la casa así no más, Jesse.

—Perdón, amá. Solo me cae mal cuando mi papá está de hablador y peleándose con todo mundo. Es demasiado.

—Ya sé, mijo. Me ha estado doliendo el corazón. Tengo que ir mañana con el doctor. Me van a hacer unos exámenes. Creo que por tanto pelear con tu papá tengo la presión alta.

—¿Presión alta? ¿Desde cuándo tienes la presión alta?

—Ay, mijo. Eso es de familia. No sé cuánto más voy a aguantar. No sé qué hice mal. Si no fuera por ustedes dos, ya me hubiera ido lejos, bien lejos, a un lugar donde nadie me conozca; desaparecer y ya.

△ △ △

Al día siguiente fui a la escuela. Después del segundo periodo me salí. Convenientemente, Roosevelt Junior High está a la par del Zoológico de San Diego. Mis amigos y yo solíamos cortar con alicates la reja que separa el zoológico de la zona de juegos de la escuela, y así pasábamos al otro lado a fumar mota y ya no íbamos a clase. Fui por la zona de juego, pasé encima de la reja rota y estuve horas en el zoológico. Más tarde fui al cañón, al otro lado del zoológico y encendí un churro. Llegué hasta una parte donde había un puente que atravesaba la Carretera 163. Me sentía libre estando en ese puente, viendo cómo pasaban los carros por debajo de mí. Pero esa libertad me hizo considerar si debía matarme y ya, si debía tirarme del puente. Sentí que estaba solo, que nadie me comprendía. Me agarré de la baranda a la orilla del puente.

Mientras estaba ahí, escuchando el sonido de los carros, me dije a mí mismo que sí, que debía saltar. La voz en mi cabeza cada vez hablaba más fuerte. Sentía que nadie en el mundo había sufrido lo mismo que yo. Quería ser un niño normal. No quería ser diferente a los demás. ¿Por qué no podía ser como los demás? ¿Por qué no podía solo besar a las chicas sin que me presionaran a hacerlo? ¿Por qué no podía volver a la época que leía libros y coloreaba y jugaba ajedrez con mi papá, ese tiempo cuando estaba acostumbrado al caos, pero que todo parecía muy inocente? Odiaba tener tantos secretos.

Sentí cómo mi cabeza dio un giro y de repente escuché a una voz gentil hablarme. *No eres un cobarde, Jesse. Todo lo que hiciste, lo hiciste para proteger a tu familia de ese monstruo. No lo hagas. No le hagas más daño a tu mamá.* Empecé a llorar. Me arrepentí de haberle hecho daño a mi mamá, de haber sido tan malo con ella. No la odiaba. Solo no podía corresponder el amor que ella me daba a mí. ¿Cómo ella iba a querer a un niño tan raro como yo, a un desadaptado? A pesar de que sentía que no merecía el amor de nadie, me reconfortaba saber que ella me quería. Me dije a mí mismo que debía alejarme de ese puente. Y así lo hice.

Caminé los caminos de tierra que había en el cañón mientras el olor a eucalipto me atravesaba el cuerpo. Vi un montón de gringos corriendo en el cañón y que ni siquiera voltearon a verme. Tuve envidia de su libertad y su privilegio. Ellos podían hacer todas estas cosas: salir a correr, surfear, ir en patines, volar cometas, jugar tenis o voleibol, y no les importaba lo ridículos que se miraban. No podía haber hecho eso en el barrio. Siempre tenía que estar en guardia e hiper consciente de cómo me veían los demás.

Mientras me acercaba a la parte del Balboa Park que colinda con el cañón, vi a un grupo de hombres que caminaban por el parque, unos vestidos como militares y otros

de traje. Los vi fijamente mientras pasaron a la par mía
y traté de imaginarme qué estaban haciendo ahí. Luego
vi a dos hombres agasajándose en los arbustos. Uno se la
estaba mamando a otro y era de día. Me llamó la atención.
Seguí caminando y vi a unos tipos que me estaban viendo
y me enojó que hicieran eso.

*¿Qué chingados me están viendo? ¿Será que piensan que
soy gay? ¿Será que saben que me he acostado con hombres?
¿Es tan obvio? ¿Por qué es que me están viendo?* No me gustaba cuando la gente me veía como una cosa, como un objeto.

Llegué a la cima del cañón y me senté en una banca.
Había calor. Era un día soleado, no había una sola nube
en el cielo y estaba en la ciudad conocida como la más fina
del país. Era un mundo diferente, ahí lejos de los caminos de tierra. La gente paseaba a sus perros, unos viejos
italianos jugaban bochas y más gente caminaba como sin
ganas, sin saber que me había escapado de la escuela, que
ya había fumado un churro de marihuana y que pensé en
suicidarme, todo ese mismo día. Sentía como que nadie
era capaz de saber qué estaba pasando, qué me pasaba a
mí, qué estaban haciendo un par de hombres en los arbustos, no muy lejos. Sentía extraño, como que había entrado
a otra dimensión.

Escuché que alguien se acercaba a mí, por atrás.

—Hola, ¿cómo estás? —dijo, me di la vuelta, pero no
reconocí al hombre que me estaba hablando.

Era un hombre gringo bien arreglado, de altura promedio, ni muy flaco ni muy gordo, con canas a los lados

y atrás de la cabeza, pero pelón hasta arriba. Iba de *jeans* y camisa polo. *Me gusta su camisa*, pensé. *Otro güero que le gusta hablar.*

Empecé a darme la vuelta porque no estaba acostumbrado a hablar con extraños de la nada, pero él insistió.

—Me sorprende verte aquí. Me dijeron que ya no ibas a hacer esas cosas.

—No sé de qué me estás hablando. No te conozco.

Sacó unos billetes de su bolsillo.

—Nos conocimos en la tienda hace unos meses y le pagué ciento cincuenta dólares a tu amigo. Te puedo pagar setenta y cinco si dejas que te la mame.

No supe qué hacer. Sentí cómo se me aceleró el corazón y apreté las manos, como si fuera a pegarle al gringo. Al mismo tiempo, me sorprendió el atrevimiento y me llamó la atención la posibilidad de ganar tanto dinero. Nunca antes me había vendido por mi cuenta. Él vio a nuestro alrededor y luego volteó a verme y dijo:

—¿Entonces? ¿Estás listo?

—Na, güey. No sé de qué me estás hablando. Yo no hago esas cosas —tartamudeé—. Y en serio que no sé quién eres.

—Bueno, bueno. Ya sé. Quieres más dinero —dijo—. ¿Y si te doy cien dólares? No hace falta pagarle a un intermediario. ¿Así sí? Cien dólares. Es mi última oferta.

Eran los ochentas, y cien dólares era un montón de dinero, más de lo que alguien de mi edad ganaría normalmente. Lo más que había ganado fue una vez que lavé carros durante todo el fin de semana y me pagaron cuarenta dólares.

Se me prendió el foco. No tenía que lavar tantos carros para ganar dinero. Ya no tenía que ir la tienda de regalos donde el tendero se quedaba con la mayoría del dinero. A la mierda con ser pobre. Cuando tenía once años le pedí cinco dólares a mi papá para comprar unos crayones y unos libros para colorear. Dijo que no. Me contestó que tenía que aprender a ser un hombre de verdad y ganar el dinero trabajando. Me dijo que debería repartir periódicos, como mi hermano. Ahí decidí que nunca más le iba a pedir algo a mi papá. Ese fin de semana agarré un balde que estaba en el estacionamiento y dentro tiré el jabón para lavar platos de mi mamá, una esponja y unas toallas viejas. Con una manguera al hombro caminé colina arriba, al barrio de los güeros. Fui de puerta en puerta preguntándole a la gente si querían que les lavara su carro por dos dólares. A veces me daban un dólar de propina y si tenía suerte me daban hasta cinco dólares. Sin contar las propinas, sabía que para ganar cuarenta dólares tenía que lavar, al menos, veinte carros. Era un montón de trabajo para un niñito de once años. Cuando juntaba treinta o cuarenta dólares, le daba a mi mamá diez o veinte y me quedaba con el resto. Nunca antes había tenido cien dólares.

El gringo me enseñó los billetes, cinco billetes de veinte dólares. Se me abrieron los ojos. Lo pensé por un rato. Luego, dudando, le dije: "Bueno, está bien".

Nos alejamos de la gente. El hombre encontró un lugar aislado entre los árboles y me dijo que me recostara en un árbol. Vi primero si el árbol no tenía hormigas y me quité la camisa; me quedé solo con una camiseta. El hombre se agachó y yo pegué la cabeza al árbol y cerré los ojos. Otra vez desconecté de mí mismo. Terminó en más o menos un minuto. Se levantó y me dijo:

—A ver, acá está tu dinero. Pero te doy un consejo. La próxima vez, asegúrate de que te paguen primero. Me pude haber ido corriendo, sin haberte pagado. Y si la policía nos para, lo único que hubiera tenido que decir es que intentaste robarme. Yo soy blanco y tu pareces un gánster. ¿A quién piensas que le van a creer?

Me quedé ahí, recostado en el árbol, aturdido y el hombre me dio el dinero y se fue. Doblé los billetes y los guardé en mi bolsillo. No sabía qué decirle. ¿"Gracias por el consejo; esperamos que vuelva"?

Me habían pagado cien dólares y no había "trabajado" ni cinco minutos. A la mierda con ser pobre. Después de haber estado con el güero, vi con cuidado el lugar y finalmente me di cuenta de que estaba en la parte del parque que frecuentaban los trabajadores sexuales. Vi cómo los hombres hacían poses como para anunciarse. Vi que entraban y salían de carros, y la gente ni se daba cuenta. No podía creer lo que estaba viendo, pero no podía dejar de ver. Había venido a este parque desde que era niño y nunca había visto algo así. ¿Cómo iba a darme cuenta? Había abierto los ojos.

Había muchos chicos que parecía que tenían entre quince y diecisiete años, y eso me sorprendió. Por un rato traté de imaginarme quiénes eran y cómo eran sus vidas. ¿Por qué estaban ahí? También tuve un poco de esperanza.

Pensé: *Puedo hacer buena lana acá. Mi vida ya es una mierda. Esto es solo un trabajo. En pocos minutos acabo de hacer más dinero de lo que mi mamá hace en una semana, en su trabajo en la cafetería de la escuela. ¡Y casi me iba a matar!*

Mientras apenas empezaba a entender mi propia sexualidad, estaba seguro de una cosa: me pagaban para ser gay.

Mientras trataba de entender las dinámicas de la prostitución en Balboa Park, escuché a alguien decirme:

—¿Qué onda, compa?

Me di la vuelta y era el latino de la noche anterior; estaba recostado contra un árbol. Me había visto salir de los arbustos con el güero.

—*So*, ¿ahora trabajas acá? No pasa nada, compa. Todos hacemos lo que sea para conseguir feria. Yo me llamo Tito —dijo, y se acercó a mí.

—Na, no le hago a eso —dije, apretando los puños, preparándome para pelear.

Puso las manos al frente, como diciéndome que me relajara, y luego quiso darme la mano.

—Mira, no me importa lo que hagas, solo no me quites a mis clientes y ya. Pero déjame enseñarte cómo funcionan las cosas por aquí. Casi no vienen muchos latinos acá, entonces vas a tener muchos clientes. Te voy a enseñar qué tienes que hacer para ganar buen dinero. Pero lo más

importante es que debemos mantenernos juntos. Por acá
la cosa se pone fea y peligrosa. *So*, ¿cómo te llamas?

—Me llamo Tony —le mentí.

—Ven conmigo, Tony. Te voy a presentar a unos amigos.

—*So*, ¿eres gay o...? —le pregunté.

—¿O qué? —dijo, y se rio—. Soy gay, compa. No es fácil
ser gay y ser del barrio, pero no voy a esconder quién soy.
No lo hice cuando estaba en la cárcel y no voy a esconderme acá. Ya sufrí demasiado como para fingir ser alguien
que no soy. Si a la gente no le gusta cómo soy yo ya es
bronca suya. ¿Por qué? ¿Tú no eres...?

—Na, yo no soy gay, *güey* —le dije.

—Cada quién lo suyo, compa. A mí no me importa
cómo te identifiques. Hay de todo acá en el parque.

Llegamos a una banca donde había dos gringos y una
chica trans, tenían entre trece y diecisiete años y estaban
hablando entre sí.

—Oye, Tito, ¿tienes un port? —dijo la chica trans. Era
una chica afroamericana, tenía la cara llena de acné, llevaba el pelo en una cola y tenía unos dieciséis años, cuando
mucho.

—Sí, sí tengo. —Tito sacó una cajetilla de cigarros
Newports y se lo tiró a ella—. Oigan, él es Tony. Es nuevo.
Vamos a verlo seguido por acá.

—*Híjole*, está buenote —dijo otro de los muchachos,
y me hizo sentir incómodo.

—Bien buenote. A propósito, soy Jade —dijo la chica y
me ofreció la mano.

Cuando le di la mano, ella se acercó y me dio un beso en la mejilla. Me gustó lo amable que era.

—Ellos son Billy y Jimmy —dijo, presentándome con los demás y sonrió.

—Sí, es guapo —dijo Tito, sonriendo y encendió un cigarro.

—¿Y cuántos años tienes? —me preguntó Jade.

—Tengo casi catorce años —dije, viendo para todos lados.

De repente me di cuenta de que la gente iba a ver que estaba con ese grupo. Metí las manos en los bolsillos y saqué una bolsa de mota y unos papeles, y empecé a armar un cigarro.

—¿Puedo? —dijo Jade, pidiéndome la bolsa con mota y los papeles; quería armar uno.

—Claro. A ver si puedes. Ojalá no rompas los papeles con tus uñas falsas. —Me reí y los demás también se rieron.

—*Shiiiit*, esta diosa sabe lo que hace. No me odies solo porque te da miedo salir del clóset y ponerte unas uñas como las mías, *mi amor*. —Todos se rieron. Yo también me reí. Jade preparó un churro bien grandote y todos fumamos de él.

Mientras yo fumaba, Jade sacó dos latas de Olde English 800 de su mochila, abrió una y sonriendo me la entregó. Le di un trago y se la pasé a Tito. Jade abrió otra lata, le dio un trago y se la pasó a los otros muchachos. Ver que se compartían todo, que se cuidaban entre sí me hizo sentirme más cómodo. Nunca había hablado con otros gays, mucho menos con gays de mi edad. El único lugar donde había hablado con otros gays fue en la bodega de la tienda de regalos. Y esta gente no era como yo. No actuaban como yo, excepto Tito. Los muchachos eran gringos y llamaban la atención, y Jade fue la primera persona trans que conocía en mi vida. Además, Tito era el primer *vato* que se vestía como gánster y era abiertamente gay. Era algo surreal: conocer a alguien que se vestía igual que yo, que hablaba como yo y que era abiertamente gay. Me di cuenta de que lo veía mucho, de arriba abajo. *Guau, es bien guapo*, pensé, y vi hacia otro lado; no podía creer que lo había conocido la noche anterior y no me había dado cuenta de que era gay. *¿Será que el de las rastas también era gay? ¿Será que por eso fueron tan amables conmigo anoche?*

Cuando terminamos de fumar, Tito les dijo a los otros:

—Le voy a mostrar a Tony el lugar. Los veo al rato.

—Gracias por la mota y mucho gusto en conocerte —dijo Jade, dándome otro beso en la mejilla y los otros también me dieron las gracias.

Mientras íbamos caminando Tito me contó un poco de los demás. Dijo que ellos no tenían dónde vivir. Sus papás los habían echado de sus casas cuando se enteraron de que eran gay y trans. No tenían a donde ir.

—Hay un hogar que recibe jóvenes gays, pero siempre está lleno. Si los agarra la chota, los mete en el sistema, entonces vienen al parque. Viven acá y hacen lo que sea para sobrevivir.

No entendía bien lo que me decía Tito y mejor le cambié de tema:

—*So,* ¿cuándo supiste, y cuántos años tienes ahora?

—Tengo diecinueve. Siempre supe. Pero como crecí cerca de las pandillas, en el barrio, no podía decírselo a nadie o hablar de eso. Entonces lo escondí. Y luego me metieron a la cárcel cuando tenía doce. Estuve dos años dentro y me soltaron cuando tenía catorce. Mi compañero de celda y yo estuvimos juntos hasta que lo soltaron a él. Cuando estaba dentro entendí mejor mi sexualidad, pero luché mucho y cuando al fin me soltaron no tenía a dónde ir. Mi mamá era adicta a la heroína y mi papá también estaba en la cárcel, entonces empecé a vivir en la calle y eventualmente llegué aquí, al parque. Vivía en el parque hasta que conocí a mi *vato*, al que conociste anoche.

—¿Tu *vato*? ¿Es como tuyo? ¿Es tu novio?

Se rio.

—Algo así. Pero no. Bueno, es algo complicado. Digamos que nos cuidamos, ¿sí?

No pregunté más. Pasamos el resto de la tarde caminando y fumando mota. Me mostró las entradas y salidas del parque, esas que solo conocen los que van seguido al parque. Me llevó a lugares donde podía conseguir más clientes y por dónde me podía ir corriendo si me perseguía la policía.

Y así empezó mi nueva carrera. Supe que podía aprovecharme de un nicho de mercado, que podía cumplir los sueños de los hombres blancos que querían acostarse con hombres latinos.

—No hay nadie más acá que se parezca a nosotros. Antes de que llegaras solo estaba yo —dijo Tito—. Pero está bien.

Al fin sentí que alguien me entendía. Me sentía acompañado. No estaba solo. No estaba roto. *I'm not broken*, pensé, no estoy roto. Sonreí.

△ △ △

Cuando llegué a casa, no se me hizo raro que no había nadie en el apartamento. Estaba pensando en mi día, en lo que había visto en el parque, cuando vi que alguien había pegado una nota en la pantalla de la tele.

> *Nerd, mi amá está en el hospital. Le dio un infarto.*
> *Alguien de la escuela la llevó al hospital.*
> *Quédate en la casa hasta que te llamemos.*

No puede ser. Pasé drogándome todo el día y siendo un puto en el parque, y a mi mamá le dio un infarto. ¡Mierda!
La nota no decía a qué hospital llevaron a mi mamá. Llamé a Ariyel, llorando. Tenía miedo. No sabía qué hacer.

—Tranquilo, *Nerd*. De seguro que ella está bien. Sé paciente y espera a que te llamen. Cuelga el teléfono por si acaso te llaman. ¿Quieres que le pida a mi mamá que me lleve a tu casa para estar contigo?

—Na, no te preocupes. Voy a esperar acá. Tal vez debería empezar a llamar a todos los hospitales de la ciudad.

—Espera un rato, *Nerd*. Espera un rato.

Nunca me llamaron. Esperé por horas ansioso, rogándole a Dios que, por favor, salvara a mi mamá, mientras me abrumaba una horrible culpa. Me sentía culpable. Pensé que el enterarse de que yo había sido víctima de abuso, eso había puesto más presión al corazón de mi mamá. Cuando mi papá, mi hermano y mi hermanita al fin llegaron a casa les pregunté, llorando:

—¿Dónde está mi mamá? ¿Está bien?

—Sí, está bien —dijo mi papá—. Se quedó dormida. Ahora vete a dormir.

Fui a recostarme en mi cama, pero no pude dejar de pensar en mi mamá y en la muerte, y qué pasaría si se muere. *Ella es todo lo que tengo en este mundo, es la única que me quiere. ¿Qué voy a hacer sin ella?*

Lloré sobre mi almohada hasta que perdí el conocimiento; estaba muy cansado.

Δ Δ Δ

La mañana siguiente le rogué a mi papá que me llevara a ver a mi mamá al hospital. Empecé a llorar tan pronto entré a su habitación. Me asustó verla llena de cables y conectada a máquinas. Mis suspiros la despertaron. Corrí a su lado y traté abrazarla. Ella me besó la frente mientras llenaba de lágrimas su bata de hospital.

—Amá, perdón. Perdón. Estás enferma por culpa mía. Perdón. Estás aquí por culpa mía. Hice que te preocuparas tanto por mí que te dio un infarto. Perdóname, amá.

Mi papá me miraba desde el pasillo. Mientras lloraba, el doctor entró a la habitación.

—Y tú debes ser Jesse, el estudioso —me dijo el doctor.

Traté de sonreír mientras lloraba y dije:

—Sí, yo soy Jesse. ¿Quién le dijo?

—Tu amá me contó de ti. Está orgullosa de ti. Tengo que hacer unos exámenes más antes de darle de alta y se vaya a su casa.

—¿Y qué le pasó? ¿En serio tuvo un infarto?

—Así es. Y tiene que hacer unos cambios drásticos. Tiene que bajar de peso. Si mantiene la presión alta, eso solo va a empeorar el problema.

—Sí, eso le pasa por ser una pinche ballena gorda —dijo mi papá, riéndose.

—¿Quieres que le diga que se vaya? —le dijo el doctor en español a mi amá.

—Solo ignórelo, doctor —dijo mi amá.

—Así es todo el tiempo en casa —le dije al doctor.

—Te espero afuera. Tengo mucho que hacer hoy, Jesse. Apúrate y despídete de tu mamá —dijo mi papá y se fue.

Mi amá llegó a casa el día siguiente en taxi. Mi apá no fue a traerla del hospital.

Estaba enojado con él y juré que iba a ahorrar para poder comprar un carro y ya no depender de mi papá. A los pocos meses compré mi primer carro: un Buick LeSabre café, modelo 1971 con dos puertas. Me costó quinientos dólares y lo pagué en efectivo. Tenía catorce años y estaba en el noveno grado. Registramos el carro a nombre de mi hermano, porque yo no tenía la edad suficiente ni siquiera para obtener un permiso de aprendiz. Le entregué los quinientos dólares a él, y nunca me preguntó de dónde había sacado el dinero. Hicimos un trato. Yo pagué por el carro, y mi hermano podía usarlo cuando quisiera, siempre y cuando yo pudiera usarlo de vez en cuando, sin que lo supieran mis papás.

El carro nos ayudó a ir al supermercado y a llevar a mi mamá con el doctor, pues ella empeoró. Ir al doctor se convirtió en una rutina para nosotros. Le diagnosticaron hipertensión, diabetes y problemas cardiacos. Además, tenía artritis reumatoide en todo el cuerpo, lo que explicaba por qué, de vez en cuando, se le entumecían las manos cuando cortaba vegetales o lavaba los platos.

△ △ △

Cuando yo estaba en el noveno grado mi mamá le pidió el divorcio a mi papá. Por las peleas mi hermano se había ido de la casa. Encontró un apartamento que compartía con amigos. Afortunadamente me dejó el carro para cualquier emergencia.

Las infidelidades de mi papá empeoraron, se volvieron más ofensivas. Todo el día mujeres lo llamaban por teléfono. Las mujeres de mi papá le decían a mi mamá que le iban a robar a su marido, le decían que era una pendeja y una idiota. Mi mamá simplemente colgaba el teléfono.

—Por favor, ten un poco de dignidad y no le des nuestro número a esas viejas. Aquí viven tus hijos. Muestra un poco de respeto. Si no me vas a respetar a mí, al menos respétalos a ellos —le dijo mi mamá a mi papá.

—No me digas qué chingados hacer. Si fueras la mitad de mujer que son ellas y supieras cómo complacer a un hombre, entonces no tendría que hacer esto.

Cuando mi hermano se fue, mi amá llegó a su límite. Un día que llegué a la casa, mi papá ya no estaba y mi mamá me dijo que ya había entregado los papeles para el divorcio. Cuando se fue mi papá dejó un hueco; ya me había acostumbrado al caos y su masculinidad tóxica. Sin él, había más silencio en la casa. Económicamente no hubo un gran impacto, porque mi mamá era el sostén de la familia y como mi hermano tampoco estaba, yo contribuía tanto como podía.

En esa época yo cursaba el segundo semestre del noveno grado. Un día después de clases fui al parque a trabajar un rato y llegué a la casa a eso de las seis y media, y encontré a mi mamá sentada en el suelo del baño rodeada por un charco de sangre. Parecía derrotada. Tenía una expresión vacía. También estaba confundida y como que tenía miedo. Al parecer se había resbalado con su propia sangre mientras intentaba levantarse. Yo tenía mucho miedo.

—¡Amá! —le grité. Fui a ayudarla, sin ponerle atención a la sangre, pero ella no dejó que la moviera.

—Me duele, mijo. No me quiero mover.

Dejé de llorar y le dije muy serio.

—No hay de otra. O llamo al 911 y viene la ambulancia
y los paramédicos van a entrar acá y hacer una escena, o te
entras al pinche carro y te llevo al hospital. Es decisión.

Ayudé a que se sentara en el inodoro y con una toalla
húmeda le limpié la sangre de las piernas. Incluso en ese
momento quiso ayudarme.

—Ya, ya, mijo. Yo puedo.

Llamé a Ariyel, y luego ayudé a mi mamá a amarrarse
una sábana a la cintura, por si empezaba a sangrar otra
vez. Cuando llegó Ariyel ayudamos a mi amá a subir al
Buick; tuve miedo de que nos parara la policía porque no
tenía edad para manejar. De camino vi que mi amá estaba
pálida. Tenía mucho miedo y estaba tan enfocado en llevarla al hospital a salvo que no pude ni llorar.

Cuando llegamos a emergencias, mi amá no podía ni
caminar así que corrí adentro y rogué que me dieran una
silla de ruedas. Una enfermera salió a ayudar a mi mamá
y la llevó dentro mientras yo parqueaba el carro. En emergencia le hicieron un montón de pruebas y descubrieron
que tenía dieciséis fibrosis, que le estaban causando coágulos y hemorragias. La llevaron a hacerle una cirugía y
una dilatación y curetaje, un procedimiento muy doloroso
donde los médicos deben raspar el interior de las paredes
del útero para limpiarlo.

Poco más de un año después mi mamá tuvo otra hemo-
rragia. Fue en el verano, antes de que empezara el décimo
grado.

—Mijo —me dijo mi mamá—, vamos a Tijuana. Me dijeron que allá hay un doctor, un ginecólogo, que a lo mejor me hace unos exámenes para saber qué tengo. Guardé un poquito de dinero. Vámonos.

Llevé a mi amá a Tijuana, a una clínica pequeñísima. No era nada lujosa. Estaba en el primer nivel de un edificio de apartamentos, al lado de otros negocios. Adentro había una pequeña sala de espera con un escritorio, un teléfono y una puerta, que separaba la sala de espera de la oficina del doctor. Una mujer nos recibió y le cobró a mi mamá. Al rato salió el doctor y nos llevó hasta su oficina. Luego me pidió que esperara afuera, pero le dije que no.

—Es mi mamá. No me importa verla desnuda y no voy a dejarla sola después de todo lo que hemos pasado.

Después de que mi mamá se desvistió de la cintura para abajo, puso sus piernas sobre unos estribos y se cubrió con una sábana —que era más para taparse del frío, no tanto para su privacidad— y le explicó al doctor lo que estaba pasando.

—Perdone a mi hijo, doctor. Nos asusta que estoy sangrando otra vez y tenemos mucho miedo de que esos gringos me estén dando un mal diagnóstico a propósito.

El doctor dijo que le preocupaba mi mamá y que quería que fuera a hacerse unos rayos X y otras pruebas. Así hicimos. Regresamos con el doctor y nos dijo que mi mamá tenía cáncer en el útero y quistes en las trompas de Falopio.

—Todo esto pudo haberse evitado. Si hubiera venido hace años, podríamos haber resuelto este problema. Esos gringos no la están ayudando para nada. Le voy a hacer un reporte y usted les lleva los rayos X y les exige que hagan algo. Desafortunadamente a estas alturas va a necesitar una histerectomía total. No deje que le digan otra cosa. Es lo único que puede hacer para evitar que el cáncer siga expandiéndose. Si le dicen otra cosa, exija una segunda opinión.

—No deje que le digan que no. Por eso odio ese sistema de salud de los gringos. Ellos se niegan a dar tratamiento para así no gastar dinero y por eso la gente se enferma. O, ¿sabe qué? No haga una cita con su doctor. Vaya a emergencias y diga que tiene coágulos de sangre. Le muestra al doctor los rayos X y la carta que le voy a dar.

Cruzamos la frontera. De camino a emergencia, yo seguía enojado con el diagnóstico y con el hecho de que los hospitales en San Diego no le habían dado a mi mamá el cuidado que se merecía. Sin embargo, mi amá trató de mantenerse positiva.

—No podemos borrar el pasado, mijo. Y si me tienen que operar, pues que me operen. Que Dios nos cuide.

—¿Dios? ¿Dónde chingados ha estado Dios todo este tiempo? —le grité a mi mamá.

Mis palabras la desinflaron.

—Gracias, mijo, por ayudarme. Yo no soy quién para responderle a un doctor, especialmente si apenas llegué al quinto grado en México. Ojalá fuera más inteligente y supiera hablar en inglés. Pero no sé, mijo y es mi culpa.

—No es tu culpa, mamá. —El cuidado que estaba recibiendo era el único que podíamos pagar. Las otras opciones eran más caras.

Por ser pobre y no haber tenido educación, mi amá era respetuosa con los doctores. Según mi mamá no era correcto contradecir a un doctor. En los hospitales que atendían a pacientes latinos no había quien abogara por sus derechos. Cuando llegamos a San Diego, lo doctores operaron de emergencia a mi amá; le hicieron la histerectomía total.

Δ Δ Δ

Había tenido pesadillas desde que empezó el abuso en la tienda de regalos. Pero empeoraron y empecé a experimentar terrores nocturnos. La frágil salud de mamá, las noches en Balboa Park, el divorcio de mis padres, todo eso me perseguía de noche. Las pesadillas siempre empezaban de la misma forma: yo entraba a un pasillo de mi escuela, uno bien iluminado, lleno de colores y con mucha actividad. Luego se convertía en un gran hospital sucio y abandonado, donde las luces titilaban en un pasillo largo. Entraba a las habitaciones y dentro veía a gente conocida. Veía a Ariyel en una cama y llena de sarcoma de Kaposi; toda la gente que veía tenía sarcomas. Llegaba hasta el último cuarto, que estaba bien iluminado. Ahí me encontraba a mí mismo muy delgado y también lleno de sarcoma de Kaposi; boqueando, tratando de respirar, con los ojos bien abiertos y viéndome a mí mismo, al yo que estaba a un lado de la cama muy asustado. No podía gritar y estaba solo, viéndome a mí mismo en agonía, viéndome morir. Siempre me despertaba en ese momento, gritando.

JESSE LEÓN 153

No había visto aún la primera muerte relacionada con el sida, y por eso me daban mucho miedo esas pesadillas, era como premoniciones. En esa época no había películas sobre el VIH y el diagnóstico era aún una sentencia de muerte, y era común en mi línea de trabajo y dentro de la comunidad gay en general.

Unos meses después a Billy, uno de los jóvenes gringos que conocí en el parque, le empezaron a salir unas marcas moradas en la cara, el cuello y los brazos. No sabía qué eran. Le dije que fuera al hospital. Supe que terminó en un hospicio para pacientes con VIH y que murió ahí.

CAPÍTULO 9

Del décimo al duodécimo grado, viví muchas vidas. En la escuela yo era un chico heterosexual urbano, que salía con muchachas y que se la daba por gánster *aunque no era.* Tenía amigos. Estaba drogado casi todo el tiempo. A veces robaba tiendas o carros. También entraba sin permiso a almacenes abandonados o a *lofts* en el centro de la ciudad, y organizaba fiestas bien locas donde la gente consumía óxido nitroso y *candyflipping* —una mezcla de éxtasis con LSD. También iba a fiestas en Tijuana. Hice todo esto a espaldas de mi amá.

Trabajaba en el parque conforme mi adicción a las drogas empeoraba. Le cobraba entre veinte y cincuenta dólares a cada cliente, y con eso compraba lo que quería: mota, PCP, disolvente de pintura, pintura en aerosol o cristal.

Y cuando no estaba en casa, yo era el adolescente solitario que se iba a encerrar a la casa de Ariyel. Ella tenía una buena vida. Era feliz y su mamá la protegía mucho; vivía sin conocer peligros. En su casa había unos muebles lindos que hacían juego. En una mesa en la sala tenían unos candelabros de cristal y velas aromáticas, que a Ariyel le gustaba mucho usar. Con Ariyel jugábamos *gin rummy*, escuchábamos discos de vinilo en su tocadiscos rosado con blanco y hablábamos por horas de todo y de nada. Sus sábanas eran rosadas, moradas y blancas, y los muebles que tenía en su habitación hacían juego. Su casa era relajante y serena, y me brindaba un escape de lo tenso de mi casa.

Una noche convencí a Ariyel de que se escapara conmigo para ir a una fiesta en la casa de otra amiga del barrio. Nunca antes se había escapado de su casa y ambos estábamos nerviosos. Salimos por la puerta trasera de la cocina. Le dimos vuelta a la perilla lentamente, sin hacer mucho ruido.

La casa de nuestra amiga estaba torpemente ubicada entre unas bodegas industriales, lo que la convertía en la casa perfecta para tener fiestas y para que el DJ le subiera el volumen a la música. Las calles estaban poco iluminadas y el pavimento estaba agrietado. La casa era estilo Craftsman y tenía una larga entrada, que llegaba hasta el jardín de atrás donde había grandes árboles de limón y naranja. Una alta reja de madera rodeaba el jardín y atrás había un callejón. El papá de nuestra amiga arreglaba *lowriders* en ese callejón; cuando llegamos había dos carros viejitos: un Chevy 1957 y un Impala 1963. La gente pasaba entre los carros y era la fiesta de cumpleaños de la hermana mayor de nuestra amiga.

Cuando nos acercamos a la casa vimos que había un grupo de *cholos* de mayor edad enfrente de la casa. Nos ignoraron y nosotros caminamos al jardín de atrás, donde había luces rojas y azules de la fiesta. Había cholos y cholas por ahí, sentados cerca o recostados en la reja del jardín de atrás o bebiendo y riéndose. Vimos a otros amigos bailando; sonaba *When I Hear Music* de Debbie Deb. Todo estaba muy tranquilo cuando de repente escuchamos disparos. Nos tiramos al piso, todos menos Ariyel. Ella no sabía qué hacer y se quedó ahí parada, sin hacer nada, hasta que la agarré del brazo y la jalé hacia abajo con los demás. Juntos nos agachamos detrás de la mesa del DJ que estaba entre la casa y el jardín, y desde ahí escuchamos a unos carros alejándose. Los *cholos* que vimos en la entrada se metieron en sus carros y se fueron detrás de los otros. Tan pronto pensé que podíamos salir, agarré a Ariyel.

—Sígueme y vamos a dónde dejé el carro —le grité.

Sin ver atrás, nos subimos al Buick y volvimos a su casa. La adrenalina me dio un acelerón. Ariyel entró en pánico, pero yo iba riéndome. La dejé en la entrada de su casa y esperé a que entrara. Antes de volver a mi casa, pasé por el parque, para ver si podía ganar un poco de dinero. Era más o menos la una de la mañana, pero no tenía ganas de ir a casa. Iba llegando al parque cuando las luces de una patrulla se encendieron detrás de mí. Tan pronto las vi en mi retrovisor sabía que estaba en problemas. El corazón me latía rápido; sentía el pulso dentro de mis oídos mientras apretaba el volante. Las luces pintaron todo mi carro de rojo y azul.

Estaba a pocos kilómetros de una de las fiestas más locas a la que había ido en mucho tiempo, y en reuniones así siempre hay drogas. Sabía que llevaba un frasco de PCP que valía al menos mil dólares y un octavo de onza de cristal. Alguno de mis compas me las había dado en la fiesta. No recordaba quién había sido. No pensé mucho cuando me las dio, pero conforme las luces de la policía se acercaban a mí, sentía el peso del frasco en mi bolsillo.

Tenía que tomar una decisión. Podía intentar escapar, y arriesgarme a que me dispararan, o detenerme y también exponerme a que me tirotearan, rezando que el policía al menos no revisara el carro. Mi Buick 1971 tenía unos asientos largos que parecían sillones. Había rasgado los asientos justo por si alguna vez me paraba la policía, para esconder la droga en los asientos. Rápidamente escondí el frasco de PCP y el cristal debajo de la esponja de mi asiento.

El policía apareció al lado de mi ventana; iba con la pistola en una mano y una lámpara en la otra, y apuntándome a la cara con ambas. Me pidió que le entregara mi licencia de conducir y el registro del vehículo, y dijo que una de mis luces traseras no servía. Le dije que no tenía licencia, pero le mostré el registro del carro, intentando sonar casual. Me preguntó cuántos años tenía y si tenía alguna identificación.

—Tengo mi carnet de la escuela. Acabo de cumplir quince años.

Hablé con torpeza, pensando en formas que podía alejarme de él y su mirada.

—Yo, jem, fui a una fiesta, entonces no se me ocurrió llevar mi identificación. Mi primo tomó mucho y me dejó ahí varado, y me dio las llaves del carro mientras se fue a algún lugar con su novia. Perdón, oficial, ya sé que es después de mi toque de queda, pero tenía que llegar a mi casa. Nadie me quería llevar porque todos habían tomado mucho. —Le rogué que me dejara ir.

Obviamente sabía que yo estaba mintiendo. Le di gracias a Dios que no estaba drogado.

Vio mi carnet y, apuntándome con su pistola, me pidió que me bajara del carro. Tenía miedo, pero pensé que era mejor si le hacía caso. Era una calle muy oscura y no había nadie cerca. Luego dijo esas famosas palabras:

—Las manos detrás de la cabeza.

Pero antes de que pudiera poner las manos detrás de la cabeza, el policía guardó su pistola y me empujó en contra de la cajuela del carro. Mi cara golpeó el metal frío y sentí cómo mi cabeza rebotaba sobre el metal. Mientras mi pecho estaba sobre el baúl, el policía me abrió las piernas de una patada y me puso las esposas. Tenía un cachete sobre el frío metal y sentía que me palpitaba la cara y la cabeza cuando el policía cerraba las esposas.

—Ay, ¡eso duele! —le grité.

Se rio, me levantó y me estrelló varias veces contra el baúl. Sentía como que era un muñeco de trapo al que tiraban para todos lados, y las esposas me quemaban y lastimaban las muñecas. El policía me llevó a la parte de atrás de su carro, jalándome de las esposas. Con la otra mano abrió la puerta del carro y me tiró dentro. Sentía el pulso en las muñecas, en la cara, el pecho y la cabeza. Sentía que me salía sangre de las muñecas y caía sobre mis manos. Estaba sin aliento, cansado y no sabía qué hacer.

Volvió a mi carro y empezó a buscar dentro. Pensé, *¿Por qué no vino otra patrulla para dar apoyo?* El oficial buscó dentro del carro por unos diez o quince minutos. Abrió gavetas y revisó debajo de los asientos mientras yo le pedía a Dios que no encontrara lo que había escondido. Al terminar, caminó de vuelta a su carro; sentía cada uno de sus pasos en mi cuerpo. Abrió la puerta de atrás del carro y se rio de mí con la boca bien abierta. Tenía en la mano el frasco de PCP y la bolsa de cristal.

—Parece como que tengo que tomar una decisión muy difícil. —Se rio.

—¿Sabes cuánto tiempo estarás en la cárcel por tener este frasco? ¿O cuánto tiempo por esta bolsa de cristal?

Hizo una pausa como para asustarme y guardó el frasco y la bolsita de cristal en el bolsillo de su camisa y dijo: "Pero estoy seguro de que un día estas cosas me van a servir".

No sabía a qué se refería. Tal vez quería consumirlas o venderlas, o tal vez las iba a usar para incriminar a alguien. Pensé todo esto mientras el policía volvía al carro, apagaba las luces, cogía las llaves, cerraba las puertas y llamaba a alguien por la radio. De repente iba camino al centro de la ciudad.

No me arrestaron, pero sí me llevaron a un cuarto donde había un escritorio y una silla, y nada más. No me tomaron fotos. Se me hizo extraño, pero no sabía qué podía pasar. Era la primera vez que estaba en una estación de policía. Me senté en la silla, esperando ansioso; era una bola de nervios y no quería que mi mamá se enterara. Media hora después el policía me sacó del cuarto y me llevó afuera donde estaba mi mamá y mi hermano. Eran más o menos las tres de la mañana. Mi mamá iba con sus pijamas, parecía como que tenía frío y estaba enojadísima; movía su cabeza como regañándome. Mi hermano iba en sudadera, y pants y pantuflas, y me miraba con los ojos medio cerrados.

El policía volteó a verme, sonriendo y le dijo a mi mamá:

—Por favor, cuiden de él y vean que no se meta en problemas. Es muy chico para estar manejando y no debería estar en la calle después de las diez de la noche. Lo voy a dejar ir esta vez. Otros no serían tan amables como yo.

El policía le dio a mi mamá una copia de la citación que decía que tenía que ir a Corte y las llaves del Buick. Mi mamá empezó a llorar, y le pidió a mi hermano que le dijera al policía que ella pensaba que yo estaba en la casa de Ariyel y que el carro estaba en su casa. Mi hermano le dijo eso al oficial, pero el policía lo ignoró y le dijo a mi hermano dónde estaba parqueado el carro. Mi hermano no dijo nada más.

Suspiré aliviado porque el policía no me había arrestado, luego me di cuenta de que tal vez el oficial no quería arriesgarse a que yo le dijera a alguien que se había quedado con mis drogas. Pensé que había tenido suerte.

Caminamos en silencio hasta llegar al carro de mi hermano, las piedras crujían bajo nuestros pies y de repente mi mamá, que seguía llorando, dijo:

—Ay, Jesse, ¿qué voy a hacer contigo?

Mi hermano nos llevó a casa en su carro, un Buick Regal modelo 1984 azul oscuro que acababa de comprar. Mi hermano tenía dieciocho años. De camino al apartamento, mi hermano me dijo que les enseñara dónde estaba mi carro. Después volteó a verme en el retrovisor, moviendo la cabeza y empezó a gritarme:

—Si vas a ser un idiota, que al menos no te agarren, pinche pendejo —dijo, y me gritó todo el camino.

Cuando llegamos a casa, mi hermano se fue en bici a traer mi carro. Luego metió la bicicleta en el asiento trasero del carro y lo llevó de vuelta a casa. Mi mamá no me dijo nada más que:

—Te vas a quedar ahí sentado hasta que regrese tu hermano.

Para mostrar lo decepcionada que estaba de mí, no tuvo que hacer otra cosa más que guardar silencio. Nos sentamos con las luces apagadas a esperar a mi hermano. Ella encendió una velita y la puso junto a la imagen de la Virgencita. No sé si mi amá lloró esa noche. No hizo nada. Ni se movió.

△ △ △

Mi hermano me prohibió manejar, entonces para ir a la escuela tuve que irme en autobús otra vez. Él volvió a casa porque su novia estaba embarazada. A los días le dije lo que realmente había pasado, que el policía había agarrado mis drogas y que yo en verdad las iba a vender.

—Te tienes que aplacar y agarrar la onda, Jesse. Mira lo que le estás haciendo a mi amá.

Mi hermano sabía que yo fumaba mota y que bebía, y que, a veces, fumaba PCP, pero no sabía que también me metía cristal. Él suponía que había comprado el carro vendiendo drogas, no vendiéndome. Yo suponía que mi amá sabía que fumaba mota; estaba seguro de que ya había sentido el olor. Pero ella no sabía todo lo demás. ¿Cómo una mamá inmigrante iba a saber qué eran las metanfetaminas y el PCP? No eran el tipo de cosas que ella acostumbraba o escuchaba a la gente hablar.

Cada mañana me levantaba, sacaba una bolsa de cristal que tenía escondida en el cajón de mi cómoda y me aventaba una línea. Luego me metía a bañar y me alistaba para ir a la escuela. De camino a la estación de autobuses encendía un churro y fumaba hasta que llegara el autobús. Era el mismo piloto cada mañana: un hombre chicano. Le mostraba al viejo mi pase de autobús y él siempre sonreía y me decía:

—Un día a la vez. —Le asentía con la cabeza diciéndole—: ¿Qué onda? —pensando: "el tipo es raro".

Mi adicción empeoró cuando empecé a mezclar cristal con heroína. Una vez estaba en una fiesta en un hotel cuando unos güeyes me contaron de un cristal llamado *peanut butter*: crema de cacahuate. Me dijeron que para fumarla tenía que usar papel aluminio, porque era muy grumosa y espesa para inhalarla. Decidí comerme un poquito. El sabor era horrible. Me puso bien prendido, pero prefería el cristal de siempre. El *peanut butter* me hizo sentir diferente, pero los güeyes dijeron que no era suficiente lo que había comido. Cuando me dijeron que era cristal mezclado con heroína, y que para tener el efecto completo tenía que fumar un poco, les dije que estaban locos. No quería fumar algo así. Juré que no iba a volver a probar eso, pero unos meses después, por curiosidad y por odio a mí mismo, derretí un poco de heroína en una cuchara, se la eché a un poco de cristal en un trozo de papel aluminio, lo mezclé hasta tener una mezcla grumosa y me lo fumé. Los efectos fueron similares a un *speedball*, con la euforia y el placer de la heroína; y el efecto estimulante de la metanfetamina balanceaba todo. Se sentía increíble y lo fumé una y otra y otra vez. Ya no quería juntarme con nadie que no consumiera drogas, ni siquiera con Ariyel.

△ △ △

Antes de cumplir dieciséis yo era un trabajador sexual a tiempo completo y trabajaba en muchos lugares de San Diego. Le decía a mi mamá que iba donde Ariyel y así me podía quedar toda la noche fuera. Casi todos mis clientes eran hombres casados y "heterosexuales": empresarios y militares, y algunos de ellos, menos frecuentemente, eran abiertamente gays. Muchos de los casados preferían tener sexo con alguien al que le podían pagar, preferían "sexo anónimo" porque no querían que alguien se enamorara de ellos. Todo tenía que ser discreto, especialmente si quería mantener el negocio. Era raro cuando alguien me preguntaba mi edad, y cuando les decía que tenía quince, les daba igual.

Tenía personajes. Yo era Carlos, José, Tony, Javier, Adrián, Robbie, Miguel; me podía inventar cualquier nombre. Era una triste existencia y esa realidad eventualmente me afectó y el dolor era insoportable. Perder mi nombre era perderme a mí mismo. Vivía usando máscaras. En casa era una persona; era irritable y nadie podía hablarme. En la escuela era otra persona; era divertido y estaba siempre con los más populares. En el parque y en las calles era un trabajador sexual, donde estaba acostumbrado a ser un objeto, a no tener valor como persona más que el valor carnal que tenía durante el sexo.

Consideraba mis encuentros con mis clientes como negocios y nada más, sin embargo, cada vez me sentía menos y menos humano. Quería tener una vida familiar normal, una donde yo no era un peleonero irritable; una realidad donde yo era un buen estudiante, un buen hijo y un buen amigo. Todas esas eran parte de mí, pero nunca coincidieron. Sentía que me llevaban a direcciones opuestas, y era fácil para mí convencerme de que no tenía otra opción. Cada vez que me subía al carro de un extraño y cuando entraba en un arbusto con alguien, me decía a mí mismo que esa era mi realidad y que simplemente tenía que aprovechar la situación.

Creía que mi valor como persona venía del sexo y mi terapeuta no me ayudó en nada a resolver esos problemas. Me perturbó el hecho de que ella sabía que yo era menor, que me prostituía y no hizo nada al respecto. Ir a terapia era una obligación, que debía cumplir por ser parte del programa de asistencia para víctimas y testigos. Seguí yendo, esperando que un día me apoyara, que sirviera para algo y me ayudara a mejorar.

Ya casi no hablaba con otros trabajadores sexuales. La gente que conocí mi primer día en Balboa Park ya había muerto. El SIDA estaba por dondequiera y la gente moría joven. Conforme consumía más drogas, dejé de confiar en la gente. Siempre veía caras nuevas, pero no duraban mucho. Los únicos constantes éramos el hombre negro con rastas y yo. Pero él no era trabajador sexual. Él era *dealer*, vendía droga. A veces veía a otros trabajadores sexuales riéndose, conociéndose y bromeando, y un sentimiento de soledad y aislamiento se apoderaba de mí. En ocasiones uno de ellos iba a hablarme, pero mis respuestas, cortas y hostiles usualmente, les hacían saber que quería que me dejaran solo. Una parte de mí no quería hacer amigos. *¿Para qué? Pronto ya ni van a estar*, pensaba. Además, nadie sabía mi nombre verdadero.

Una noche en el parque conocí a un tipo que manejaba una camioneta roja que se parecía a las que usan en los sitios de construcción. Era alto, delgado, pálido y tenía el pelo rubio, y decía que era hetero y que estaba casado. Llevaba *jeans*, unas botas de trabajo y una camisa blanca. Caminó hacia mí, sonrió y dijo hola mientras se agarraba la entrepierna.

Eran como las ocho y media de la noche, los clientes y trabajadores caminaban con calma en la oscuridad del parque. El hombre me preguntó mi nombre. Sin pensarlo le di un nombre falso.

Me preguntó que qué estaba haciendo. Le dije:

—Nada. Viendo qué hacer.

—¿Qué te gusta hacer?

—Depende —le dije.

—¿Depende de qué? ¿Eres policía? —Se rio nervioso.

—No. ¿Y tú?

Dijo que no, y me preguntó que cuánto le cobraba por dejarlo que me la chupara.

Le dije que cien y se rio.

—Te doy veinte —dijo.

Era lo mismo siempre, solo la gente cambiaba. Me reí otra vez, intentando verme lindo y sexy, y le dije:

—Ay, no, compa. Noventa. Sino consíguete a alguien más.

—¿Cincuenta? Es lo más que te puedo pagar, hombre. Estoy casado y no puedo gastar mucho dinero. Tengo que ir a comprar pañales. Ya sabes cómo es eso. Pero estoy caliente.

—¿Es en serio? ¿Cincuenta dólares? Te acepto setenta y cinco —le dije. Me pagó setenta dólares.

—Pareces muy joven para estar aquí —dijo.

—No, güey. Ya estoy grande. —Le dije y me reí.

Nos fuimos en su camioneta. Lo llevé atrás del Zoológico de San Diego, por una calle sin salida que terminaba en un puente sobre la Carretera 163, justo de donde me quería tirar un par de años antes. Era un buen lugar para llevar a los exhibicionistas, que les emocionaba la idea de que alguien que pasaba por la carretera nos viera. Abrí la puerta tan pronto el carro se detuvo, pero el hombre me agarró del brazo y dijo:

—No. Me da nervios hacerlo allá afuera. Hagámoslo acá en la camioneta.

—Vamos, hombre. Relájate y vive la vida —le dije, soltando el brazo.

Salí del camión, caminé al frente y me senté en el capó.

El hombre apagó las luces, salió del carro y dijo:

—¿Y ahora qué?

Me recosté sobre el parabrisas. Él se subió en el capó y se puso a trabajar. Segundos después unas luces brillantes cayeron sobre nosotros. Lo empujé a un lado y él rodó sobre el capó y cayó al suelo.

Me bajé del capó y me abroché los pantalones. Por el ruido de la carretera no había escuchado cuando llegó la patrulla. Del megáfono salió la inconfundible voz de un policía.

—Aléjense del vehículo con las manos arriba —dijo.

El hombre se levantó y empezó a limpiarse.

—Mierda, mierda. ¿Y ahora qué? —decía quedito.

—Solo cállate la boca —le dije—, deja que yo hable y sígueme la corriente. Confía en mí.

Mis ojos seguían ajustándose a la luz, pero podía ver que el policía caminaba hacia nosotros y que tenía una mano sobre su arma. Hablé antes que él.

—Buenas noches, oficial. ¿Hay algún problema? —Le dije.

El policía era alto, afroamericano, y era un hombre muy guapo, enorme; parecía jugador de futbol americano. No podía creer lo atrevido que había sido yo. Él se puso justo enfrente de mí y dijo:

—¿Hay algún problema? ¿En serio me estas preguntando si hay algún problema? Tú dime, genio. ¿Cuál crees que es el problema? Ambos, muéstrenme sus identificaciones ya. Podría llevarlos a los dos a la cárcel por lo que están haciendo aquí, en público.

Me reí y pasándome de vivo le dije:

—Ni siquiera pagaste la tarifa para mirones, compa. ¿Te gustó lo que viste, oficial?

El policía dijo:

—Cállate y dame tu identificación.

El otro hombre estaba sacando su identificación de su billetera cuando le dije:

—Espérate. Yo no tengo *ID*. Tengo quince años y solo tengo mi carnet de la escuela. Estoy en prepa.

Ambos voltearon a verme.

Mientras el hombre le ofrecía su identificación al policía, le decía:

—No lo sabía, oficial. Por favor. No sabía que él era menor.

Defendí al tipo. Dije:

—Sí, hombre. No tenía ni idea. Lo conocí en un *coffee shop* y yo coqueteé con él. Le dije que tenía dieciocho y el güey me creyó. Déjalo ir. No fue su culpa.

El hombre volteó a verme; no se la creía. Dijo:

—Me dijiste que tenías dieciocho. ¿Por qué me mentiste? Soy padre de familia. ¿No sabes que podrías destruir mi vida?

El policía lo interrumpió y dijo:

—¡Cállense los dos!

Volteó a ver al hombre y le dijo:

—Aunque no supieras, él sigue siendo un menor de edad. A ver tu identificación.

El policía le quitó la identificación de la mano.

—¿Y tienes hijos?

—Sí. Una hija de nueve meses.

—Me das asco, cabrón. ¿Tu esposa está en casa cuidando de tu hija mientras tú estás aquí mamándole la verga a un niño? Debería arrestarte y meterte a la cárcel. ¿Sabes lo que te harían en a la cárcel?

Le dije al policía:

—No, hombre. Déjalo ir, oficial. En serio él no sabía. Esta mierda va a devastar a su familia. Por favor, déjalo ir.

El policía volteó a verme y luego al hombre, y otra vez a mí. Le entregó al hombre su licencia de conducir y le dijo:

—Vete. Métete a tu carro y lárgate en chinga antes de que cambie de parecer.

El hombre volteó a verme con asco. Movió la cabeza como diciendo que no, mientras entraba a su camioneta, y se fue. El policía se quedó ahí, a la par mía; no creía lo que estaba pasando. Luego me agarró de la playera y me llevó hacia su carro. Me empujó duro contra el carro y me llevó una mano a la espalda y luego la otra, y me puso las esposas; las puso tan apretadas que supe que al día siguiente iba a tener las muñecas llenas de heridas y moretones. Abrió la parte de atrás del carro y me empujó la cabeza hacia abajo con una mano, mientras que con la otra me movía el brazo, mostrándome dónde tenía que ir. Cerró la puerta de golpe, fue al asiento de adelante y se quedó ahí sentado. El policía apagó todas las luces y volteó a verme en el retrovisor.

—¿Y ahora qué hago contigo?

—¿Por qué no le seguimos tú y yo? Todavía no he tenido la experiencia de tirarme a un policía que lleva uniforme puesto. Me dejas las esposas puestas y me la mamas mientras me recargo en tu carro de policía.

Dije sin pensarlo, viéndolo en el retrovisor. No podía creer lo que acaba de decir. Pero ya no me importaba nada.

—Claro que no, *niño*. Eso no va a pasar. Estoy casado. Tengo hijos. Mi hijo también tiene quince años. Lo mato si me entero que está haciendo lo que tú haces— dijo. Cuando empezó a hablar sabía que le daba asco, pero tan pronto mencionó a su hijo, reconocí la empatía y tristeza en su voz.

—Sí, de seguro es un buen chico también. Como su papi es un policía, de seguro practica deportes y saca buenas notas en la escuela. Tú te aseguras de que sus amigos sean buenos chicos también, ¿no?

Volteó a verme en el retrovisor y movió la cabeza.

—Guau. ¿Tus papás dónde creen que estás?

Me imaginé a su hijo jugando deportes con otros niños de su edad. Me daba celos ese niño, porque su papá sí lo quería, sí le ponía atención.

—Creen que estoy en la casa de mi mejor amiga, que voy a dormir ahí —le dije, y luego agregué—: ¿Y a ti qué chingado te importa? Eres un vendido, un puerco que arresta a su propia gente, pinche vendido, hijo de la chingada.

—¿Eso crees que soy? ¿Un puerco vendido? —dijo, riéndose—. Pude haberlos metido a los dos a la cárcel. Ahora tengo que decidir qué hacer contigo. Ay, niño, hay un ángel que te cuida. Tú… —dijo, e hizo una pausa—, tú me recuerdas a mi hijo.

—Pues no soy tu hijo. Si fuera tu hijo, estoy seguro de que mi vida sería totalmente diferente, pero no lo es. Solo llévame a la casa de mi mejor amiga, donde mi mamá piensa que estoy y los dos hacemos como que nunca pasó nada. No me volverás a ver.

—Quédate callado un minuto y déjame pensar. No te puedo arrestar porque dejé que se fuera el otro tipo —dijo—. Te tengo que llevar de vuelta a tu casa y decirles a tus papás lo que estabas haciendo, tal vez ellos están dispuestos a ayudarte. Eres muy joven como para arriesgar tu vida así. ¿Qué no te quieres a ti mismo, *compita*? ¿No crees que tus papás te quieren? Necesitas ayuda.

Su compasión me conmovió. Quería que me tomara en sus brazos. Que me abrazara. Quería sentirme protegido, que él me protegería. Pero sabía que eso nunca iba a pasar. Me llenó de rabia sentir lo que sentía. Estaba confundido.

—Mira, pinche cabrón hijo de la chingada, no eres un pinche psicólogo, ya déjame ir.

Me sacudí, probando los límites de las esposas y sentí que el metal me apretaba más la piel, pero no me importó. Pateé duro la parte de atrás de su asiento.

Lo que después salió de mí boca me dejó helado.

—Estoy confundido de mi sexualidad. No sé si soy gay o no, pero, no tengo ni una puta idea.

Grité, forcejé con las esposas, incluso después de haberle dicho lo que le dije al policía.

—Tengo novias, pero sigo acostándome con hombres para ganar un poco de feria.

Me quedé ahí sentado, esposado, con la frente en la reja que divide los asientos de atrás con los de adelante. Lágrimas caían sobre mi rostro. Lloré con fuerza, detrás de su oído y el policía arrancó el carro y empezó a manejar. No dijo nada. Me ignoró. Solo me preguntó dónde vivía. Empecé a golpear con fuerza la reja de metal con mi cabeza, gritándole

—Hijo de tu chingada madre, no me puedes hacer esto. No puedes decirles a mis papás. No puedes decirles.

Me ignoró hasta que, entre sollozos, le di mi dirección. Me quedé callado y con mi frente en la reja de metal. Avanzábamos unas cuadras y le volvía a gritar:

—¡Por favor! ¡Por favor, no lo hagas! ¡No les digas nada! —pero mi voz empezó a diluirse; ya no quería pelear.

—Dijiste que tienes un hijo de mi edad. Imagínate que un policía lo trajera a tu casa a medianoche, tocándote la puerta y te dijera que lo encontró con un viejo mamándole la verga en el parque. ¿Qué harías? ¿Cómo te sentirías? Por favor, mi vida ya es una mierda, no me la jodas más.

No dijo nada. De camino a casa lloré, derrotado. No quería decepcionar a mi amá más de lo que ya la había desilusionado y me daba mucho miedo pensar qué pasaría si mi papá se enterara de todo.

Cuando llegamos el policía abrió la puerta de atrás. Me quedé dentro del carro llorando y viendo hacia abajo. Él dijo:

—Vamos. Sal de ahí.

Le dije que no, con una voz muy grave.

—Vamos. No quiero sacarte a la fuerza.

—Después de esto vas a ir a tu casa, vas a entrar a tu casa y te va a saludar tu esposa y tu hijo y van a estar bien felices de verte, y vas a vivir la vida tranquilo, y vas a estar bien feliz mientras yo estoy acá en este pinche apartamento de mierda, viviendo con un hermano que me odia, un papá que siempre está decepcionado de mí y una mamá que no sabe ni cómo ayudarme. Te estás cagando en mi vida, más de lo que crees —le dije.

—Vamos. Sal del carro. Ya no te crees tan chingón, verdad? ¿o sí? Sal del carro. ¡Ya! —Su voz era firme e inquebrantable.

Le hice caso. El oficial agarró las esposas y me llevó a la puerta del apartamento. Ya no sentía las muñecas. Tocó fuerte la puerta. Nadie contestó. Volvió a tocar, ahora más fuerte y se encendió una luz en la sala. Escuchamos una voz del otro lado decir en un muy mal inglés, *"Who is it?"* —¿Quién es?—. Sonó más a "Ju iiiiis iiiiit"?

Mi mamá se asomó por la cortina y vio al policía ahí parado, enfrente de la puerta. Él le dijo:

—Es la policía. Abra la puerta.

La luz de la entrada del vecino se encendió y alguien abrió la puerta mientras mi amá abría la de nuestro apartamento. El vecino sacó la cabeza, la movió como asqueado y volvió a cerrar su puerta. Mi mamá vio al policía, me miró a mí y con los ojos llenos de lágrimas dijo:

—¡Ay, Jesse! ¿Qué pasó? ¿Qué hiciste?

El policía le preguntó si hablaba inglés, y mi hermano apareció detrás de ella.

—Sí, un poquito —dijo mi mamá.

Mi hermano se acercó.

—Yo hablo inglés —dijo—. ¿Ahora qué hizo el pendejo de mi hermano?

El policía volteó a verme, suspiró y me volteó con cuidado, para quitarme las esposas. Le dijo a mi mamá.

—Encontré a Jesse con unos amigos en el parque. Todos eran mayores de edad, menos él. No estaban haciendo nada malo, solo gritaban muy fuerte. Nadie estaba tomando o consumiendo drogas. Traje a su hijo de vuelta a casa porque estaba en la calle después de su toque de queda. No quise llevarlo a la cárcel de menores y que ustedes tengan que ir a traerlo, o que le abran un expediente. Es un buen muchacho. Por favor, hablen con él. Necesita que alguien lo escuche. Volteó a verme y muy serio me dijo:

—Espero no volver a verte nunca más. Quiérete.

Lo vi fijamente; me lloraban los ojos y no podía creer lo que había hecho. Se fue, bajó las escaleras y caminó hacia la entrada del edificio sin mirar atrás.

—Gracias, oficial, por traerme a mi hijo —dijo mi mamá, mientras él se alejaba.

El oficial no me dijo nada más.

Un momento así pudo haberle cambiado la vida a alguien. Pero a mí no. Más bien perdí el control después de eso.

CAPÍTULO 10

Una noche de verano, antes de mi último año en la escuela, fui a una fiesta en un *loft* y conocí a un tipo que se llamaba George. Yo tenía dieciséis años. George tenía treinta y seis. Andaba con un hombre pelón, blanco, que parecía uno de esos *skinheads* y se llamaba Micky. Estaba lleno de tatuajes, le gustaban los grafitis y el arte urbano, y le encantaba salir con chicanos. Nos drogamos juntos mientras ellos hablaron sobre el movimiento de arte urbano y de cuando vivieron juntos en España. Conversaron de lo mucho que les gustaban las películas independientes y extranjeras. Yo nomás los escuchaba hablar.

Esa noche me invitaron a ir a Los Ángeles. Iba a ser un viaje corto y George prometió que me iba a traer de vuelta a San Diego el día siguiente. Como era viernes y estaba de vacaciones, decidí ir.

Ese viaje de un día se convirtió en un viaje de dos semanas de pura fiesta. Llamé a mi mamá para decirle que me iba a quedar en la casa de Ariyel durante el fin de semana y luego el lunes la llamé para decirle la verdad, que estaba en Los Ángeles con unos amigos. Mi mamá me rogó que volviera a casa. Le colgué.

Uno de los amigos de George, que vivía en el este de Los Ángeles, me consiguió una identificación falsa y así pude entrar a las discotecas de moda en Hollywood. Mi favorita era una llamada *Does Your Mama Know?* Después de eso parábamos en una fiesta dentro de una mansión en Beverly Hills o Bel Air. Casi ni dormí los primeros días. Los *afters* en las mansiones eran loquísimos. Tocaban DJs muy buenos, había mucha droga y gente teniendo sexo por todos lados. Nunca pensé que yo, un niño mexicano pobre y de barrio iba a experimentar este tipo de vida nocturna.

Después de varios días de fiesta, de consumir drogas y tener sexo con George, él se aburrió de llevarme a buscar teléfonos públicos para llamar a mi mamá. Él sabía que era menor de edad. Una noche después de llevarme a un teléfono público, me llevó al este de Los Ángeles, en vez de a su casa en Hollywood. Fuimos a una casa abandonada y George se salió del carro. Había unos *cholos* en la entrada de la casa. Lo saludaron. Yo iba detrás de él y entramos a la casa. Por dentro había un montón de gente drogándose; era un lugar donde la gente va a inyectarse droga, de esos que les llaman *shooting galleries*. Llegamos al patio de atrás donde había un tráiler, y George tocó la puerta. Alguien dentro movió una cortina y nos vio, y luego su amigo Micky, el que parecía *skinhead*, abrió la puerta. George entró al tráiler y adentro había un laboratorio para hacer metanfetaminas.

—Necesito que cuides a Jesse por unos días —le dijo George a Micky—. Tengo un chingo de cosas que hacer y no puedo seguir haciéndome cargo de él.

—Sí, está bien. Se puede quedar aquí, pero sabes que aquí nada es gratis. Va a tener que ayudarme a cocinar como su pago —dijo Micky.

Hablaban de mí como si fuera un perro que necesita que lo cuiden.

—Ten —dijo George—, un poco de dinero para que compres lo que necesites —y me entregó un fajo de billetes.

Luego de su mochila sacó un bloque de marihuana y un octavo de onza de metanfetaminas.

—El cristal es para ti. Pero en lo que vengo por ti, vende la mota para ganar un poco de feria.

Luego le hizo señas a Mickey para que saliera para hablarle en privado. Y ahí estaba yo, solo, dentro de un tráiler que estaba en el patio trasero de una *shooting gallery* en el este de Los Ángeles, pensando cómo chingados había llegado ahí. Mickey entró y fue al refrigerador a sacar un par de cervezas para los dos.

—No te relajes tanto. Vas a empezar a cocinar en un rato—dijo.

Después de unas horas aprendiendo a cocinar metanfetaminas, Mickey me llevó a mi primer bar gay para latinos. Entramos detrás de un cholo y una chola que iban agarrados de la mano, como que si fueran pareja. Pero tan pronto entraron al bar, se separaron. La chola empezó a besar a otra chola y el *cholo* fue abrazar a otros *cholos*, que se vestían como gánsters, solo que eran gays. Esos hombres no podían demostrar que eran gays en sus barrios y no podían ir a West Hollywood, porque sentían que no tenían nada en común con los gays blancos.

Debí haber tenido hasta la boca abierta porque Micky me dijo:

—Oye, no los mires tan fijamente. La mayoría de la gente acá no puede vivir fuera del closet o ser quienes son afuera de aquí en el mundo real, porque los matan. Estos bares brindan un lugar seguro para que la gente venga a conocer a más gente y hacer amigos. Pero no hagas enojar a nadie. Si los ves fijamente, la gente va a pensar que les quieres cagar el palo o estas buscando bronca. Vamos, te presento con unos compas para que no te sientas tan solo cuando decidas venir por tu cuenta.

—¿'Venir por mi cuenta'? ¡No mames, güey! Yo no soy gay —le dije.

Micky se rio. Sabía que me negaba a aceptar que era gay.

—¡Ay, por favor! A ver, *güey*. En un par de años vas a salir del closet. O sea que, relájate cabrón.

Le cambié de tema.

—*So*, ¿a qué vienes aquí si no eres mexicano? —le dije—. ¿Y por qué vives en un tráiler en East LA? ¿Qué onda con eso? ¿Te crees mexicano?

Micky se rio y dijo:

—La gente que viene acá son mis clientes. Les vendo cristal. ¿En qué me gasto el dinero? ¿Por qué vivo en una casa abandonada en East LA? Bueno, porque ahí no pago renta; necesito el dinero para comprar mis medicinas. Tengo SIDA, compita. No solo VIH, pero SIDA. Tal vez lo agarré un día inyectándome o por andar teniendo sexo sin condón, o por las dos. ¿Quién sabe? Pero no puedo cambiar el pasado.

—¿George también tiene SIDA? He estado acostándome con él las últimas dos semanas —le dije.

—A George le caes bien. Te llevó a mi casa porque está metido en algo muy serio y no quiere que te lastimen o que estés en peligro. Sobre si tiene SIDA o no, vas a tener que preguntárselo tú mismo —dijo Micky.

Con George siempre había usado condón desde que llegamos a Los Ángeles. Ya no le quise preguntar nada a Micky. Él me mostró el lugar y me presentó con los *bartenders* y algunos de sus amigos. Me hice amigo de todos. Unos cholos bien musculosos me invitaron a bailar. A todos les dije que no, a pesar de que me daba curiosidad y sí tenía ganas de bailar con ellos. Nunca antes había bailado con un hombre. Además, rechazaba la idea de que yo fuera gay. Me convencí de que yo solo estaba con hombres por dinero o para recibir drogas. Pero ver a todos estos *homeboys* y *homegirls* que hablaban, caminaban, se vestían y bailaban igual que yo, por alguna extraña razón, me hizo sentir como que pertenecía a ese lugar, que podía ser yo sin tapujos. Ese bar era un lugar para hombres y mujeres cisgénero, que eran latinos y gays, y al menos dentro de esas cuatro paredes podían ser ellos mismos, sin temor a represalias o sin tener la necesidad de defender su masculinidad a golpes. *¡Guau! Tal vez sí soy gay,* pensé. *Na. Yo creo que soy bisexual. ¿Por qué me cuesta tanto definirme? ¿Por qué hay tantas etiquetas? ¿Por qué no solo puedo sentirme atraído por quien sea, como los compas que están acá?*

Cuando volvimos al tráiler, le volví a preguntar a Micky si George tenía SIDA.

—No sé, güey. La verdad es que deberías preguntarle eso a todos los hombres con los que te acuestas —dijo—. George tiene casi cuarenta años y no creo que esté intentando infectar a alguien de tu edad. ¿Cuántos años tienes tú? —dijo Micky.

—Dieciséis —le dije.

Micky no dijo nada. Suspiró con fuerza, movió la cabeza, encendió la tele, le dio *play* a la videocasetera, agarró un poco de Lovely, le dio un par de jalones y me dijo que me relajara, que mirara la película y nada más. Había puesto *Mujeres al borde de un ataque de nervios.* Micky se quedó dormido mientras yo me mataba de la risa viendo esa película española.

Al día siguiente, mientras cocinábamos, Micky dijo:

—En la noche te voy a llevar a un club latino en Santa Mónica que se llama Circus. Ahí vas a ver a un montón de cholos y vaqueros.

—Pero hoy es martes —le dije.

—El mejor día para ir a Circus son los martes —me dijo Micky y se rio.

Había un club en la parte de enfrente que se llamaba Arena. Circus estaba atrás de Arena. Era el lugar perfecto para quienes escondían su preferencia sexual, porque no tenían que preocuparse de que alguien los viera entrando a un bar gay. Circus era un club bien grandote con una pista de baile a un lado, un cuarto donde ponían hip hop en el segundo nivel y otro donde ponían banda, hasta atrás del club, donde había también un enorme patio. Hasta vendían tacos. El club estaba bien lleno. Había gente de todo tipo, como dijo Micky, y había muchos cholos y vaqueros mexicanos. Era la primera vez que miraba vaqueros usando sombreros, cinturones con hebillas bien grandotas, con botas y todos juntos bailando banda y quebradita. ¡Me impresionó verlos así! Mirarlos me hizo pensar dos veces en la idea que tenía de los hombres gay.

Para la última llamada de alcohol Micky y yo salimos. Afuera vimos a algunos de los mismos cholos que estaban dentro del club, actuando muy femeninos, volverse bien gánsters de repente. Vimos también a un cholito delgadito y no muy alto, gritándole a un güey más grande. Había visto al cholito delgadito bailando *vogue,* posando, divirtiéndose, riéndose, dando vueltas y haciendo *death drops* —tirándose al suelo—. Verlo bailar alegremente me hizo sonreír. Había visto también al güey más grande viendo al cholito de forma amenazante y como que si verle la cara le diera asco. Ahora estaba todo a punto de reventar la situación.

Era la primera vez que veía a un hombre gay pelear con otro hombre. Me recordó que los latinos asociamos la feminidad con la incapacidad de pelear. Me recordó a las veces en que, de niño, agarraba una camisa, le hacía un nudo y daba vueltas en la sala después de ver un episodio de *La Mujer Maravilla*; giraba y giraba, jugaba a que era Lynda Carter y tenía miedo de que alguien me viera. Admiraba a ese cholito por ser quién era sin tapujos y por ser capaz de defenderse. Ojalá yo hubiera podido hacer lo mismo cuando era niño.

Micky me agarró del brazo y me llevó hasta un 7-Eleven, en una esquina en Santa Mónica Boulevard, apartándonos del todo el relajo.

Afuera de la tienda, Micky me presentó a algunas de las reinas que trabajaban en esas calles desde hacía años. No sabía si eran mujeres trans o *drag queens* y tenía miedo de preguntarles, entonces seguí como si nada, absorbiendo todo. Micky además conocía a muchos hombres más viejos que también eran gays, que parecía como que alguna vez habían sido bien guapos, pero se habían metido demasiadas drogas o habían dormido muy poco y ahora estaban en el ocaso de su vida. Me pregunté si alguna vez yo iba a ser como ellos.

Micky llamó a una mujer negra, trans, alta y que usaba unas botas largas que le llegaban a las rodillas, un apretado traje de cuerpo completo de cuero sintético y una peluca afro, igualita al pelo de Diana Ross.

—Momma, cuando lo veas a él por acá, por favor enséñale todo lo que tiene que saber.

—Le voy a echar un ojo, cariño —le dijo ella a Micky, mientras me miraba a mí.

—Y tú puedes decirme Momma —me dijo a mí, y se agachó a darme un beso en cada mejilla.

Cruzamos la calle con Momma. Nos sentamos en la parada de autobús y ella dijo:

—Empiezan las clases. Aquí vengo yo a trabajar. Si te das cuenta, varios tipos que estaban en el club caminan acá de un lado a otro sin camisa o se sientan en la parte de arriba de las bancas que están en las paradas. Acuérdate, si te sientas en la parte de arriba de las bancas significa que estás trabajando.

—¿Y a dónde llevan a los clientes? —le pregunté a ella y a Micky.

—Callejones. Atrás de los edificios. Hoteles. Solo no dejes que te lleven muy lejos, porque si no te jodiste No quieres ir hasta San Bernardino o Pomona. Además, no aceptes ningún trago. No seas pendejo. Si no, vas a parar cortado en trocitos en algún basurero.

Micky y yo escuchamos a Momma hablar por unos quince minutos, hasta que llegó un carro y se parqueó enfrente de nosotros. Entonces ella dijo:

—Nos vemos, *cariño* y no te preocupes, a esta hora de mañana, ya todos van a saber que eres hijo mío y que yo te estoy cuidando, y así nadie se va meter contigo.

Momma subió al carro y desapareció, entró en la noche, a lo más profundo de la ciudad de Los Ángeles.

Al día siguiente llegué a la parada de Santa Mónica Boulevard en autobús. Me quedé con Momma, cuando ella no estaba con un cliente. Santa Mónica era diferente a

Balboa Park. En Balboa Park los trabajadores sexuales se escondían en una calle y todo era muy callado. En Los Ángeles nadie se ocultaba y siempre se escuchaba pasar carros, camiones, autobuses y todos bocinaban, y los de los carros escuchaban música de todo tipo. Los hombres iban sin camisa, a cada rato se agarraban la entrepierna, y hasta le chiflaban a la gente que pasaba por ahí. No me gustaba hacer ruido para llamar la atención. Prefería atraer clientes en silencio, con mis poses. En Santa Mónica los carros paraban el tráfico cuando los trabajadores sexuales se subían a trabajar, y les valía madres si alguien estaba viendo.

Por un rato yo también fui uno de los tantos que trabajaban en las calles de Hollywood, y eso devoró mi espíritu.

George apareció unos días después. Ya tenía suficiente dinero para irme de Los Ángeles y estaba pensando en agarrar un tren de vuelta a San Diego ese día, cuando él entró al tráiler y me despertó gritándome.

—Levántate. Alístate. Ya nos tenemos que ir —dijo.

Me metió en su camioneta y nos fuimos en chinga a San Diego. Llegando a Carlsbad, George empezó a gritarme. Me dijo que yo había amenazado con decirle a la policía que él estaba con un menor de edad.

—No sabía que tenías dieciséis años —dijo, apretando el volante.

—Me mentiste. Pensé que tenías dieciocho o más. Más te vale que ni se te ocurra acusarme con la policía.

Gritó sin parar; era como que si se hubiera aventado una línea de cristal. No sabía de qué estaba hablando o quién le dijo que yo iba a hacer algo así. Lo único que se me ocurrió es que tal vez Micky le dijo cuántos años tenía en verdad, pero George ya lo sabía. No tenía intención de acusar a George ni a nadie. De hecho, estaba agradecido con él y especialmente con Micky, por haberme enseñando tanto; las metanfetaminas pueden volver a alguien paranoico.

No quería pelear. Lo único que quería era llegar a casa lo más pronto posible, entonces lo ignoré y por eso se enojó aún más.

—¡Chingado, di algo! ¿Quieres ir con la policía para que crean que soy un pedófilo? ¡Eres un manipulador, cabrón!

Volteé a verlo. ¿Cómo podía pensar que iba a hacerle algo así? Me empujó bien duro y mi cabeza rebotó en la ventana. Hizo girar el volante rápido y perdió el control del carro. Yo no llevaba el cinturón de seguridad abrochado y mi cuerpo brincó a un lado y mi cabeza volvió a toparse con la ventana. Dimos vueltas y quedamos en contra de la vía. Vi que los carros se movían rápido para evitar chocarnos, sonando el claxon. Sobrevivimos de puro milagro.

CAPÍTULO 11

A principio de los años noventa fue la cumbre de la violencia entre pandillas y los tiroteos en el Sur de California. Fue la era del *gangster rap* y la guerra contra las drogas. San Diego, supuestamente era la cuidad más fina de Estados Unidos, la ciudad con el mejor clima y las playas más bonitas, pero también era una ciudad llena de pobreza extrema, drogas y crimen. De nuestro lado de la ciudad, si ibas a otro barrio entrabas al territorio de otra pandilla y te arriesgabas a que te dispararan. La muerte era algo de todos los días. Era común que un grupo de veinticinco o cincuenta personas se peleara enfrente de la escuela. A veces carros paraban delante de la escuela y empezaban a disparar. También había muchos disturbios raciales en la preparatoria, pues la tensión entre mexicanos y afroamericanos iba en aumento.

Antes de cumplir diecisiete años, más de veinte de mis amigos murieron a causa de la violencia entre pandillas, por sobredosis o en algún accidente, y por manejar bajo la influencia del alcohol. En una época parecía como que

Ariyel, su mamá Joy, y yo íbamos cada mes a un funeral de alguien de San Diego High School. Hasta en los funerales tenías que tener cuidado, porque no sabías si alguien iba a pasar disparándole a la gente que estaba en el cementerio.

Cuando era niño no podía vestirme de azul en algunos barrios o de rojo en otros, y tampoco podía usar prendas verdes. Lo mejor era usar colores neutrales como el gris, negro, beige, café y el blanco. Ser latino era razón suficiente para que alguien te hiciera daño. Si eras mexicano e ibas manejando un carro, eso era ya un crimen. La policía siempre nos paraba, aunque no hubiéramos roto ninguna ley. Esa fue la época en que más pensé que iba a explotar. El no poder hacer nada en contra de la fuerza brutal de las pandillas y la policía me hacía enojar cada vez más. Las peleas, la violencia, los helicópteros, los gritos de la gente, los policías, las sirenas, las balaceras y el miedo constante de ser la víctima de los caprichos de alguien más hizo que el alivio que me daban las drogas fuera cada vez más adictivo.

El hecho de que cualquier persona podía herirme o matarme, si eso era lo que quería, me hizo sentir como que yo era insignificante. A veces pensaba en todos los amigos que habían muerto antes de cumplir dieciocho años, y no podía entender cómo yo había sobrevivido. Y vivir una vida insignificante me abrumaba. ¿Por qué yo estaba vivo? ¿Cuál era mi propósito en esta tierra? Ya nada me importaba. La ira, el odio, la lástima hacía mí mismo y la obsesión que tenía con drogarme me consumían. Lo único que sabía era que odiaba a todos.

Mi ira hacia todo y todos estaba fuera de control, igual que mi consumo de drogas. Funcionaba como una maquinita. Despertar. Abrir una gaveta. Buscar mi bolsa de drogas. Aventarme una línea de cristal. A la ducha. Alistarme para ir a la escuela. Fumar mota de camino a la parada de autobús. Ir a la escuela. Ir a las gradas del estadio. Fumar más mota. Llegar bien drogado y oliendo a mota a mi primera clase. A la hora del almuerzo aventarme otra línea o ir a tomar con amigos. Después de la escuela pasarla con mis amigos, darme otra línea, ir al parque y trabajar un rato antes de ir a casa.

Como todavía era parte del Programa de Asistencia para Víctimas y Testigos, iba a terapia una vez a la semana, pero no me ayudaba en nada. Traté de contarle a la mujer, a mi terapeuta, que me sentía triste, pero ella evitaba hablar al respecto y cambiaba de tema, me preguntaba mierdas sobre la escuela o problemas superficiales que tenía con mi familia, como el hecho de que mi papá se fue de la casa, en vez de realmente abordar la realidad que estaba viviendo. Le dije una y otra vez que quería que mi vida fuera diferente, pero igual no hizo nada al respecto. Ella nunca habló con mis papás. Nunca habló con la policía. Nada. Sabía que iba a parques públicos, cines y librerías para adultos para ir a tener sexo por dinero. Sabiendo que era un menor de edad frecuentando esos lugares e igual no hizo nada. Fui a terapia con esa mujer durante tres años y nunca quiso hablar con mi mamá, no importa cuánto insistía mi amá. Para ella, yo solo era un ingreso fijo.

En mi último año en la escuela, finalmente le dije que ya no quería ir a terapia con ella. La semana siguiente solicité que me asignaran a otra terapeuta. Traté de obtener ayuda. Busqué soluciones. Fui a varias iglesias. Una buena amiga y ex chola me llevó a una iglesia famosa donde iban muchos pandilleros rehabilitados y la gente rezó por mí, para que dejara la drogas y para que el espíritu santo extirpara el "comportamiento gay" fuera de mí.

Un día fui con ella a la iglesia. Ya había terminado el servicio, pero aparentemente el pastor y un grupo de gente estaban esperándome a mí. Cuando entré a la iglesia mi amiga corrió a saludarme y me llevó a donde estaba la gente.

—Este es el amigo que les conté, el que está confundido y que necesita que le saquen el diablo. Es una buena persona y sé que todos juntos podemos ayudarlo.

Me daba pena estar ahí. Ella les había dicho que me acostaba con hombres y que necesitaba que me sacaran el diablo. Quería irme, pero también quería que alguien me salvara. *Tal vez tienen razón.* Quizás se me metió el diablo cuando abrí la primera tarjeta en la tienda de regalos, esa que tenía la foto de un hombre desnudo.

Pensaba que era un fenómeno. Un ser anómalo, que no tenía que existir. Tal vez todo era culpa del diablo. El pastor me dio la bienvenida.

—Arrodíllate —dijo el pastor, señalando enfrente de él y mientras un grupo de personas me rodeaban.

Me pidió que recibiera a Jesucristo como mi señor y salvador mientras la gente empezó a rezar por mí. Puso su mano sobre mi frente y eso hizo que todas las personas se estremecieran. Unas mujeres rezaban en idiomas que no conocía, mientras otras personas pidieron que Dios salvara mi alma y que nunca más sintiera deseos pecaminosos. Así fue por una media hora. A veces abría los ojos y sin mover la cabeza veía a mi alrededor, y el pastor todavía tenía su mano sobre mi frente. Vi gente con los ojos cerrados, muy concentrados en rezar y pedir por mi alma. Lloré un poquito, pero fue más porque me daba pena, porque sentía vergüenza, no solo porque era un adicto, sino, peor aún, porque era gay y porque estaba muy confundido.

Tenía una pequeña esperanza de que Dios me iba a cambiar, pero no duró mucho. Ese día no sentí escalofríos, ni un tipo de esperanza que me diera fuerza. Al terminar el pastor me empujó tan fuerte que me caí de espaldas. No sé si esperaban que yo hiciera algo, que hablara en otro idioma o que convulsionara, pero me quedé ahí en el suelo, bien confundido y viéndolos a todos.

—Ya, hijo mío. Te hemos salvado. Ya nunca más vas a desear estar con hombres. Ya terminó tu vida de pecado.

Salí de la iglesia, fui al parque, fumé un churro de marihuana con PCP, me encontré un hombre que me ofreció cristal, ambos nos aventamos una línea y luego fuimos a unos arbustos y tuve sexo con él.

Δ Δ Δ

Ariyel intentó ayudarme y trató de entender mi desesperación. Pero mientras más me drogaba, más alejaba a mi mejor amiga. Nuestra relación cambió. Me convertí en un idiota para aquellos que me querían, incluyendo Ariyel. Un día llegué a casa y ahí estaba ella, en el sillón, abrazando a mi mamá mientras ella lloraba, y empecé a gritarle.

—¿Qué chingados estás haciendo aquí? ¿Y por qué chingados está llorando ella?

—No puedes ocultarle a tu mamá lo que haces. Ella no es tonta. Sabe que te drogas. Hace tiempo que lo sabe, pero le da miedo decirte algo porque siente que le vas a gritar, le da miedo que un día le pegues, Jesse. Tu ira está fuera de control. ¿No entiendes? Ella siente que te falló. Todos sentimos eso, que te fallamos.

Por un momento quise correr a abrazar a mi mamá y consolarla.

En vez de eso, les grité.

—A la chingada las dos —les respondí—. No sabes lo que he tenido que hacer para cuidar de ella, cuidar su salud y defenderla de mi apá. No tienes ni puta idea porque a ti tu mamá te dio todo. Una bonita casa. Muebles caros. Tienes cosas bonitas y tu mamá hizo todo por su cuenta. Teníamos un papá, pero era un inútil. Tú no tienes ni puta idea. Ya me cansé que me hagan sentir mal por la vida de mierda que ellos me dieron. Y salí del apartamento.

Me rodeé de gente que se drogaba tanto como yo. Ese día dejé de llamar a Ariyel. Cuando ella me llamaba, ignoraba las llamadas. Dejé de ir a su casa. Me aburría estar con gente que no consumía drogas. Mi vida giraba alrededor de las drogas y el sexo. No podía encontrar un sentido o un propósito para mi vida. Me daba miedo matarme, pero ya no quería vivir.

Mientras más consumía drogas me volvía más violento. Me peleaba con maestros, otros estudiantes y con el personal de seguridad de la escuela. En vez de ir a clase me iba a algún baño a poner un encendedor debajo de los rociadores hasta que se encendieran las alarmas contra incendios. Hice esto todos los días por dos semanas, cada día en un baño diferente.

Joy, la mamá de Ariyel, era la secretaria administrativa de la escuela, por ella me enteraba que el director estaba harto de esas falsas alarmas. La última vez que lo hice, encendí un pedazo de papel sanitario debajo del rociador. Mientras los estudiantes corrían hacia la cancha, me metí entre la gente. Pero el maestro de música me agarró el hombro bien fuerte. Normalmente lo hubiera empujado o algo. Pero esa vez no hice nada. Tal vez porque lo conocía y me caía bien. O tal vez porque ya no quería pelear. Tal vez lo que me dijo Ariyel, esa vez que estaba con mi mamá, finalmente me caló y me di cuenta de que estaba pidiendo ayuda, y que lo hacía de la forma más destructiva. No importa, igual dejé que me llevara a la oficina del director.

Pronto la gente supo que yo era el que había estado activando la alarma contra incendios y mientras el director me gritaba, Joy entró a la oficina.

—Podría expulsarte y prohibir tu ingreso a cualquier escuela en el distrito —dijo él—. Además, te podrían culpar de provocar incendios. Activar las alarmas contra incendios es una grave ofensa, y cada vez que los bomberos vienen a investigar qué está pasando, gastan mucho dinero. ¿Nunca piensas antes de hacer las cosas? ¿Qué pasa dentro de tu cabeza, Jesse?

Joy habló en mi nombre, pidió consideración. Me hizo prometerle al director que iba a dejar de hacer esas tonterías. Cuando el director salió para hablar con la policía y los bomberos, Joy volteó a verme y dijo:

—¿Qué estabas pensando?

—No sé. Supongo que estaba aburrido —le dije.

—¿Aburrido? ¿Es en serio? ¿No te quieres graduar? Estaba muy enojada.

Me quedé ahí escuchando a Joy y viendo para abajo.

El director regresó a su oficina y lo primero que dijo fue:

—Tengo que suspenderlo por una semana. Si lo expulsamos de la escuela, lo más seguro es que lo excluyan del distrito escolar, y es seguro que las otras escuelas en el condado no lo vayan a recibir. No vamos a presentar cargos. Convencí a la policía y los bomberos que no presentaran cargos.

Pasé la tarde en la oficina de Joy. Unas horas después me entregó unos papeles y dijo:

—Ten, ven conmigo. Estos papeles tienen que ir en aquellos archiveros, en orden alfabético. Necesito que les

JESSE LEÓN   197

hagas hoyos y los pongas en los *folders* correctos. Cuando termines, ven a verme y te doy más papeles.

Los archiveros estaban dentro de una oficina que estaba a la par del escritorio de Joy, entonces estaba a unos pocos pasos de ella.

Una media hora después le dije:

—*Okay*, ya terminé.

Me dio otro montón de papeles e hice lo mismo. Estaba orgulloso de mi trabajo. Me sentía útil. De repente volví con Joy a pedirle más papeles. Disfruté trabajar con ella, y Joy me dio las gracias por ayudarla. Se sentía bien ser útil y que alguien apreciara lo que hacía. Sentía que era un niño otra vez. Estaba como cuando cortaba vegetales en la cocina con mi mamá o cuando los dos colgábamos la ropa en el tendedero.

CAPÍTULO 12

Cuando volví a clases, una semana después, lo primero que tuve que hacer fue ir con el director de la escuela. Volví a prometerle que no iba a encender las alarmas. Durante el tercer periodo un guardia de seguridad entró a mi clase, le dijo algo a la maestra y le entregó un papel.

La maestra volteó a verme y dijo:

—Jesse, quieren que vayas a la oficina de orientación. El guardia te va a llevar.

De repente todos en la clase empezaron a burlarse de mí.

—Uuuuuuu, ten van a chingar —dijeron.

Cuando llegamos a la oficina de orientación, Joy no estaba en su escritorio. El guardia de seguridad me llevó al fondo de la oficina grande. Pensé: *¡Mierda! ¿Y ahora qué?*

El guardia le entregó un papel a un hombre que estaba dentro de un despacho chiquito, donde apenas cabían dos sillas y un escritorio. El hombre tenía una mochila abierta en el suelo y una torre de libros sobre el escritorio, dos de ellos estaban abiertos, como si hubiera estado estudiando.

No lo había visto antes. Él cerró los libros, salió del cuartito y dijo:

—¿Jesse? Entra a mi oficina. Toma asiento, por favor.

El guardia le dijo que iba a estar esperando afuera. El hombre era más amigable. Llevaba una camisa de franela de manga larga, estilo Pendleton; debajo de la camisa tenía una playera blanca y vestía unos pantalones bien planchados y un par de Converse blanquinegros. Lucía un corte de disminución alta, con el pelo más largo hasta arriba.

Me dejé caer sobre la silla que él me mostró y me recosté en el respaldo. Saqué un *beanie* de mi bolsillo, me lo puse y lo bajé para que me tapara las cejas. Crucé los brazos y con la barbilla pegada al pecho, le di mi típica mirada de "me vale madre todo".

—Me llamo Izmael, pero puedes llamarme Z. Yo estudio en San Diego State University y trabajo en un programa para ayudar a que más latinos vayan a la universidad. ¿Alguna vez has pensado en qué quieres hacer después de la prepa? —me preguntó.

—No.

—¿Has considerado ir a la universidad después de graduarte de la prepa?

—No —le dije, viéndolo con mi cara de "no me importa nada".

—¿Hay alguien en tu familia que haya ido a la universidad?

—No.

—Si pudieras ser cualquier cosa, ¿qué escogerías? ¿Has pensado en eso?

—No.

—¿Y en qué has pensado? ¿Qué piensas ahora mismo? —me preguntó Z; poco a poco empezaba a perder la paciencia y me miraba molesto.

—En nada —le dije, levantando la vista solo un poco para que él pudiera verme los ojos—. ¿Por qué haces tantas pinches preguntas? ¿Y tú quién chingados eres? Tu no me conoces. Entonces deja de hacer el pinche papel como que te importo cabrón.

Lentamente Z se levantó del escritorio, caminó hacia la puerta y le dijo al guardia, que estaba afuera de la oficina:

—No te preocupes. Todo está bien —y cerró la puerta.

Muy despacio Z regresó al escritorio y agarró los libros que tenía a un lado. Tomó aliento, suspiró con fuerza, mientras levantaba los libros, y los lanzó contra el escritorio. Me hice hacia atrás un poco, viéndolo a los ojos. Se inclinó hasta estar cerca de mi cara, para que pudiera sentir su respiración y yo no dejé de verlo; lo vi fijamente a los ojos, como retándolo.

—Son los idiotas como tú que hacen que mi trabajo sea un pinche infierno. Idiotas como tú que le dan una mala reputación a los chicanos como yo —dijo, e hizo una cara de desprecio—. Idiotas como tú que se creen bien chingones mientras sus mamás se pasan las noches llorando, pidiéndole a Dios para que sus hijos lleguen vivos a casa. Idiotas como tú hacen que los sacrificios de sus padres, que el venir a este país no valga la pena. Debería renunciar y ya porque es una pinche pérdida de tiempo cada vez que trato de ayudar a idiotas tan necios como tú, que les vale madre estar en la escuela, que no piensan en el pinche futuro y que no les importa una mierda si uno quiere ayudarles a encontrar algo que los motive.

Se hizo a un lado, respirando fuertemente. Parecía como que quería darme un golpe en la cara.

—¿Qué? ¿Crees que no sé cómo se siente? ¿Crees que no vengo del barrio? Pinche pendejo, tú a mí no me conoces, cabrón. No sabes nada de mí, entonces no asumas nada. Me importan los demás. Por eso quiero dar y ayudar a otras personas, porque otros me ayudaron a mí. Por eso te hago esas preguntas. Porque alguien alguna vez me preguntó lo mismo y porque me importas.

Me quedé ahí quieto, helado. Me sorprendió lo que dijo Z. Pero también me dio curiosidad saber quién era él en realidad y cómo estaba decidido a retarme sin siquiera conocerme.

Hizo una pausa y volvió a sentarse en su silla. Dejó de gritar. Más calmado me dijo:

—Y acá estás, actuando como un necio y como que no te importa nada en la vida, pero bien sabes que sí te importa. Muy adentro yo sé que sí te importa. Deja de actuar, Jesse. Y perdón por haberte gritado. No debí haberte gritado, no debí haberte faltado el respeto así. Perdóname, compa. Te pido disculpas.

Me sorprendió que me pidiera perdón. Después de eso ya no dijo nada, y estar en esa oficina tan pequeña y en silencio me hizo sentir incómodo. Había movido algo dentro de mí. Z vio y me reconoció como una persona, como un ser humano. Apreté los brazos con fuerza, volteé a ver a un lado y bajé la mirada. Se me llenaron los ojos de lágrimas. Me cubrí la cara con el *beanie,* para que no me viera llorar. Pero era imposible.

Z no dijo nada. Se acercó a mí y me puso una mano sobre mi hombro. Me quedé quieto; no sé por qué no me hice a un lado como hacía siempre. Por unos minutos Z no dijo nada. Ni siquiera me dio un Kleenex. No me preguntó nada. Solo dejó que yo llorara, que mis lágrimas cayeran sobre mis mejillas en silencio. El silencio de Z me hizo sentir comprendido, apoyado.

Unos minutos después, y con una voz bien profunda, y casi susurrando, le dije:

—Chíngate, cabrón. Sí me importa, pero la verdad es que ya no sé qué hacer.

—Yo sé —dijo—. Créeme, yo sé.

Z quitó la mano de mi hombro, arrancó un pedazo de papel de una libreta, escribió algo en el papel y me lo entregó.

—Ten. Este es mi número de teléfono y mi número de beeper. Puedes llamarme cuando quieras. No importa qué hora sea, no importa si es de día o de noche. Si quieres hablar, si quieres ir a algún lado, hablar puras babosadas o que alguien te escuche, o solo ir a algún lado y quedarnos callados, puedes llamarme. A veces es bueno estar con alguien y no decir ni madres. No quiero nada de ti. Lo único que quiero es que pienses en tu futuro, *homeboy*.

Me tocó el alma. Y de la nada, dejé de llorar y empecé a reírme de mí mismo. Me quité el *beanie*, me limpié la cara con el *beanie*, me reí otro rato y le dije:

—Guau, estoy bien mal, ¿no?

Levanté la mirada y Z me sonrió con sinceridad. Luego dijo:

—Todo está bien, *compita*. No te preocupes. Todos necesitamos llorar de vez en cuando. No tienes por qué estar avergonzado cuando estés conmigo. Y no, no tienes nada de malo. Solo eres un joven de color, que creció en el barrio y que hace lo mejor que puede. Yo no te juzgo.

Me reí otro rato de mí mismo. Hablamos por una hora. Me contó de su vida y de su familia. Me habló de su vida como estudiante universitario y de las fiestas a las que iba con otros de la universidad. Me explicó cómo fue para él ser un estudiante Chicano yendo a la universidad y cómo sus mentores, que también eran chicanos, le dijeron que no había ningún problema con que él fuera inteligente, con que estudiara y se divirtiera. Me llamó la atención eso que dijo.

Ese fin de semana llamé a Z y él me invitó a que fuera a un evento universitario para latinos que, de hecho, fue en un salón de baile dentro del Balboa Park, a pocos metros de donde yo iba a buscar clientes. Cuando llegué, estaba nervioso. Vi a mi alrededor antes de entrar, para asegurarme de que ningún otro trabajador sexual me viera y me llegara a hablar, y les dijera a todos quién era yo en realidad. No me había drogado ese día, pero deseé haberme drogado antes de entrar. Me dieron ganas de regresar al carro a darme un toque cuando Z me vio y me hizo señas para que fuera con él. Caminé hasta donde estaba él. Yo me sentía inquieto, nervioso. No sabía qué esperar.

No hubo drama. Nadie se peleó con nadie. Me sorprendió ver a un montón de latinos y latinas bien guapas, que eran estudiantes y además sabían bailar. Pensé que iba a ver a un montón de güeyes bien aburridos y otros *nerds*, pero estaba equivocado. Eran un tipo de latinos que yo no había conocido antes. Mientras hablaba con Z, un muchacho bien guapo, que se vestía bien fresa, llegó a hablarnos. Era como que si todos lo conocían. Z nos presentó y dijo:

—Él es Frank. Es mi compa y también es mi jefe. Él está a cargo del programa de reclutamiento de estudiantes latinos para SDSU.

—Mucho gusto, Jesse. ¿Cómo te va con Z? ¿Está haciendo bien su trabajo? —dijo Frank.

Me reí y le dije:

—Sí, es buena onda. Es bien buena gente.

—Bueno, pásatela bien —dijo Frank—. Toda esta gente va a SDSU; hasta los que se visten como *cholos* son estudiantes universitarios. Nosotros sabemos cuándo hay que trabajar bien duro y cuándo hay que divertirse. El secreto es no cagarla cuando estás en la escuela. Aprende a jugar, Jesse. Pero primero tienes que entrar y ser parte del juego —dijo.

Asentí con la cabeza, como si entendiera lo que me estaba diciendo. Él era parte de un mundo del que yo no conocía nada. Un universo que pensé que le pertenecía solamente a la gente blanca. Pero él ayudó a regar la semilla, que mi mamá había sembrado en mí cada vez que ella me hablaba de la importancia de seguir estudiando. En ese momento yo sentí que algo se movió dentro de mí. Ver a esos latinos, que además eran estudiantes, me dio esperanza, me hizo creer que yo también podía ser uno de ellos. Tal vez un día yo también podía ir a la universidad. Tenía tantas ganas de ir a hablarle a uno de esos estudiantes y preguntarles, *¿Cómo le hiciste? ¿Crees que yo también puedo lograrlo?* Pero pensé que era inútil, que nunca habían tenido que lidiar con una realidad como la mía, que seguro yo les iba a recordar a algún primo, algún hermano o sobrino que era un perdedor; todas las familias tienen uno, solo que en mi familia yo era el perdedor. Aun así, esa fiesta me dio esperanza y me llevó a un mundo que no sabía que existía. Un mundo que, tal vez, de alguna u otra forma, algún día iba a darme la bienvenida.

Quisiera decir que esa experiencia fue suficiente para cambiar mi vida, y que ese día llegué a casa y tiré toda la droga que tenía y dejé de ir a fiestas. Pero no fue así. Cada día yo caía más profundo dentro de las garras de la adicción. Cada día me aventaba más líneas de cristal, fumaba más PCP, fumaba más heroína, me metía más éxtasis, más ácido, masticaba más hongos, más peyote, me metía más pastillas y fumaba más y más mota. Siempre estaba bien drogado, bien prendido, bien fumado, bien pacheco, bien trabado, me la pasaba bien arriba y seguía yendo al parque a trabajar, a tener sexo con hombres por dinero.

△ △ △

Una tarde que llegué a casa, Ariyel y su mamá estaban sentadas en el sofá hablando con la mía; tan pronto las vi, supe que algo estaba mal. Joy solo llegaba a casa para las fiestas de cumpleaños o cuando mi mamá hacía sopes, tostadas o su famoso pozole. Joy se llevaba bien con mi mamá y nunca la culpó por mi comportamiento. Pero por la diferencia de idiomas, Joy no se quedaba mucho tiempo con mi mamá.

Al nomás entrar, Joy me pidió que me sentara.

—No tengo otra opción más que transferirte al programa de diplomas de preparatoria, el Block Program —dijo ella—. Con ese programa vas a poder obtener, a un paso acelerado, los créditos necesarios para que te puedas graduar con tus compañeros de clase. Pero necesito que nos prometas que te vas a esforzar. Ya no vas a tener el mismo horario de clases. Con este programa entras al medio día y sales a las siete de la noche. Tu mamá y yo creemos que es lo mejor para ti. Así tú también te aseguras de que vas a obtener tu diploma de preparatoria.

Como odiaba levantarme temprano y siempre llegaba tarde a clase, imaginé que ese horario iba a ayudarme. Luego Joy agregó:

—También creo que es mejor si no ves a Ariyel por un tiempo. Estás consumiendo muchas drogas y no quiero que ella corra peligro al estar contigo.

Volteé a ver a Ariyel, y ella empezó a llorar.

—Perdón, *Nerd*.

Tan pronto se levantaron para irse, se me llenaron los ojos de lágrimas. Pero no me permití llorar. Apenas les dije:

—Bueno, está bien.

No soporté ver el dolor en los ojos de Ariyel, entonces, mientras ella abrazaba a mi mamá, llorando, yo salí de la casa. Antes de irse Ariyel trató de abrazarme, pero yo no la abracé.

—No seas así, *Nerd*. Sabes que te quiero mucho —dijo.

—Yo sé. Solo tengo que vivir mi vida —le dije, apenas viéndola.

Cuando volví a entrar, mi mamá me vio y solo movió la cabeza.

—¿Qué puedo hacer para ayudarte? ¿Qué puedo hacer, mijo?

—Voy a estar bien, amá —le dije.

La única esperanza que tenía mi mamá era que Joy tuviera razón. Mi amá confiaba en Joy. Y siendo honesto, el Block Program sí me ayudó. Terminaba las tareas antes que la mayoría de los otros estudiantes y, con el tiempo que tenía de sobra, ayudaba a los demás. Y a pesar de que siempre estaba bien drogado, el programa me ayudó a enfocar mi energía en mis estudios, y así pude obtener los créditos que necesitaba para graduarme. Trataba de terminar lo más pronto posible, para así ganar la clase, obtener los créditos que necesitaba y poder empezar la siguiente asignatura. Iba a la escuela para no estar en casa, para comer comida gratis y para estar con mis amigos, pero de nuevo me sentía motivado. Obtener mi diploma de prepa era, de nuevo algo, accesible para mí. Quería graduarme.

El Block Program era un programa diverso y, curiosamente, ahí nadie se peleaba con nadie, porque todos estábamos enfocados en obtener los créditos que necesitábamos para graduarnos lo más rápido posible. Los maestros eran estrictos. Si llegábamos un minuto tarde a clase no podíamos entrar y además perdíamos créditos.

Me volví amigo de una gringa llamada Tina. Tina era chaparrita, y vestía ropa tipo rockabilly y tenía un corte estilo bob corto y flequillo, color negro, como el de Bettie Page. Nos sentábamos a la par, durante las clases. Cada vez que yo entraba a clase oliendo a mota, después de un descanso, ella hacía cualquier cosa para que me riera. Una noche, después de clases, me dijo:

—En vez de irte a tomar con tus compas, ¿por qué no mejor me llevas a mi casa? De camino te llevo a una fiesta. ¿Te animas a hacer algo nuevo?

—Pues sí, le entro, ¿pero a dónde me llevas? Odio las sorpresas.

—No te preocupes. Te va a gustar. Te voy a dar mota de la buena, de Humboldt County. Cuando pruebes de mi mota, la tuya te va a dar asco como si estuvieras fumando sobras secas de hierba podrida.

Me reí y le dije:

—Bueno, vamos, pues.

Tina vivía justo en medio de Hillcrest, el barrio gay de San Diego y a pocas cuadras de la tienda de regalos donde el tendero y sus amigos me violaron por años. Antes de llegar a su casa, pasamos por un bar para lesbianas que se llamaba Flame y donde conocí a un DJ, que era amigo de Tina. En la entrada nadie nos pidió nuestras identificaciones porque ya todos conocían a Tina. La gente se vestía como grafiteros, con *jeans* grandotes y rasgados, camisetas holgadas y *beanies* de colores o gorras de camionero. Algunas chicas tenían un estilo propio, que después la gente llamaría "estilo raver". El DJ puso música *house, deep house* y *soulful house*, y las canciones estaban buenísimas. Los ritmos eran loquísimos. Y la gente se puso a bailar e incorporaba movimientos con los pies, *popping, breaking* y *two—stepping*. Todo era bien divertido. Nunca había estado en un lugar así. Yo resaltaba entre tanto raver con mi ropa de cholo, recostado contra una pared y moviendo la cabeza al ritmo de la música.

Una güera llegó a hablarme y me ofreció un *glow stick*. Le dije:

—Y esto, ¿para qué?

—¿Cómo que para qué? —dijo.

Ella dobló uno de los *glow sticks* y este se encendió. La güera empezó a bailar enfrente de mí con un *glow stick* en cada mano. Movía las manos rápido mientras seguía el *ritmo* de las canciones. Nunca antes había visto a alguien bailar así: moviendo las manos bien rápido para que los *glow sticks* se movieran al ritmo de la música. Estaba cautivado. De nuevo la güera me ofreció un *glow stick* y me pidió que fuera a bailar con ella y sus amigos. Pero le dije que no. La gente que estaba en Flame era parte de un movimiento nacional, aunque poco conocido, de música *house,* de la yo no había escuchado nada hasta ahora.

—A cada rato organizamos fiestas en todo San Diego y Los Ángeles —me dijo Tina sobre la música—. A veces montamos fiestas en clubes, pero casi siempre vamos a bodegas abandonadas con equipo de sonido, DJs, luces y láser, y todo el óxido nitroso, éxtasis y ácido que te puedas imaginar. Deberías ir conmigo un día de estos.

—Yo le entro —le dije, moviendo la cabeza al ritmo de la música.

Mientras fumábamos un poco de mota, Tina me dijo:

—¿Te quieres prender? Tengo éxtasis del bueno.

—Na, estoy bien. Hoy no tengo ganas. Además, no puedo llegar muy tarde a casa y no quiero estar prendido solo en mi casa, si mi familia está ahí.

Tina y yo empezamos a juntarnos seguido. Ella me invitaba a fiestas en *lofts* vacíos, en el centro de la ciudad, donde había un montón de gente consumiendo éxtasis y *candy-flip* e inhalando óxido nitroso. Si no estaba con Tina, estaba en algún hotel fumando cristal mezclado con heroína y bebiendo toda la noche. Cada noche llegaba tarde a casa. Mi pobre amá no sabía qué hacer. Me esperaba despierta todas las noches, aunque tuviera que levantarse a las cuatro y media de la mañana para agarrar el bus de las cinco y media e ir a trabajar. Me esperaba sentada en la sala con todas las luces apagadas. Ella encendía una velita y la ponía enfrente del altar de la Virgen de Guadalupe. Cuando me veía entrar a la casa, y conforme pasaba a un lado de ella, mi amá le daba gracias a Dios y a la Virgencita por haberme traído de vuelta a casa a salvo. Luego iba a apagar la velita y se iba a acostar. Yo me despertaba más tarde, iba a la escuela y hacía lo mismo cada noche.

Algunas noches tenía pesadillas y me despertaba sudando, y ahí estaba mi mamá, rezando a la par mía. Una noche soñé que estábamos recogiendo latas de aluminio en la playa y todos nos reíamos. Fue un sueño muy feliz. Luego se convirtió en una pesadilla. En mi sueño iba caminando por Balboa Park de noche y escuchaba voces gritando a mi alrededor. Los gritos se escuchaban por todo el parque. El tendero estaba detrás de cada árbol, recostado en cada carro, sentado en todas las bancas y dentro de cada carro que pasaba por ahí. Me desperté gritando.

Me desperté, y ahí estaba mi mamá, viéndome, rezando, rogándole a Dios que de nuevo me salvara.

—Ay, amá, es solo una pesadilla —le dije a ella.

Se sentó en la cama, al lado mío, me dibujó una cruz en la frente con sus dedos y rezó el Padre Nuestro y el Ave María, una y otra vez, hasta que me quedé dormido.

Δ Δ Δ

Me gradué la promoción de 1992 de San Diego High School, gracias al programa de diplomas de preparatoria, el *Block Program*. Todos llegaron a verme, hasta Ariyel y su mamá. No me hubiera graduado sin la ayuda de ambas.

Cuando caminaba sobre el escenario, vi que mi amá, Joy, Ariyel y mi hermano me saludaban y aplaudían bien fuerte. Sonreí, pero sentí un vacío, sentía que igual los había decepcionado. Sentía que yo era un charlatán. Que estaba ahí solo porque Joy me había ayudado. Lo único que había hecho era dar la cara y hacer las tareas, pero me recordé que justo eso era lo único que tenía que hacer. Aun así, tenía dudas. Me dieron ganas de estar drogado. Pero me había abstenido de fumar ese día porque quería disfrutarlo de la forma más pura, sin que alguna substancia alterara mi percepción. Sus aplausos me hicieron sonreír de nuevo y ese sentimiento de autocrítica se esfumó. Se sentía bien no estar drogado.

Cuando el director me entregó el diploma, me dijo:

—Prométeme una cosa, que ya no vas a causar más incendios.

—Ya no más incendios. Lo prometo —sonreí. Me acerqué a él y le di un abrazo.

De camino a mi asiento, hice un baile, solo para hacer reír a todos. Y la gente aplaudió y se rieron conmigo.

Después de la ceremonia, todos fuimos a casa de mi amá a comer. Estaba bien contento de que había terminado la escuela. Y estando ahí en la sala, mientras comía con mis seres queridos, me di cuenta de que no tenía ni idea de qué iba a hacer con mi vida. Bajé la mirada, a mi plato de enchiladas; tenía la mente en blanco.

Dije con una voz sombría:

—¿Y ahora qué? ¿Qué voy a hacer? —casi escupí las palabras. Cuando levanté la mirada vi que todos me veían.

Joy sonrió y rápidamente dijo:

—Estamos muy orgullosas de ti, cariño. Fue muy lindo verte hoy recibiendo tu diploma. Levantó su vaso, como para hacer un brindis y dijo:

—¡En honor a Jesse, que se acaba de graduar de la prepa! *Congratulations!*

Todos levantaron sus vasos y dijeron:

—*Congratulations!*. —Mi mamá dijo en su mal inglés:

—¡Congrachuleichons! —y todos nos reímos. Mi mamá se levantó y le dio un abrazo a Joy—: ¡Gracias! ¡Por todo!. —Y se abrazaron bien fuerte.

Luego Joy dijo:

—Mañana vas a City College y te vas a inscribir en las clases de verano para nuevos estudiantes. Hablé con un tal David. Él es el consejero de la oficina de servicios y del programa de oportunidades extendidas, la EOPS. Él te está esperando y te va a ayudar a terminar el proceso de inscripción. Ariyel va a ir contigo. —Luego me vio fijamente—. No me decepciones, Jesse.

El día siguiente, cuando desperté, vi que Ariyel estaba ayudando a mi amá en la cocina. Preparaban mi comida favorita: chilaquiles rojos con carne deshebrada. Me gustaba ver que Ariyel estaba de nuevo en mi casa y que felizmente ayudaba a mi amá. Sabía que su mamá había dejado que Ariyel se quedara a dormir como premio de que me había graduado. Me sentía mal por haberme alejado de Ariyel, pero nos llevábamos muy bien, y ese día fue como que si no hubiera pasado tiempo desde la última vez que nos vimos.

—Báñate y vístete —dijo Ariyel—, así desayunamos y nos vamos para City.

"City", era un diminutivo de San Diego City College, la universidad comunitaria de San Diego.

Fuimos en carro. Entramos a la oficina de EOPS y preguntamos por David. Yo estaba muy callado y no confiaba en nadie. Caminé lentamente viendo hacia abajo y llevaba mi *beanie* hasta la nariz, para cubrirme los ojos.

—¿Qué onda, Jesse? Me contaron que te acabas de graduar. Felicidades —dijo David, y se nos acercó a saludar.

Llevaba puesto una guayabera, unos pantalones de vestir y unos zapatos formales. Era pelón, tenía una barba de candado y caminaba con confianza, como alguien que había vivido en el barrio toda su vida. No esperaba que fuera así. Esperaba ver a un hombre blanco que me iba a decir qué tenía que hacer. David me dio la mano. Cuando le tomé la mano, él pronto cambió y me la choco como *homeboy* y sonriendo me dijo:

—Todo bien, hermano.

Tan pronto nos sentamos, empezamos a hablar en serio. Comenzamos a conversar como cuando hablé con Z sobre lo que quería hacer después de graduarme. David me preguntó:

—¿Te interesa ir a la universidad? Porque si sí quieres ir a la universidad, hoy mismo te podemos inscribir para que ya seas un estudiante universitario.

Volteé a ver a Ariyel y sonriendo dije:

—¿En serio? ¿Así nomás?

—En serio. Así nomás —dijo David—. Te apuntamos para hacer unos exámenes y así ver tu nivel de inglés, de comprensión de lectura y matemáticas. Si sacas buenas notas, puedes saltarte los cursos de nivelación —dijo.

—Órale. ¿Y luego qué? —le pregunté.

—Te recomiendo que curses el programa de EOPS de verano para nuevos estudiantes. Ayuda a los nuevos estudiantes a prepararse para la vida como universitarios. Vas a conocer a otros estudiantes del programa EOPS, hacer amigos y emprender algunos proyectos juntos. Además, por los cursos que realices, vas a recibir créditos. Creo que ya no hay cupo, pero voy a ver qué puedo hacer para inscribirte. Espérame. Ya vuelvo —dijo, y me dejó con Ariyel.

Ariyel volteó a verme y dijo:

—Si puedes estar en ese programa de verano, eso sería lo mejor para ti. Ojalá David pueda inscribirte. Le voy a preguntar si te puede conseguir una plaza de trabajo-estudio, así puedes trabajar dentro de la universidad, cuando no estés en clase, y ganar un poco de dinero. Mi mamá dice que vale la pena.

Cuando David volvió con nosotros dijo:

—Listo. Si llenas los papeles y te comprometes, te puedo inscribir hoy mismo. Vamos. Hagámoslo de una vez.

No tuve chance ni siquiera de pensarlo y ya estábamos de pie. La energía de David era contagiosa. Caminé detrás de él e hice lo que me dijo que hiciera.

—Antes de irte, necesito que te veas en el espejo que está en esa pared y que leas en voz alta lo que dice ahí —dijo David—. Que no te dé pena. Solo léelo. Al leerlo te comprometes conmigo y contigo mismo. La lealtad es clave y nuestras palabras valen oro.

Avergonzado y con una voz grave leí lo que estaba pegado en el espejo que colgaba de la puerta de la oficina de David:

ESTÁS VIENDO EL ROSTRO DE LA PERSONA QUE ES RESPONSABLE POR TU SALUD, ACTITUD, RIQUEZA Y FELICIDAD.

—Gracias, Jesse. Hoy empieza tu nueva vida. Te convertiremos en un estudiante universitario —dijo David, y me dio un apretón de manos bien fuerte. Yo estaba muy orgulloso de mí mismo, y la vergüenza que sentía, después de haber leído lo que estaba en el espejo, se esfumó.

David nos llevó a Ariyel y a mí a la oficina de ayuda financiera y nos presentó a unas mujeres latinas.

—Él es Jesse. Nos vamos a asegurar de que sea un estudiante exitoso y que se gradúe pronto y así luego empiece un programa de cuatro años —les dijo a ellas.

Sus energías me hicieron sentir bienvenido. Me abrazaron y me dijeron que no tenía nada de qué preocuparme, que ellas me iban a ayudar durante todo el proceso. Me explicaron que lo que yo tenía que hacer era dejarlas que me ayudaran, y que su trabajo era no dejar que me sintiera abrumado por el proceso.

Se sentía bien conocer a tanta gente que estaba dispuesta a ayudarme y brindarme apoyo. Estaba abrumado, sí. Pero lo más importante es que sentía bien estar rodeado con tanto apoyo. Me hizo reflexionar lo que había hecho durante mi vida y pensar en las posibilidades. *Tal vez puedo obtener un técnico. ¿Quién sabe? Tal vez un día puedo obtener hasta una licenciatura. La gente como yo no logra hacer eso. Hey, pero uno nunca sabe. Hoy es un nuevo comienzo.* Y así empezó el siguiente capítulo de mi vida como estudiante universitario.

TERCERA
PARTE

CAPÍTULO 13

AmáLola, mi abuela, siempre contaba historias de bandidos, incluyendo bandidos gringos que intentaban entrar a robar a las minas de la familia o acampaban cerca de los ríos que brillaban por estar llenos de oro. Ella decía:

—Esos bandidos y esos gringos no respetaban la tierra o a las personas. Venían a ensuciar los ríos y a robarse lo que podían, y si tenían suerte y no los matábamos antes, salían corriendo como cobardes.

Cuando mi apá era niño ella lo mandaba al río con un balde de hierro para que trajera lodo y con el lodo tapaban los hoyos y las grietas de las paredes de la casa. Cada mañana mi amá Lola miraba el amanecer, cuando iba de regreso de ordeñar a las vacas. Le gustaba ver cómo el sol hacía brillar la casa, cómo la luz les pegaba a las pepitas de oro que estaban incrustadas en el lodo. "Mi casita de oro", decía ella.

En 1921, el papá de mi papá, mi abuelo Roberto, murió de un balazo que recibió mientras peleaba junto al ejército de Pancho Villa, durante la Revolución. Unos días después del

NO ESTOY ROTO

funeral de mi abuelo, luego del novenario, sus primos trataron de tomar las tierras de mi abuelo y las minas de oro que le había dejado a mi abuela. Amenazaron con matarla a ella y a sus hijos, si se negaba. Esa disputa dividió a la familia.

Lola contrató a unos hombres para que protegieran el rancho y las tierras, pero los primos de Roberto secuestraron a Victoria, la hermana mayor de mi papá y pidieron las tierras de mi abuelo a cambio de ella. Pero un día Victoria se robó un caballo y logró escapar. Llegó a hablar con su tío, el general Domingo Arrieta León, y le dijo lo que había pasado. Esta historia fue tan famosa que alguien escribió una canción, un corrido, sobre el secuestro de mi tía e incluso hoy lo cantan en la región.

El general Arrieta León, con la ayuda de unos de sus hombres, llevaron a Victoria al rancho de mi abuela. Luego les ordenó a unos soldados que trajearan a los primos de Roberto al rancho. Hablaron toda la noche. Mi abuela nunca dijo lo que hablaron esa noche. Pero al día siguiente, Lola y su familia se fueron de la Sierra sin aviso y con todo lo que pudieron juntar. Juntó unos caballos para que jalaran una carreta, mi papá iba encima de uno y su hermana encima de otro, y varios caballos más para vender e intercambiar durante el viaje. Abuela Lola liberó a los demás animales. Luego agarró un poco de dinamita, caminó a la entrada de cada una de las minas de mi abuelo, que estaban en los flancos de las montañas, detonó la dinamita y no vio hacia atrás nunca más.

△ △ △

*Nunca supe quién se quedó con las tierras o las minas de
oro. Mi amá Lola, mi apá Ricardo, quien entonces tenía
once años, y mi tía Victoria, de catorce años, dejaron las
montañas y se fueron pa'l norte. Además de los caballos,
se llevaron algunas pertenencias familiares y varias bolsas
llenas de oro en un vagón. Incluso el venado de la familia
los siguió hasta que un día desapareció. De niños nos dijeron que nunca debíamos volver a esas tierras perdidas, que
la gente nos iba a matar por nuestro apellido y por los lazos
que teníamos con esas tierras; que la gente que se quedó con
las minas de oro iba a pensar que habíamos regresado para
tomar lo que una vez fue nuestro.*

*En el norte mi familia se ubicó en Mexicali, cerca de te-
rritorio yaqui. En esa época los yaquis y los apaches asal-
taban y hacían redadas en Mexicali y los pueblos cercanos.
Unos días después de llegar, mi abuela fue al centro de
Mexicali a vender oro, y a intercambiar los caballos por ví-
veres y contratar trabajadores que le ayudaran a construir
una nueva casa. Mi abuela iba con Victoria, pero había dejado a Ricardo con gente del lugar. Cuando regresó la gente
le dijo que una guerrera yaqui había visto a mi apá escon-
diéndose detrás de un árbol, lo agarró y se lo llevó, que lo
habían secuestrado.*

*Mi abuela Lola agarró su rifle, se subió en su caballo
y juntó a un grupo de hombres para ir a buscar a su hijo,
pero no lo encontró. Más tarde ese día, mi abuela volvió*

a Mexicali a juntar unos soldados. Les ofreció oro y el resto de sus caballos a cambio de ayudarle a encontrar a Ricardo. Pero esos hombres no pudieron contra los yaquis. Eventualmente el gobierno intervino para negociar con la tribu y convenció a la mujer que se había llevado a mi papá de devolvérselo a Lola; fueron seis meses de negociaciones. La mujer yaqui había tomado a mi papá porque dijo que él se parecía a su hijo que había sido asesinado. La mujer pensaba que eso le daba el derecho. Ojo por ojo. Mi abuela construyó su casa en esos meses de negociaciones, pero gastó casi todo su oro y vendió muchas de sus posesiones para pagarle a los soldados y al gobierno.

Luego de que Ricardo volviera a casa, y durante tres meses, él hablaba español solo con su mamá y su hermana. A la demás gente les hablaba en yaqui. Mi papá contaba que él intentó escapar, hasta que un día la mujer yaqui le dijo que los mismos hombres que habían matado a su hijo, habían asesinado a ama Lola y Victoria. Los yaquis le dijeron que lo ayudarían a vengar la muerte de su mamá y hermana. Muchos años después, poco antes de morir, y mientras el Alzhéimer tomaba la mente de mi padre, él empezó a mezclar el español con yaqui.

Δ Δ Δ

Empecé el programa EOPS de inmediato. Las clases universitarias eran diferentes a las que había recibido en la prepa. No sentía presión de estar ahí y por eso fue más

fácil ir a clase. La mayoría de los estudiantes tenían trabajos de tiempo completo, unos tenían hijos, otros llevaban
años trabajando y sentían la necesidad de volver a la escuela para mejorar sus situaciones económicas. Sentía que
pertenecía. Los maestros se interesaban por sus estudiantes y hacían preguntas que nos motivaban a todos a participar. Incluso me pedían, igual que a los otros estudiantes
callados, que hablara en clase, que diera mi opinión. Los
profesores querían saber qué pensábamos y les gustaba
cuando compartíamos nuestro punto de vista. Realmente
se esforzaban para asegurar que nadie se sintiera excluido.

Una de mis clases favoritas fue Introducción a la Psicología, porque de tarea la profesora nos pedía observar a
gente en la calle, para entender mejor la psique humana.
Las tareas eran divertidas e interesantes. Una vez la profesora nos pidió entrar a un elevador y tan pronto las puertas se cerrasen, debíamos voltear a ver a la demás gente
y saludarles. Era interesante ver cómo la gente reaccio-
naba: nerviosa o igual de amables. Me hacía pensar en el
mundo que tenía a mi alrededor.

Me fascinaba la psicología del uso de espacio entre culturas y géneros. Disfrutaba observar las interacciones entre hombres, entre hombres y mujeres, y particularmente
entre géneros de diferentes razas. Los hombres usualmente ocupan más espacio, se sientan con las piernas abiertas, mientras a las mujeres se les enseña a ocupar menos
espacio. Y el concepto de una distancia segura varía entre
culturas. En los Estados Unidos, la distancia segura entre

dos personas suele ser la distancia de un brazo. Me di cuenta lo diferente que era mi espacio personal cuando hablaba con otros latinos en comparación con gente blanca. Me gustaba empezar una conversación con gente blanca gringa con la típica distancia segura de un brazo y poco a poco me acercaba a ellos dando pasos pequeños y casi imperceptibles. Me reía por dentro por cómo ellos siempre luego daban pasos hacia atrás. Yo me acercaba y ellos se alejaban. Me sentaba con las piernas abiertas a la par de otros hombres bien grandotes en el cine mientras también empezaba la batalla del poder dejar mi brazo sobre el tope del asiento. Me daba risa ver que cuando dos hombres van al cine juntos, casi siempre dejan un asiento vacío entre ellos.

Disfrutaba los cursos que involucraban temas de raza, clase social, género y sexualidad. Clases como Estudios Chicanos, Estudios Afroamericanos y Estudios Étnicos ampliaron muchísimo mi conocimiento. Aprendí los significados políticos y las connotaciones sociales de palabras como chicano, cholo, pachuco, latino e hispano, y por qué el significado de estos términos varía entre generaciones. Me llamó muchísimo la atención la historia de las prendas de mi comunidad, una historia que me llevó hasta mis raíces indígenas. Aprendí sobre el caló, una jerga del español mexicano, que hablamos muchos de los que crecimos en el barrio y que proviene de la cultura romaní.

Mis profesores le devolvieron la vida a mi deseo por aprender y me motivaron a investigar y a encontrar nuevos intereses. Disfruté volver a la biblioteca y buscar libros que me ayudaran a terminar las tareas; era como cuando era niño. Los profesores me preguntaban:

—¿Y qué piensas al respecto, Jesse? —siempre que hablábamos de eventos históricos o eventos actuales, y me encantaba que me motivaban a llegar a una conclusión propia e interpretar los hechos por mi cuenta.

Poco a poco empecé a sentirme empoderado. Mis profesores me motivaban a que escribiera ensayos y hablara sobre lo que pasaba en el mundo y las cosas que cuestionaba en clase. Por ejemplo, empecé a preguntarme por qué la gente de la mayoría de los países hispanohablantes dicen "¿Qué?" cuando les hablan, mientras que las personas de ascendencia mexicana decimos "Mande" o "Mándeme usted". ¿De dónde viene este lenguaje servil y opresivo? Me enojó darme cuenta cómo con el reemplazo de una sola palabra —de "Qué" a "Mande"— el colonialismo arraigó en mi gente la servitud y sumisión.

Por primera vez vi documentales como *Eyes on the Prize* y aprendí sobre Emmet Till. Leí que el movimiento por los derechos civiles en Estados Unidos consiguió sus objetivos, en parte, por el apoyo de la comunidad judía y otras alianzas interculturales. Particularmente me encantaba aprender sobre la historia de los barrios de Estados Unidos y cómo políticas nocivas, como las renovaciones urbanas, habían puesto autopistas justo en medio de las comunidades de color, destruyendo su poder económico y político. Aprendí el trasfondo racista de las políticas de vivienda. Aprendí que la creación de los suburbios, con la ayuda de la G.I. Bill, concentró la pobreza económica en núcleos urbanos y llevó a muchas ciudades en Estados Unidos a la decadencia. Mi mente era como una esponja que absorbía información.

En la universidad leí por primera vez extractos de libros fantásticos como *Los de abajo,* de Mariano Azuela; *Sus ojos miraban a Dios,* de Zora Neale Hurston, *La próxima vez el fuego,* de James Baldwin y *Yo sé por qué canta el pájaro enjaulado,* de Maya Angelou. Esos son solo unos de los tantos que recuerdo, cuyo don narrativo de estos autores me cambió la vida. Por primera vez, desde que empezó mi abuso sexual, los libros me llevaron a otros mundos. Era un sentimiento embriagante.

Antes de terminar el programa de verano, la universidad me asignó una consejera que era parte del programa EOPS. Al principio tenía dudas. No quería trabajar con ella porque era una mujer gringa de pelo güero, y me recordaba a la psicóloga del programa de asistencia para víctimas y testigos. Llegué a mi primera cita con la consejera caminando con mi postura de siempre y estaba a la defensiva. Ella finalmente fue una bendición para mi vida.

Ruth tenía un tipo de energía que me hacía sentir bienvenido. En vez de preguntarme qué quería hacer con mi vida, Ruth dijo:

—A ver, Jesse, si pudieras viajar a cualquier parte del mundo, ¿a dónde irías?

La pregunta me agarró de sorpresa.

—Ay, no sé. Tal vez Omaha.

—¿Omaha? —preguntó ella, extrañada—. ¿Por qué a Omaha?

Molesto le respondí:

—Obvio que para ver los animales que salen en los documentales.

Sonriendo, y tratando de no reírse, me preguntó:

—¿Como qué animales quieres ver en Omaha?

—Los animales que aparecen en *Mutual of Omaha's Wild Kingdom*. Me imagino que tengan todos los tipos de animales que hay en África.

Ruth sonrió, y no pude más que sonreírle de vuelta.

—Bueno, trabajemos duro para que te gradúes de aquí y así luego te transferimos a una universidad de cuatro años, donde te den la oportunidad de estudiar en otro país y planearemos juntos tus viajes. Si quieres ir a Omaha, África o cualquier otra parte del mundo, podemos trabajar para que lo logres. Podemos buscar cursos de zoología y biología marina, también. ¿Te parece bien?

—¡Órale, me encanta! —dije con entusiasmo y escepticismo.

Me reí mucho cuando supe que en Omaha no había ninguno de esos animales y que Mutual of Omaha solo era una compañía de seguros que patrocinaba los documentales. Pero me agradó que Ruth ni siquiera trató de corregirme.

—Te fue muy bien en las pruebas y te voy a colocar en un programa de transferencias para que entres a la universidad que tú elijas. Pero antes de hablar de licenciaturas, hablemos de lo que te gusta hacer y lo que no te gusta hacer. Dime qué querías ser de grande, cuando eras un niño —dijo Ruth.

Esa pregunta provocó una respuesta extraviada y muy larga, que incluía desde lo pobre que era mi familia a cómo yo quería aprender a nadar para ser un biólogo marino y así limpiar los tanques en Sea World, a pesar de que nunca había visto a un mexicano limpiar esos tanques.

Después de hablar por unos cinco minutos y sin decir algo concreto, Ruth puso su mano sobre la mía y me dijo:

—No te preocupes. Aquí estoy para ayudarte. No tienes que escoger una licenciatura inmediatamente. Empezarás con algunos requisitos generales y luego vemos. También te sugiero que empieces a buscar universidades donde te gustaría estudiar.

—Pero, ¿por qué tan pronto? Apenas acabo de empezar mi primer semestre —le dije.

—Porque nunca es demasiado temprano para empezar y no quiero que te pierdas algunas oportunidades. Necesito que estés enfocado en esto, que trabajes conmigo —dijo Ruth.

—Órale —le dije, levantándome y mientras iba camino a la puerta. De repente me di la vuelta y le dije:

—Entonces, ¿qué tengo que hacer para aprender un oficio? Tal vez tendré que dejar de estudiar para ayudar a mi familia. Yo creo que me iría bien como peluquero, y de paso así conozco a gente *cool*. ¿Qué crees? —le pregunté.

—Okay, pero, necesito que me des tu palabra que no dejaras de estudiar si encuentras un trabajo de tiempo completo.

—Sí, tienes mi palabra. Voy a terminar de estudiar cosmetología, buscar un jale e ir a clase de noche. ¿Te parece bien? Me di cuenta de que quería quedar bien con Ruth.

—Está bien. Te mantendrás ocupado y bien enfocado en tus estudios. ¿Trato hecho?

—Extendió la mano para cerrar nuestro acuerdo.

—Órale, trato hecho.

Sentí algo inexplicable como que había una mejor forma de vivir la vida de la que estaba viviendo. Pero era un adicto y cada vez necesitaba más cristal y heroína para estar bien. En algún punto había cruzado una línea invisible y no había marcha atrás. Físicamente, me estaba deteriorado. Era un esqueleto, a pesar de que yo pensaba que me veía guapísimo. Me metía tanto cristal que pasé de pesar entre 185 y 190 libras (83,91 y 86,18 kilogramos), a 150 libras (68,03 kilogramos). Tenía los ojos y las mejillas hundidos, y seguía yendo a buscar clientes en el parque.

Terminé mi primer semestre y me aceptaron en el programa de cosmetología. Tenía dudas porque pensé que los demás iban a creer que era gay por querer estudiar cosmetología, pero seguí adelante porque ya había hecho un compromiso con mi consejera.

Sin embargo, mientras estaba en la escuela de belleza, me fui para abajo rápido. Hice nuevos amigos y nos drogábamos juntos entre clases. Me aventaba droga hasta que me sangrara la nariz.

La peor parte era cuando se me pasaba el efecto. Entonces trataba de estar drogado el mayor tiempo posible, pero después de pasar hasta tres días sin dormir, las drogas me empezaban a pasar factura. Siempre llevaba lentes de sol porque las luces brillantes me lastimaban los ojos y cuando me daba el bajón tomaba agua y leche. Sentía unos horribles síntomas como de gripe: dolores musculares, calambres estomacales, y estreñimiento y luego diarrea. Luego empezó la depresión y la paranoia; sentía como que todo el mundo estaba en mi contra.

Me convertí en uno de esos drogadictos que había visto años antes en el Santa Mónica Boulevard, esos que andan sin camisa, que se miran bien delgados, desgastados y muy cansados, y yo hacía todo lo posible para que algún hombre desesperado quisiera tener sexo conmigo y darme un poco de dinero. Tan pronto salía del carro de un hombre, brincaba a otro. Cuando juntaba suficiente feria, iba con los adictos al cristal para que me vendieran un poco. Ir a estudiar era lo único en la vida que me mantenía comprometido y con los pies en la tierra.

Una noche un amigo me invitó a una fiesta "rave" en una bodega abandonada que estaba cerca de la frontera con Tijuana, en un área llamada Otay. La bodega estaba en medio de unos *yonkes*, los cementerios de carros destinados a convertirse en chatarra. Noticias de la fiesta recorrieron todo el sur de California. El *map point* de la fiesta, donde encontrabas la información para llegar, era una tienda de discos al lado de una taquería en Chula Vista. Cuando llegamos, vimos docenas de carros parqueados en el estacionamiento. Otros *ravers,* que vestían overoles como los que usan Mario y Luigi de *Mario Bros.* se sentaron a esperar a que alguien abriera la puerta de la tienda de discos. Como las fiestas eran ilegales, el mapa señalaba al lugar donde uno recibía instrucciones para llegar a otro sitio y ahí, se recibía más instrucciones para llegar a la mera fiesta, a la *rave.* Si las personas que daban las instrucciones pensaban que eras policía, te daban indicaciones falsas. En el primer lugar mi amigo y yo nos sentamos junto a un muchacho y dos muchachas que estaban fumando mota. Las chicas rápidamente nos ofrecieron una pipa para que fumáramos con ellas.

—Orale, simon compa. No lo escondan, compártanla —les dije.

—Los hemos visto en otras *fiestas raves.* Se ven bien juntos —dijo una de las muchachas; tenía un corte estilo bob corto, igual a Vilma de *Scooby-Doo.*

—¿Ustedes andan juntos? ¿Son novios? —nos preguntó la otra muchacha, señalándonos; ella tenía pelo castaño y ondulado y grandes ojos entre azules y grises. Su estilo era muy natural.

Mi amigo se rio mientras le dio toque a la mota y le devolvió la pipa a una de ellas.

—No —dijo—, no somos novios. Pero no es la primera vez que alguien nos lo pregunta. No sé por qué piensan que andamos juntos.

El muchacho respondió:

—Creo que es porque son buenos para bailar y responden tan bien a los pasos del otro. Me encanta verlos bailar. Quisiera tener un novio solo para bailar con él como ustedes dos.

—Aw, qué lindo. Pero no, no somos gay. Y tú, ¿por qué no tienes novio? Eres guapito y tienes una sonrisa bien bonita. Pareces modelo italiano —le dije al muchacho y me sorprendí de los cumplidos que le di.

El muchacho era alto y delgado. Tenía el pelo castaño y puntiagudo y con facciones bien definidas, pero lucía como un modelo andrógino con sus labios grandes y una linda sonrisa que resaltaba sus dientes bien blancos.

—Gracias. Eres muy amable.

—No chingues, esta mota está bien buena —dije dándole un toque—. ¿Van a tomar éxtasis hoy? Nuestros amigos fueron a buscar. Vale más que sea del bueno porque quiero aventarme mucho *Candy Flip* hoy —dije, sacándome del bolsillo una bolsa Ziploc con diez cubos de azúcar con LSD envueltos en papel aluminio—. ¿Quieren? Son cubos de azúcar con ácido.

—Nah, no hace falta. Nosotros trajimos también. Pero gracias —dijo Blue (se me había olvidado el nombre de la muchacha y por eso le puse de apodo Blue por sus ojos azules).

Nos llevamos bien. Mientras Blue y yo intercambiábamos números de teléfono, un güey se nos acercó y nos dio direcciones para cómo llegar al siguiente punto en la ruta.

Comparamos los mapas para ver si teníamos las mismas instrucciones y cada grupo se subió a su carro. El siguiente punto era una taquería con autoservicio y ahí teníamos que pedir una bebida de mitad Sprite y mitad agua de Jamaica. Al pagarle a la cajera la entrada a la fiesta, ella nos tenía que dar unas pulseras verdes fluorescentes.

En la *rave* me aventé tres toques de éxtasis y dos de ácido e inhalé unos globos grandotes llenos de óxido nitroso. Al amanecer, el DJ puso una de mis canciones favoritas, *Sunshine on a Rainy Day* de Zoë. Estaba bien drogado, bailando, cuando llegó la policía. Alguien quitó la música de inmediato y luego oímos a uno de los policías hablar por un megáfono.

—Salgan de aquí y váyanse a su casa. No vamos a arrestar a nadie, siempre y cuando todos cooperen.

—Apúrense. Apúrense —se decía la gente entre sí, mientras caminábamos de vuelta al carro.

Ya era de día y había patrullas y policías por todos lados. Tenía miedo de que alguien me delatara porque estaba bieeeen drogado, lleno de éxtasis y ácido y sentía como que todavía iba para arriba. Mis amigos me llevaron al carro y yo me iba riendo.

—¡Hey! —nos gritó uno de los policías. Dejé de caminar y me dio miedo que llegara a arrestarnos—. Asegúrense que ese vaya directo a su casa y que no maneje —dijo, refiriéndose a mí.

Estaba demasiado drogado como para ir a mi casa. Como mi amigo se había aventado tanto cristal que no iba a poder quedarse dormido, dijo que fuéramos a Balboa Park, a pasar el rato con los *ravers* que se juntaban los domingos por la mañana a escuchar DJs, que ponían música con la ayuda de generadores.

Eventualmente las drogas perdieron el efecto, a eso de las once de la mañana, y le pedí a mi amigo que me llevara a mi casa. Al llegar, la puerta estaba abierta. Entré a la casa, pasé por la sala y fui directo a mi cuarto, como había hecho millones de veces antes. Solo que esa vez no me di cuenta de los familiares de México que estaban sentados en la sala. Eran unos diez y todos estaban comiendo. Me vieron mientras iba camino a mi cuarto, caminando como zombi.

Mi tía entró a mi cuarto, a gritarme.

—No puedo creer lo mal que estás. Necesitas ayuda. Te estás matando, Jesse.

—Cállateeeeeee. No tienes que andar gritando —le dije, mientras me levantaba de la cama e iba de vuelta a la sala, a saludar a los demás.

Después de eso fui a la cocina, saqué un galón de leche del refrigerador y le di un gran trago. Volteé a ver a mi mamá y le dije:

—¿Qué? Sí, fui a una fiesta anoche, ¿y qué tiene? ¿Qué vas a hacer? ¡No vas a hacer nada! Lo único que haces es ponerte a llorar.

Esa noche me despertó la voz de mi mamá; ella estaba sentada en una silla al lado de mi cama, rezando con un rosario en las manos.

Suspiré de la frustración y pensé, *Ay, Dios, ya va otra vez con sus pinches rezos*, pero no se lo dije. Le dije:

—Amá, voy a estar bien. Lo prometo. Ya vas a ver.

Me ignoró y tranquilamente siguió rezando. Sentí cuando su pulgar me dibujó una cruz en la frente y me volví a quedar dormido.

△ △ △

Dos días después llamé por teléfono a una de las chicas de la *rave* que me había dado su número. Quería mota de la buena, de esa que ella tenía.

—Emm, hola. Amm, soy Jesse, el de la fiesta de hace unos días. ¿Hablo con la chica de ojos azules?

Escuché su risa.

—¿Azules? Bueno, son más entre verde, azul y color avellana, con un toque de gris. Pero sí, soy yo. Y claro que me acuerdo de ti, Jesse. Me llamo Hope.

Me dio la dirección de su casa y me dijo que fuera. Llegué a su casa, era un condominio de lujo y muy bonito en el segundo nivel de un edificio de dos pisos cerca de San Diego State University. Tenía muebles que combinaban, un sofá seccional, una silla reposera, una mesa de centro de madera y un mueble para el televisor, también de madera, donde tenía una tele bien grande, un VHS y un sistema de sonido estéreo. Había una mesa muy linda en el comedor, a la par de dos puertas que daban a un gran balcón. Hope tenía pinturas en las paredes. Su cocina era grande y limpia, y con un tope de mármol, donde había un *bong* rojo bien alto y una bolsita de plástico llena de mota, justo lo que había llegado a fumar.

Me senté en una de las sillas altas que estaban frente del tope, agarré el bong y le dije:

—Guau, me encanta esto, y esto también.

Agarré la bolsa de plástico, la abrí y olí la mota.

—Guau. Huele bien.

—¿Quieres un poco? —me ofreció, con una gran sonrisa en el rostro.

—Ya que insistes —le dije, riendo, mientras ella buscaba hielos en el congelador. Puso los hielos dentro del bong con un poco de agua fresca, y luego me entregó el bong y un encendedor.

—Éntrale.

Le puse mota al bong y le di un buen toque; disfruté del sabor y cómo de inmediato me relajó. La mota de Hope era de la mejor. No tenía ni tallos ni semillas. Era verde brillante y con brotes pegajosos. Le entregué el bong.

—A ver, vamos afuera —me dijo, caminando hacia el balcón y haciéndome señas para que la siguiera.

En el balcón tenía tres sillas de color café oscuro con cojines crema, una mesa de jardín y alrededor unas plantas. Hope y yo hablamos de nuestras vidas. Veníamos de mundos diferentes. Yo era del barrio, y ella venía de una familia blanca de clase media-alta. En otro momento me hubiera sentido incómodo de estar sentado a la par de ella, pero ella era muy amigable y me hacía sentir bienvenido. Hablamos con fluidez. Una parte de mí se sentía mal de estar ahí, porque ella parecía ser una buena persona y la verdad era que yo solo había ido a su casa para drogarme.

Me quedé ahí con ella y seguimos hablando. Más tarde, cuando estábamos a punto de comer unos sándwiches en la cocina, vi que abrió una gaveta y de ahí sacó un pequeño aparato, una jeringa y una botella pequeñita.

—¿Y eso para qué es? —le pregunté.

—Soy diabética. Me reviso el nivel de azúcar en la sangre tres veces al día y tomo insulina —me dijo.

Usó el aparato para pinchar su dedo y sacar una gotita de sangre. Era la primera vez que veía a un diabético usar una máquina para revisar el nivel de azúcar en su sangre.

La vi fijamente sin decir nada mientras ella leía lo que decía el aparato. Luego lo hizo a un lado, llenó la jeringa con lo que tenía en la botellita, se levantó la camisa y se dio una inyección de insulina. Yo había visto antes a cientos de personas inyectarse heroína, cocaína y cristal, pero por alguna razón, sentía que eso era diferente. Me dio tristeza verla. Le di una mordida al sándwich que ella me preparó y le pregunté:

—¿Hace cuánto eres diabética?

—Desde los cinco años —dijo.

Me mostró las yemas de sus dedos; tras años de pincharse, los tenía llenos de callos.

—Guao, que mala onda —dije, y le di otra mordida al sándwich.

Hope me contó de los diferentes tipos de diabetes que había. Pensé en darle un beso, pero no lo hice. Hope tenía ojos grandes y pestañas muy largas y rizadas. Cuando ella me hablaba sentía que sus ojos me atravesaban.

Cuando me despedí de Hope, unas horas más tarde, le di un beso en la mejilla y le dije adiós. Quedamos de vernos el día siguiente.

Al día siguiente Hope llegó a recogerme a mi casa. Ella vestía *jeans*, unas botas negras marca Doc, y una camiseta blanca. Mi amá estaba lavando platos cuando volteó a ver a la puerta y vio que Hope se acercaba al apartamento.

—¿Y ella quién chingados es? —me preguntó, mientras yo abría la puerta. La presenté.

—Hola, señora. Mi nombre es Hope —dijo ella en un español exagerado, sonriendo y mientras le ofrecía la mano a mi amá. Mi mamá se secó las manos en el delantal que traía puesto y le dio la mano. Se quedaron ambas ahí, en la entrada. Como Hope le habló en español, a mi mamá de inmediato le cayó bien Hope.

—¿Y tú dónde aprendiste a hablar español?

—En la universidad. Pero no lo hablo muy bien.

Mi amá sonrió. La alegría y actitud positiva de Hope era contagiosa.

—Lo hablas re bien. ¿Cuál universidad?

—San Diego State —dijo Hope, y mi amá sonrió aun con más ganas.

—¡Guau! Esa universidad es muy buena. Allí quiero que vaya mi hijo.

Mi mamá nos dio su bendición y nos despedimos. Hope
y yo nos subimos a su Acura negro de dos puertas; el carro
olía y se veía nuevo. Hope me llevó a su deli favorito y me
preguntó que quería comer. Estaba yo frente al mostrador
del deli, cuando le dije:

—No sé. Lo que tú pidas.

—Yo voy a pedir un sándwich de jamón de pavo y *provolone*, con aguacate, lechuga, tomates y mayonesa. ¿Te
gusta el *provolone*? —me preguntó.

No tenía ni idea qué era eso y entonces la miré fijamente, sin decir nada. Luego vi que el hombre que estaba detrás del mostrador estaba muy impaciente. Me sentí bien
pendejo. Hope se dio cuenta rápido de que yo no sabía qué
pedir, así que le dijo al muchacho que nos hiciera dos de lo
mismo. Vi cuando él los preparaba. Cuando tomó el *provolone*, Hope se me acercó y me dijo al oído:

—Ese es el *provolone*. Es un tipo de queso.

Le sonreí. Me acerqué a ella y le di otro beso en la mejilla. Ella sonrió. No me sentí juzgado. Ya no me sentía
como un pendejo. Recibimos los sándwiches y ella nos
llevó en su Acura a un lago que está en las montañas, en
las afueras de San Diego, cerca de un pueblo llamado Julián. Se parqueó cerca de la carretera y ella sacó una cobija de la cajuela. Nos acostamos sobre la cobija, debajo de
un árbol y en un lugar con vista perfecta del lago y las
montañas.

—¿Ya habías venido acá antes? Es mi lugar favorito
cuando quiero alejarme de todo —dijo.

—Pasábamos cerca de acá cuando yo era niño, porque una prima de mi mamá trabaja en una granja de huevos separando los huevos de una yema de los de dos yemas. La granja queda en un pueblito llamado Ramona, que queda por allá —le dije, señalando a la distancia.

—Mi papá fue ingeniero de software. Tiene una casa en Florida a la orilla del mar, con un bote grande, y ahí vive con su nueva esposa y un perro. Después del divorcio mi mamá tuvo que empezar a trabajar y ahora es aeromoza. Y ahora yo voy a la universidad y vivo en un condominio muy bonito —dijo.

Jalé a Hope a mi lado y le di un beso. Sus labios eran suaves. Nuestros labios se abrieron y nuestras lenguas se tocaron. Mientras ella dibujaba mis labios con su lengua, abrí los ojos y luego ella abrió los suyos. Su mirada era penetrante. Volví a cerrar los ojos y me dejé llevar. Mi mente se serenó, me perdí en el beso. Se sentía bien. Se sentía inocente. Sentía que todo era natural, y no forzado. Dejamos de besarnos y nos dimos un abrazo, sonriendo, riendo ahí, debajo del árbol, viendo al lago y las montañas.

—Gracias —dijo ella.

—¿Por qué?

—Solo gracias.

Entendí.

El amor no ve géneros, pensé, y luego le dije al oído:

—Ojalá todo lo demás se sintiera así de bien.

Cuando llegamos a su casa me dijo:

—¿Quieres ver películas y quedarte aquí a dormir?.

—Sí, está bien —le dije, sonriendo.

—Bueno, entonces ten —dijo, y me entregó el teléfono.

—Llama a tu mamá y avísale para que no se quede pre-ocupada.

Nadie antes me había dicho que llamara a mi mamá, ni mucho menos le importaba si hablaba con ella o no. Cuando colgué el teléfono. Hope sonrió y me dio un beso. Fuimos a su cuarto e hicimos el amor por primera vez. Entre nosotros, todo fluyó con naturalidad. No había presión de nada. Nuestros cuerpos encajaron el uno con el otro, se movieron rítmicamente, como si nos abrazáramos, flotando en el agua. Disfrutamos cada roce y aroma con alegría.

Esa noche dormí como un bebé.

CAPÍTULO 14

Pasé unos días trabajando en el parque antes de ir de nuevo a ver a Hope a su casa. Seguía yendo a la universidad, pero era tan, pero tan fácil que eso pasara a un segundo plano cuando empezaba a drogarme e iba a buscar clientes a Balboa Park. Esa noche en la casa de Hope vimos una película animada que se llamaba *The Mind's Eye* y pusimos música house. Coloqué dos hojas de ácido en mi lengua, dejé que se disolvieran y luego me tragué una cápsula de éxtasis.

—¿Quieres una? —le pregunté a Hope, pero ella me dijo que no, entonces me tragué la otra.

La mañana siguiente, cuando desperté, vi que Hope no estaba a mi lado. Vi a mi alrededor y vi que la luz del baño estaba encendida. Me acerqué y vi a Hope sobre un espejo encima del top y con un trozo de popote en la mano, inhalando cristal. Abrí la puerta mientras ella se incorporaba y luego se limpió la nariz —cuando inhaló, ella hizo el ruido que hacen todos los que consumen cuando se avientan una línea de cristal—.

—*Hey,* ¿qué onda? —dijo ella, su voz aguda y siempre amigable.

—Nada —dije—. Todavía tengo sueño y estoy medio drogado. ¿Qué onda? ¿No vas a compartir? —le pregunté.

—Claro. Quería dejarte dormir —dijo, y echó un poco de cristal en el espejo, lo trituró usando su licencia de conducir y luego hizo una línea para mí.

El cristal tenía un tono morado. Sentí ardor cuando la droga pasó por mi nariz y garganta; solo Dios sabe los químicos que había en ese cristal morado.

—¿De dónde sacaste este? Pensé que me habías dicho que no tenías.

—Siempre tengo un poco en un escondite secreto. Esta me la dio un amigo que su especialidad es cristal morado y Hawaiian Ice. La otra semana me va a traer de ese Ice, porque ya vienen mis exámenes finales y sé que me voy a desvelar estudiando.

—Chingado, me tengo que ir a la universidad. No puedo faltar a clase, sino nunca me voy a graduar.

El cristal de Hope era bien fuerte y me dio un montón de energía. La metí a la regadera y juntos nos bañamos; nos reímos y besamos bajo el agua.

—Ya tenemos que salir si quieres llegar a tiempo a tu clase —dijo, intentando sacarme de la regadera.

Nos secamos el uno al otro. Mientras me vestía la vi viéndome desde un espejo. Hope sonreía y yo le sonreí de vuelta.

Mientras íbamos de camino a la universidad, Hope me preguntó:

—¿No le tienes miedo a las drogas? ¿Crees que eres un adicto? Estas consumiendo mucho.

—Na, estoy bien. ¿Por qué? ¿Tú crees que eres adicta? —le pregunté.

—Ja ja ja. No estamos hablando de mí, Jesse. Estamos hablando de ti. ¿De qué crees que estás huyendo? ¿Y a dónde vas cuando desapareces por horas o días y no me llamas?

Volteé a verla con una cara inquisitiva. *¿Por eso me estaba mirando así cuando me vestía? ¿Será que se está enamorando de mí?* Le dije:

—Güey, has de estar bien drogada, porque no tiene sentido lo que me dices. Yo no soy un adicto, igual que tú no eres una adicta. Solo nos estamos divirtiendo. No estoy huyendo de nada. ¿Sabes por qué? Porque me vale madre. Me vale madre todo —le dije, forzando una carcajada.

Hope no dijo nada. Ese fue el principio del final.

Me puse inquieto. Por primera vez me molestaba todo de ella. Me molestaba cómo respiraba. Me molestaba cómo manejaba. Me molestaba sentir su mano sobre mi pierna. ¿Sería acaso porque me importaba Hope, y de repente ella empezó a hacerme preguntas que yo no quería responder? O tal vez tenía miedo de que ella había empezado a darse cuenta de que yo vivía una mentira. A lo mejor tenía miedo a que ella se enterara que yo tenía sexo con hombres, y por eso cambiara su opinión sobre mí. Estaba seguro de que, si Hope conociera a mi verdadero yo, me rechazaría. Quería alejarla de mí, antes de que ella supiera la verdad y fuera ella quien se alejara de mí.

Luego que Hope me fue a dejar a la universidad, vi fijamente su carro mientras se perdía en la distancia. De mi bolsillo saqué la droga de Hope; la tomé mientras ella se vestía. No fui a clase. En vez de eso fui al baño a aventarme toda la droga que tenía y me fui caminando a Balboa Park. Fui a buscar el confort de lo conocido, de lo único que era tristemente claro para mí y que me hacía sentir valorado en este mundo; aquello para lo que era bueno: tener sexo vacío y sin nombre a cambio de dinero.

Esa noche en el parque encontré un gran arbusto entre los árboles. Moví las hojas y me acosté en el suelo. Sentir la tierra en mi rostro me consoló, me dio confort y me hizo sentir conectado a la tierra. Me sentí bien. Me acosté boca arriba y vi el cielo entre las ramas. Empecé a llorar mientras veía el cielo oscuro. Le pregunté a Dios, *¿Por qué? ¿Qué hice yo para merecer esto?*

Ese fin de semana dormí en el parque. Podía haber ido a casa, pero no quería que mi familia, especialmente mi amá, me viera en ese estado. ¿Por qué tenía una vida tan asquerosa, tan deplorable y despreciable? Por las drogas, me degradé a mí mismo a niveles animales y le había robado a alguien que de verdad me quería. ¿Realmente esto era todo lo que la vida tenía para mí? ¿Realmente esto era lo único que iba poder hacer bien: venderme? Los secretos que había guardado por años, esa doble vida, empezó a consumirme de una forma que no había sentido antes. No quería ver a mi familia. No quería que ellos me vieran. No quería que nadie me viera. Quería desaparecer. Quería drogarme tanto como pudiera, hasta sentir como que no existía.

Me escondí en ese arbusto y mi único confort era cuando sentía la tierra debajo de mí. Su olor mezclado con el de las hojas de eucalipto.

No llamé a Hope. No llamé a Ariyel. No llamé a mi amá. Era más fácil estar solo que enfrentarme a mis seres queridos. Unos días después finalmente llamé a Hope. Me preguntaba si ella se había dado cuenta de que yo le había robado su droga. Había cruzado una línea. Me di cuenta de que sí era un adicto. Ella tenía razón.

Le pedí que me fuera a recoger y me sentí bien cuando me dijo que iba en camino. Cuando íbamos de vuelta a su casa, hablamos como si nada. Ella era la de siempre: amable, cordial, muy alegre. Me quité la ropa, la puse en la lavadora y luego me metí a bañar. Cuando salí de la regadera vi que Hope estaba en la cocina, preparando café. Intenté abrazarla por detrás y darle un beso en el cuello, pero ella se ocupó alistando la máquina para hacer expresos. Se volvió distante y fría. Dejé mis brazos alrededor de su cintura.

—¿Y por qué me llamaste? —me preguntó—. ¿Pensaste que podías venir otra vez a robarme? Confié en ti, Jesse —dijo, y se hizo a un lado, lejos de mí y me vio con los ojos llenos de lágrimas.

Reconocí esas lágrimas. Esas lágrimas significaban que la había decepcionado, que la había traicionado, que le había hecho daño, que estaba triste.

Usé el único primer mecanismo de defensa que conocía: la ira. Le dije:

—Bueno, ¿y qué chingados querías? Ya me estaba dando el bajón y tú tenías más que suficiente. Además, tienes dinero. ¿Por qué estás tan encabronada?

Caminé a la sala y me senté en el sofá. Sabía que me había comportado como un idiota.

—Ese no es el punto. Confié en ti, Jesse, y me engañaste. Me traicionaste. No está bien que vengas a robarme solo porque crees que tengo dinero —me gritó, siguiéndome a la sala y se sentó enfrente de mí.

—Ahora me largo y te compro más. No mames, ¿cuántas veces tú y tus amigos se han drogado con mi droga y yo no les he dicho nada? Voy a ahora y te consigo —le grité.

Me levanté y caminé a la puerta, dando zapatazos y de repente sentí cuando Hope me agarró la mano con cariño y cuidado.

—Cuando la gente toma algo prestado, usualmente lo piden antes. Tú no me pediste nada; tú solo lo tomaste. Eres un adicto, Jesse y necesitas ayuda. Consumes más drogas que cualquier otra persona que conozco, pero por alguna razón te va bien en las clases. Desapareces por días y nadie sabe a dónde vas o qué haces. Mírate. Te estás matando. Estás muy pálido y tienes ojeras. Déjame ayudarte —me suplicó.

Me reí en su cara.

—Dices que soy un adicto, pero tú te drogas conmigo. No serás tú la que tiene un problema.

—No te digo esto porque quiero pelear contigo —dijo—. Me importas y quiero ayudarte. Es en serio.

Vi en sus ojos amor, amor genuino, preocupación y el deseo de ayudarme; era la misma mirada que había visto en los ojos de mi amá y Ariyel, pero cada vez con menos frecuencia.

Le mentí a Hope. Le dije:

—Sé que hablas en serio, mi amor. Te amo. Voy a consumir menos. Lo prometo. Solo voy a fumar mota y ya. Prometo que voy a cambiar. —La abracé y le di un beso en la frente, y sabía que no le estaba diciendo la verdad—. Te amo, mi amor.

Mientras la abrazaba y tenía su cabeza sobre mi hombro, no pude aguantarme más y empecé a reírme, a burlarme de ella.

—Chingado, soy bueno. Mírame. Te creíste todo lo que te dije. No mames, supongo que tienes la razón. Seguro, sí soy un drogadicto. —Empecé a reírme con más ganas—. Te lo prometo, *baybeeee* —le dije, hablando con acento chicano, arrastrando las palabras igual que hace Cheech en *Cheech & Chong*—.Ya no me voy a drogar, carnalita. Te lo prometo, ey. —Me tiré sobre el sofá, riéndome a carcajadas.

Hope me vio con cara de asco, y muy enojada se fue a la cocina. Cuando volvió aventó el libro de páginas amarillas sobre la mesa, enfrente de mí.

—Ten. Busca 'adicción a las drogas' o algo así. Tienes que hacer algo para dejar esto. Si no haces algo al respecto, te voy a pedir que ya no vengas por aquí y que dejes de llamarme.

Hice lo que me dijo. Me reía mientras volteaba las páginas. No recuerdo bien qué estaba buscando, pero recuerdo haber llamado a un número de Narcóticos Anónimos (NA). Me reí todo el rato, haciendo todo menos como si fuera una broma, a pesar de que muy adentro de mí sabía que lo que me había dicho Hope era cierto.

Alguien contestó mi llamada y dijo:

—Narcóticos Anónimos. Mi nombre es Boozer y soy un adicto. ¿Cómo te puedo ayudar?

—Ah, sí, este. Mi novia cree que soy un adicto, *holmes*. Me dijo que llamara a alguien y pues llamé —le dije, riéndome nervioso.

El hombre tenía una voz bien grave y era buena onda. Me dijo que entendía lo que le había dicho. Me sugirió que fuera a una reunión de NA esa noche. Me dijo a qué horas y dónde era. No estaba muy lejos de la casa de Hope, y que empezaba en menos de una hora. Hope me pidió que me subiera al carro. No pensé que estaba hablando en serio, pero ella insistió, me ordenó que me subiera al carro con ella y le hice caso.

Llegamos a un parque mal iluminado que pertenecía a una vieja iglesia y ya era de noche. Vimos a un grupo de gente afuera de la iglesia, fumando cigarrillos. Luego caminaron en dirección a lo que parecía ser el sótano de la iglesia, a un lado del edificio. Esperamos unos diez minutos y luego le pregunté a Hope:

—¿Y ahora qué? Como que ya empezó la reunión. ¿Quieres que entremos o no?

—Sí, vamos. Entremos. ¿Estás listo?

—No, no estoy listo, pero ni modo. Ándale, vamos a ver qué pedo —dije, y suspiré; estaba nervioso.

Caminamos hacia la luz que salía del sótano; las puertas estaban abiertas. *¿A qué chingados vine a meterme?* pensé. Mientras mirábamos dentro, me bajé el *beanie* casi hasta la nariz. Llevaba puestos unos Dickies color caqui y una camiseta blanca. Caminamos despacio y no sabíamos qué hacer.

Adentro la gente estaba sentada en círculo y escuchaban atentamente a un hombre blanco con barba de candado. No entendía bien lo que decía ese güey, y yo estaba más preocupado por cómo me veía y quién estaba ahí, viéndonos. Hope y yo debimos habernos visto como un par de conejos perdidos, oliendo todo. Una mujer de pelo color rojo fuego, con fleco estilo *rockabilly* y llena de tatuajes, nos hizo señas para que nos sentáramos a la par de ella. Nos les acercamos y tomamos dos sillas; eran de metal, de esas que se doblan. Nadie hablaba. Todos escuchaban al hombre hablar. Vi a mi alrededor y me recosté sobre mi silla con los brazos cruzados, con la barbilla pegada al pecho y viendo al suelo con cara de pocos amigos. De vez en cuando levantaba la mirada para ver a mi alrededor desde la orilla de mi *beanie*.

Intenté ponerle a atención al güey que estaba contando su historia. Escuché que dijo que todos eran bienvenidos a esa reunión y que no importaba la edad o si alguien era gay o heterosexual o bisexual, o si eran personas blancas o afroamericanas o lo que sea, o si profesaban alguna religión o no. El hombre me miraba fijamente. De inmediato pensé que no era cierto lo que había dicho y que solo lo decía porque yo era el único joven chicano ahí. Volví a bajar la mirada, pero seguí escuchándolo. El güey contó historias muy locas de su vida. Cuando empezó a contar experiencias dolorosas, la gente empezó a reírse. Yo sonreí también, porque me sentía identificado, pero me aguanté la risa —yo creía que era demasiado *cool* como para dejar que alguien me viera reír o sonreír—.

Luego que él habló de su consumo de drogas, empezó a explicar cómo fue que dejó las drogas y cómo era vivir sin ellas. Dijo que sintió esperanza. Conforme lo escuchaba hablar, sentí una sensación de confort. Un pequeño rayo, una vela apenas prendida, empezó a arrojar su luz dentro de mi ser. Luego sentí algo indescriptible y empecé a llorar. No solo dejé salir un par de lágrimas. Empecé a llorar con desesperación y me incliné hacia adelante. Puse mi cabeza entre mis rodillas y me agarré el rostro y lloré. Mis lágrimas formaron un pequeño charco en el suelo. Hope tenía su mano en mi espalda. Nadie se levantó a tocarme o intentó a sostenerme. El hombre no dejó de hablar. Nadie me dijo que me callara. Nadie me dio un pañuelo o algo para secarme las lágrimas. Me permitieron llorar y lloré.

Algo mágico ocurrió en esa reunión. Sentí por primera vez, en mucho tiempo, que estaba en el lugar correcto. Me sentía identificado con todo lo que el hombre dijo, y vi que otros también se sentían reconocidos. A lo que me refiero es que solo quienes hemos vivido esa misma vida de locura y desmadre de la que hablaba ese hombre, podríamos identificarnos con una historia y encontrar humor en ella.

Cuando la reunión terminó, todos nos levantamos y juntos formamos un círculo. Dos personas tenían los brazos sobre mí y yo me quedé ahí parado, con lágrimas secas en el rostro y con los brazos colgando a los lados de mi cuerpo. Juntos hicieron una oración que no había escuchado antes. Dijeron que se llamaba *The Serenity Prayer*: la Oración de la Serenidad.

Dios, concédeme la serenidad para aceptar las cosas
que no puedo cambiar,
valor para cambiar aquellas que puedo,
y sabiduría para reconocer la diferencia.

Era una oración tan hermosa y simple. Después de eso, la mujer de pelo rojo fuego se presentó y nos dio el calendario de las reuniones y apuntó su número de teléfono. Luego le hizo señas a dos hombres, que ya estaban acercándose a nosotros. Cuando la mujer nos presentó, les ofrecí la mano, pero uno de ellos me agarró y me dio un gran abrazo.

—Acá nos damos abrazos.

El hombre que habló durante la reunión llegó a presentarse. No le puse atención cuando nos dijo su nombre, porque seguía sorprendido con que el otro güey me hubiera abrazado de una manera tan acogedora y no sexual.

El hombre que compartió era más bajito que yo. Lucía de unos cuarenta años, tenía un cuerpo promedio y parecía italiano. Su pelo era negro y usaba una gruesa barba de candado.

—Bienvenidos —dijo, y escribió su nombre y número de teléfono en el calendario que me había dado la mujer del pelo rojo fuego. Después me enteré de que no era un orador pagado por estar ahí, sino que era un tipo común que había llegado a contar su historia, como todos los demás. No recuerdo mucho de esa reunión, más que todos nos dieron la bienvenida, y que abrazaban mucho. Luego alguien me sugirió que fuera a noventa reuniones en noventa días y que no me drogara entre asistir a esas reuniones.

—¿Y qué son esos pasos de los que estabas hablando? ¿Y qué es eso del padrinazgo? —le pregunté al que compartió—. ¿Alguien me va a dar dinero, o pagar, como hacen los que apadrinan en un equipo de deportes? Si así es, ¿cómo encuentro a alguien que me pague? ¿Así es como funciona esto?

El hombre se rio y dijo:

—De momento, solo ve a las noventa reuniones en noventa días y no consumas drogas entre atender a esas reuniones. Un padrino, o una madrina, es alguien que te va a guiar a lo largo de esos doce pasos. Y no, nadie te va a pagar dinero. Y tampoco tienes que pagarle a nadie. Solo ven todos los días y todo va a empezar a tener sentido. —Tomó el calendario que tenía en la mano y marcó en círculos las reuniones a las que él iba.

Me dijo:

—Ten, estas son las reuniones a las que me gusta ir. Ven a verme y te presento a algunas personas, incluso a unas que se parecen a ti.

—Pero… soy muy joven. Mírame. Soy latino y tengo dieciocho años. Tú eres un hombre blanco y estás bien ruco. Acá no hay jóvenes como yo —le dije.

El hombre se rio como que si ya hubiera escuchado eso antes, me dijo que no me moviera, y caminó hasta donde estaba una mesa y tomó un panfleto.

—Ten, lee esto.

El panfleto tenía información sobre cómo era ser joven y estar en recuperación. Luego agarró un libro azul bien grueso, me lo entregó y dijo:

—Lee este también. Te va a gustar. Pero no empieces al principio. Primero lee las historias que están al final del libro. Esas historias las escribieron adictos para que las lean otros adictos.

—Pero yo no soy un adicto —le dije—. Al menos creo que no soy un adicto, todavía no.

Sonrió y me dijo:

—Solo léelas. Yo te compro este libro, si me prometes que un día vas a comprarle este libro a alguien más. Te veo en la reunión de mañana.

En camino a casa sentí como que un gran peso se me había quitado de encima. Me sentía bien ligerito. No me sentía vivo o libre, pero sí me sentía diferente. No había pajaritos azules volando ni cantando al mi alrededor, pero algo se sentía como que todo iba estar bien. Le pregunté a Hope si ella me podía llevar a la próxima reunión.

—Sí —dijo ella.

CAPÍTULO 15

Fui todos los días a las reuniones y no me drogué por once días. Estaba enfermo, exhausto y me estaba desintoxicando. Estar sobrio era algo bien difícil para mí. Los síntomas eran horribles: temblaba, tenía sudores fríos, dolores de cabeza, dolores musculares, calambres estomacales, estaba irritable, me costaba dormir y sentía como que tenía gripe. Al menos, al mantenerme ocupado yendo a clases y a las reuniones, pude evitar un poco de la tristeza y depresión. Y aun así no me drogué por once días.

Fue en febrero de 1993. No necesariamente sentí como que fuera parte del grupo, pero me gustaba escuchar las historias de la gente, a pesar de que todos eran mucho mayores que yo y que la mayoría eran blancos. Luego un viernes unos amigos me invitaron a ir a un club en Los Ángeles.

Ni llegué a Los Ángeles. Me quedé en el cuarto de un amigo, con las cortinas cerradas, escuchado música y consumiendo cristal, fumándolo de un bong de vidrio y aventándome líneas de cristal también. Pero no me pude quedar despierto. Me aventé unas diecisiete líneas de cristal, cada

una tan larga como un lápiz nuevo. Me aventaba una línea, me daba sueño y me aventaba otra línea. Pensé que mi
cuerpo estaba acostumbrado a recibir un montón de droga,
pero la verdad es que no me había drogado en casi dos semanas. No entendía qué pasaba. Y a pesar de que no sentía
todos los efectos de las metanfetaminas, sí me sentía arre-
pentido por haberme drogado. No recuerdo cómo llegué
a mi casa ese día, pero me desperté y ya era domingo y me
sentía horrible. Me dolía todo el cuerpo otra vez y sentía
vergüenza y culpa por haber consumido.

Pasé once días sin consumir drogas. Fue un largo tiempo para mí. Había sido lo más que había pasado sobrio desde hacía años, y había tirado todo ese esfuerzo a la basura.
Pero ya que había pasado once días sin consumir drogas,
sabía que era posible dejar las drogas. Llamé a Hope y le
dije que me había drogado. Me dijo que todavía me amaba,
que ella aún estaba sobria y que había ido a las reuniones
los dos días que yo había faltado. Se ofreció a llevarme a la
reunión de ese día. Esa noche fue la primera vez que conté
mi historia.

—Ya estoy harto de drogarme —dije.

Luego les conté, a los que estaban ahí en la reunión,
que sentía que no pertenecía y como que era diferente a los
demás porque yo era joven, y que a las reuniones a las que
había ido no había otros jóvenes como yo. No sabía que estaba haciendo lo que casi todos hacen cuando recién empiezan un proceso de recuperación: me estaba enfocando
en las diferencias, en vez de las similitudes. Durante los

próximos doce días, fui a una reunión al día y me enfoqué en encontrar a un padrino para que me ayudara con mis doce pasos. La gente me recomendó ir a una reunión en el barrio, donde iba a ver mucha gente como yo. Hope y yo fuimos a esa reunión. *The barrio meeting* —La reunión en el barrio, así la llamaron—, fue un sábado por la noche en una iglesia rosa, cerca de Chicano Park, al sureste de San Diego en Logan Heights.

El lugar estaba llenísimo. Había un montón de hombres llenos de tatuajes que parecían cholos e iban con su ropa bien planchada y estaban fumando cigarrillos afuera de la iglesia. Parecía como que habían pasado un buen rato en la cárcel. Había unos hombres negros con ropa planchada, pero vestidos al estilo gánsters de los barrios afroamericanos de California, también fumando afuera. Y había unos tres o cuatro hombres blancos fumando a la par de sus Harleys, algo que me sorprendió porque nunca antes había visto a gringos con Harleys en el barrio. Parecían de esas bandas de motoristas. Nunca había visto cholos, negros y gringos en el mismo lugar sin que se estuvieran peleando. Me puse nervioso cuando empezamos a caminar. Apreté los puños y empecé a mirar sobre mis hombros.

De repente escuché a uno de los chicanos llamándome.

—*Hey, Jesse!* ¿Qué onda, ese? —ya había visto a este hombre en otras reuniones, pero no pensé que supiera mi nombre.

Nos hizo señas a Hope y a mí para que nos acercáramos a él y nos presentó a los demás. Todos me abrazaron con entusiasmo y por supuesto sentí raro abrazar así a unos cholos vestidos de gánsters. Todavía no me había acostumbrado a que la gente de las reuniones me abrazara tanto.

—Bienvenido, *homeboy* —dijeron todos.

Antes de que empezara la reunión, una mujer, que habíamos conocido en otra de las reuniones, nos preguntó que cómo estábamos y le dije que necesitaba encontrar un padrino para empezar a tomar esos famosos doce pasos. Hope dijo:

—Bueno, yo tengo a alguien en mente para mí y le voy a preguntar la próxima vez que la vea, pero Jesse no ha encontrado a nadie con quien sentirse identificado. Tal vez acá conoce a alguien, ¿no?

—Bueno, ¿y qué estás esperando, compa? —dijo la mujer—. Hay muchos veteranos acá hoy, entonces no va a ser difícil que encuentres a alguien.

Empezó la reunión con felicitaciones de aniversario. Había un hombre afroamericano bien musculoso que parecía gánster, y con la ropa bien planchada que ese día cumplía seis años de estar sobrio. Compartió su mensaje y fue bien contundente. Dijo que creció en el barrio y que había estado en pandillas, estuvo varias veces en la cárcel y le tocó lidiar con problemas raciales, pero que aun así había logrado mantenerse sobrio todos esos años. Daba la impresión de ser duro e hiper-masculino. Su porte y comportamiento me recordaban a mí mismo. Era, pues, la armadura que yo usaba para evitar que la gente conociera a mi verdadero yo.

Después de él pasó un hombre latino con rasgos indígenas y que llevaba pantalones de vestir y una guayabera bien planchada; él celebraba trece años de estar sobrio. Hablaba con un acento chicano y con calma, y eso me gustó. Cuando contó su experiencia, él sonrió y se rio y me hizo pensar que él era como un tío que nunca tuve. Proyectaba tranquilidad y sabiduría.

—Él es —les dije a Hope y a la amiga que estaba con nosotros—. Ese hombre Chicano es al que le voy a pedir que sea mi padrino.

No le puse atención a nada durante la reunión porque pasé todo el rato pensando en cómo le iba a pedir a ese hombre que fuera mi padrino. Nunca había hecho algo así antes. No acostumbraba pedir ayuda y tenía miedo que me dijera que no. Tampoco me gustaba llegar a hablarle a gente que no conocía y presentarme. No era algo que hacía con naturalidad.

Cuando terminó la reunión y estaba armándome de valor para ir a hablarle al hombre chicano, la mujer que se sentó con nosotros al inicio me fue a hablar.

—¿Por qué no pides al hombre negro que acaba de celebrar seis años sobrio que sea tu padrino?

—¿Qué? No mames. ¡No, él no! ¿Cómo me va a ayudar ese güey? Si soy un chicano del barrio —le dije.

—Creo que deberías ir a hablarle, en serio —dijo—. Ya sabes cómo andar con chicanos. Creo que no quieres ir a hablarle a él porque te recuerda a ti mismo. Pero es tu decisión.

Se llevó a Hope a un lado y me dejó ahí, en medio del salón.

—Chingado —dije, suavecito. Estaba más confundido, frustrado y nervioso que antes. ¿A quién le iba a pedir que fuera mi padrino?

Luego escuché la voz de alguien a la par mía:

—*Hey*, ¿qué onda, *lil man*?

Era el hombre negro que acaba de cumplir seis años sobrio.

Sin pensarlo, y viendo hacia abajo y con los brazos a los lados, suspiré y dije:

—Chingada madre… Ey, *holmes*, mi amiga, esa de allá, dice que debería pedirte a ti que seas mi padrino pero si tú no quieres, está bien. No hay bronca.

Tomó un lapicero y uno de los calendarios que estaba sobre la mesa frente de él, me los dio, y dijo:

—A ver, anota mi número de beeper y el número de mi casa. Si en verdad quieres que sea tu padrino, entonces me tienes que llamar todos los días, por un mes. Así empiezas a crear el hábito de hablar conmigo. Si no te contesto, a lo mejor estoy en una reunión de trabajo, pero me puedes enviar un mensaje y te devuelvo la llamada en menos de una hora. Llámame mañana y vamos a empezar con el primer paso. ¿Te parece bien, *lil man*?.

Estaba bien encabronado, pero igual le dije que sí. "Sí, está bien".

Me dio un abrazo y me preguntó cuál era mi nombre. Me presentó a otras personas que estaban por ahí, dijo:

—*Hey*, todos, este es el *lil man* Jesse. Me acaba de pedir que sea su padrino, entonces si lo ven en alguna reunión, pregúntenle si ya habló conmigo ese día.

Todos se rieron y me abrazaron. Estaba tan metido en mi cabeza que se me olvidó felicitarlo por su sexto aniversario.

Los próximos días lo llamé. Lo llamé. Y lo volví a llamar. Le mandaba un mensaje a su beeper y si no me devolvía la llamada en diez minutos, entonces llamaba a su casa. A veces su esposa contestaba el teléfono, y si no había nadie en la casa, entonces dejaba un mensaje. Si no me llamaba en una hora, volvía a mandarle un mensaje a su beeper y volvía a llamarlo a su casa y volvía a dejar otro mensaje. Era muy persistente. Me dijeron que tenía que seguir mi recuperación de la misma manera que buscaba conseguir drogas, y así lo hice. Como parte del primer paso, mi padrino me dio unas tareas. Y cuando lo llamaba, nuestras conversaciones eran algo así:

—Hola —decía él.

—*Hey, holmes*, no vas a creer lo que me pasó… —y bla, bla, bla y le empezaba a contar una lista de cosas malas que me habían pasado ese día, pero él me interrumpía, decía:

—Espera, Jesse. Espérate. Deberías empezar la llamada diciendo: 'Hola, padrino, ¿cómo estás?', antes de empezar a hablar de ti. Eso significa ser cortés. ¿Ya hiciste alguna de las tareas que te asigné?

—No, no pude porque… —y empezaba otra vez a hablar como loco y él otra vez me interrumpía y decía:

—Para. Para. Para. Primero, quiero que escribas por quince minutos para ver qué logras sacar y luego me llamas. Antes, y al terminar de escribir, quiero que digas la Oración de la Serenidad. Y de repente colgaba el teléfono.

Y luego yo pensaba: *¿Por qué chingados le pedí a este hijo de la chingada que fuera mi pinche padrino? ¡Y me colgó el cabron! Que se vaya a verga el güey.*

Después respiraba hondo, recitaba la Oración de la Serenidad y aunque seguía bien encabronado, sacaba un cuaderno y empezaba a escribir. Después de escribir como por una hora, volvía a llamarlo y él de inmediato me decía:

—¿Hiciste tu tarea?

—Sí, hice mi tarea —contestaba con agriedad.

—¿Te sientes mejor? ¿Ves todo con más claridad?

—Sí

—*Okay*, ¿y hoy cómo estás? ¿Sigues sobrio?

—Sip. Sigo sobrio.

—Y por eso hoy es un día maravilloso —decía él, y hasta entonces empezábamos a platicar.

Así fue durante los primeros doce días. Lo llamaba todos los días. Iba a las reuniones con Hope todos los días. Escribía un poco todos los días. Y empecé a sentirme mejor físicamente. Pero no importa a cuántas reuniones iba o a cuánta gente en recuperación conocía, igual me sentía incomprendido. Más que todo me sentía diferente porque después de clases, y antes de las reuniones, seguía yendo al parque a buscar clientes.

Lo único que era conocido para mí era el trabajo sexual. Era lo único para lo que era bueno. Y ganaba dinero haciéndolo. A pesar de que la gente me decía que no me reprochara por mi recaída, me juzgaba a mí mismo y sentía que no era capaz de mantenerme sobrio. Muy adentro, sentía que permanecer sobrio era algo para la demás gente, que yo no era capaz de lograr algo así. *I was too broken.* Estaba demasiado roto.

Le conté a amigos de la universidad que estaba yendo a reuniones de Narcóticos Anónimos y que iba a intentar eso de la recuperación, y todos me apoyaron. Prometieron que no me iban a vender drogas, aunque se los suplicara.

Mi amá estaba recontenta, porque las noches que no me quedaba a dormir en la casa de Hope, ella me iba a dejar a la casa después de las reuniones. Mientras mi mamá veía sus telenovelas mexicanas, yo me sentaba en el sillón a escribir en mi diario. A ella le gustaba tenerme cerca, pero yo no sabía de qué hablar con ella y era incómodo estar en silencio. Al final tuve el valor de decirle a mi amá que estaba yendo a Narcóticos Anónimos, a pesar de que sentía que la iba a decepcionar. Yo estaba decepcionado de mí mismo. Yo era su hijo, pero también era un drogadicto, sobreviviente de abuso sexual que tenía ir a esas reuniones porque no sabía cómo vivir sin consumir drogas.

No le hablé a otras personas para preguntarles si lo que yo sentía era normal. No sabía que la depresión, ansiedad y el sentirse abrumado eran síntomas del proceso de desintoxicación; por eso es que mucha gente va a centros de tratamiento estructurado para dejar las drogas y dejar de tomar alcohol. Las reuniones empezaron a volverse aburridas y yo seguía pensando, *¿Así va a ser el resto de mi vida? ¿Reuniones, café, cigarros y juntarme después de las reuniones con un montón de rucos en los mismos coffee shops y hacer las mismas chingaderas todos los días? No hay gente de mi edad, solo Hope. Apenas y tengo dieciocho años.*

Además, había un montón de pendejos en las reuniones que me decían estupideces como:

—Eres demasiado joven como para ser adicto a las drogas. Ve a meterte más drogas y regresas hasta que seas un adicto de a de veras.

Otros me decían:

—Se me ha caído más droga de la que tú te has metido —y se reían de mí.

La verdad es que no todos los que están en recuperación son amables. Cuando me decían esas cosas me enojaba mucho. Era como que si para estar ahí con ellos, tenía que probarles que yo era un adicto bien adicto.

A pesar de que llamaba a mi padrino todos los días, me costaba no drogarme. Recé para que ya no tuviera esa obsesión, pero las ganas de drogarme seguían ahí. Todos los días tenía ganas de consumir. Cuando estaba en clase literalmente tenía que sentarme sobre mis manos para no salir corriendo a consumir con mis amigos.

Cada día me enojaba más y me ponía más ansioso. Me frustraba el hecho de que tenía que dejar de consumir drogas a una edad, donde la mayoría de gente "normal" ni siquiera había probado una cerveza. Pensaba que sin las drogas y el alcohol mi vida iba a ser aburrida. Me preguntaba a veces, *¿Será que voy a poder fumar mota otra vez?*

A veces la gente en las reuniones me decía:

—Tienes suerte de estar aquí a tu edad. Hubiera querido dejar todo cuando yo tenía dieciocho años.

Pero eso me hacía sentir como que estaban siendo condescendientes conmigo y entonces yo les respondía:

—No mames, pues tú tienes suerte de haber dejado todo a tiempo, porque con todo lo que me metía, yo no hubiera llegado a tu edad.

Mi padrino a veces me decía:

—Solo por hoy, Jesse. No consumas hoy. Te puedes drogar mañana. —Y eso me mantenía motivado de cumplir un día más, de avanzar un día a la vez.

El 11 de marzo de 1993, durante una reunión, vi fijamente a cada una de las personas que estaban en la reunión e hice una lista de razones de por qué no pertenecía ahí. Los organizadores habían apartado tiempo al final de la reunión para los que le llaman un deseo ardiente, o sea para que alguien pueda compartir con el grupo si es que tienen ganas de consumir drogas, de lastimarse o lastimar a alguien más. No levanté la mano. No quise decirle a los demás que quería ir a drogarme. No les dije que me costaba abandonar mi estilo vida. No les dije que buscaba cualquier pretexto para volver a consumir.

Me quedé para rezar la Oración de la Serenidad, me quedé ahí parado al terminar, esperando a ver si alguien me invitaba a ir a algún lugar. Hope no estaba ese día porque había ido con su madrina a una reunión para mujeres. Hope creó una red de mujeres para que la apoyaran durante su recuperación, y yo estaba celoso de ella. Yo todavía no tenía amigos en recuperación con quienes salir. Decidí que era porque yo era latino, y que era más fácil para ella porque era blanca y bonita. Nadie se ofreció llevarme a casa y ninguno me dijo que fuéramos a tomarnos un café. No importaba que había puesto una cara de "no se metan conmigo y ni me vengan a hablar", porque igual sí quería que alguien se acercara a mí.

¡A la chingada! No necesito a esta pinche gente o estas reuniones, me dije a mí mismo esa noche y salí a la calle.

Me sentía vacío. Me sentía solo. Eran las ocho de la noche y de camino a casa un carro pasó a la par mía, bajó la velocidad y dio la vuelta en U. El carro era un Trans Am rojo y se detuvo justo enfrente de mí con las ventanas abajo. Dentro estaba un hombre de unos cuarenta años, tenía rastas y una barba de candado. Me preguntó que si quería ir a fumar mota con él. No lo conocía, pero de inmediato supe que ese güey quería sexo. Pensé qué hacer por un segundo y luego, como en piloto automático, agarré la manija de la puerta, abrí la puerta y me subí al carro.

Me entregó un churro, pero le dije que no.

—Na, no vi cuando lo preparaste. Dame la mota y unos Zig Zags y yo me preparo mi propio churro.

Me dio una bolsa de mota y unos papeles. Hice un churro bien gordo y empecé a fumar. Tan pronto le di el primer

JESSE LEÓN   271

toque sabía que iba camino a perder el control otra vez. Me
recosté en el asiento y dejé que el sentimiento de levedad
entrara a mi cabeza. El güey se rio de mí. Para cuando
llegamos a su apartamento, yo ya me había fumado dos
churros. Me contó que trabajaba como cartero y que hacía poco se había divorciado. Parecía buena onda y hacía
bromas para que me sintiera más cómodo. De camino a
su apartamento pensaba que no tenía que hacer eso, que
podía tomar la decisión de bajarme del carro, que podía
solo bajarme del carro y tomar el autobús de vuelta a casa,
pero no lo hice. Pensé que como ya estaba drogado, que lo
menos que podía hacer era fumar toda la noche.

El hombre vivía en un barrio llamado Golden Hills,
justo a la par del Golden Hills Recreation Center y enfrente de una cancha de béisbol, en una casa de dos niveles con
escaleras de madera, y su apartamento estaba en el segundo nivel. Primero me preguntó si me quería bañar. Dejé la
puerta del baño abierta mientras buscaba si tenía cámaras
escondidas en el baño. Luego me quité la ropa y me metí a
la regadera. Cuando salí de la regadera, el hombre estaba
de pie junto a la puerta solo con bóxers puestos.

Me entregó una toalla y dijo:

—Ten. Sécate con esto.

Tenía un churro encendido en la mano y me imaginé
que él ya le había dado un toque. Me lo entregó. Le di un
toque y rápido sentí la potencia de la mota. Levanté mi
ropa y mis tenis del piso y seguí al hombre hasta llegar a la
sala, y en la mesa del centro tenía abierta una bolsa llena de

mota y otros dos churros ya preparados. Me preguntó que si quería tomar algo. Le dije:

—Na, estoy bien. Mira, no me puedo quedar mucho tiempo. Me tengo que levantar temprano para ir a la universidad. ¿Podemos darle y ya?

—Tranquilo, *homeboy*. Deja que fume otro rato y tome algo. Relájate —dijo, y se quitó los bóxers y, desnudo, se sentó en el sillón—. Ven acá y deja que te abrace mientras fumamos —dijo.

—¿No se te olvida algo? —le dije, y le hice la seña internacional del dinero: froté mi pulgar contra mi dedo índice y medio.

—Carajo, este *homeboy* es un empresario. Y eso que la mota que estás fumando vale más que el billete de cincuenta dólares que pensaba darte. Sigue así de persistente y te bajo la tarifa a veinticinco dólares —dijo.

—Ya, *güey*. Deja de jugar. Solo dame los cincuenta dólares y ya —le dije.

—Óraleeee, está bien, *güeeey* —dijo, riéndose, burlándose de mi acento. Él se levantó, fue a su cuarto y regresó unos segundos más tarde con un billete de veinte dólares.

—Al terminar te doy los otros treinta —dijo, y se volvió a sentar en el sillón.

Terminé mi churro y caminé hasta donde él estaba sentado. Puse mi cabeza sobre sus piernas y él puso un brazo sobre mí, mientras le daba toques a su churro. Por un momento me sentí a salvo, pero luego me acerco a él para que se la mamara. Conforme me movía, un diferente sentimiento de levedad se apoderó de mí. Sentía como que todo me daba vueltas, pero lo ignoré.

Cada vez me sentía más y más mareado. Hasta que de repente sentí que un par de manos me agarraron por detrás, me jalaron hacia atrás. Tan rápido como pude, di un salto. Vi que atrás de mí estaba un hombre que no había estado ahí antes.

—¿Qué chingados? —grité, apretando las manos, como listo para pelear.

—Tranquilízate, hombre. Estos son mis compas. Como te voy a pagar cincuenta dólares, y además estás hasta arriba de fumar mi mota, pensé que también deberías atenderlos —dijo.

Vi que había otro hombre cerca del equipo de sonido. Él le subió el volumen a la música.

Vi al primer hombre y a los otros dos. Pensé en cómo podía escapar. Ahí estaba yo, desnudo. Mi ropa estaba del otro lado del sillón. Los tres eran más grandes que yo. El otro que estaba desnudo era el güey que estaba sentado en el sillón y me dijo:

—Solo relájate y haz lo que te decimos y no te va a pasar nada.

—No'mbre. ¡Chinga tu madre! Déjame salir de aquí. Quédate con tu dinero y déjame salir. Dame mi ropa, por favor —dije.

Cuando quise agarrar mi ropa, me di cuenta de que estaba bien drogado.

El hombre que estaba detrás de mí caminó hasta donde estaba mi ropa y la pateó, la alejó más de mí. El que estaba en el sillón dijo bien calmado:

—Maricón de mierda, no vas a ningún lado. —El tono de su voz era espeluznante.

—Váyanse a la chingada tú y tus compas. Déjenme salir —les grité.

La cabeza me daba vueltas, veía todo nublado. El hombre que estaba cerca del equipo de sonido corrió a darme un golpe en la cabeza y caí al suelo. Un pie me aplastó la cabeza en la alfombra, en el piso, mientras un par de manos me agarraban la espalda. Sentí un dolor agudo y traté de moverme mientras inútilmente gritaba con la boca en la alfombra; que enmudeció mis gritos, mientras lágrimas rodaban por mis mejillas. Mis gritos se convirtieron en sollozos. El dolor que sentía cuando me desgarraban las entrañas era horrible. Traté de pelear, pero era un esfuerzo inútil. Me rendí mientras intentaba separarme de mi cuerpo y obligarlo a no tensar los músculos cuando sentía dolor.

El hombre que me recogió en la calle me acariciaba la espalda, como intentando consolarme, y dijo:

—Solo relájate. No te resistas. Es mejor si te dejas llevar.

Mi cuerpo tensó todos los músculos. Intenté pelear otra vez, cuando de repente sentí una patada en las costillas que me dejó sin aire. Mientras, el otro pie del hombre fijaba violentamente mi cara sobre la alfombra causaba una fricción que provocaba que sentía como que mi piel estuviera en llamas.

Los tres hombres me violaron y me golpearon por lo que parecieron horas. Odié tanto a Dios en ese momento. Después de un rato me di por vencido. Estaba derrotado. Llorando. Sangrando. Sentí que mi espíritu había muerto. Cuando terminaron, no pude controlar mis intestinos y salió de mí una mezcla de sangre y otros fluidos. Cuando el hombre del carro vio eso, me golpeó con más ira. Yo era como un muñeco de trapo sin vida. Me quedé ahí tirado.

—Saquen a este puto maricón de mi apartamento antes de que me den ganas de darle un tiro y matarlo por haber manchado mi alfombra —les dijo, el hombre del Tras Am, a sus amigos.

Los otros hombres me agarraron de los brazos mientras suplicaba:

—No. No. Espérense. Dejen que me vista.

Trataba de ponerme de pie mientras me arrastraban, pero me tropezaba con cada intento. Me arrojaron de las escaleras a la noche fría y luego tiraron mi ropa. Cerraron la puerta, mientras intentaba pararme y agarrar mis pantalones. Encontré mi camiseta, pero no sabía dónde estaba mi playera. Caminé descalzo tratando de encontrar mis zapatos. Estaban al final de las escaleras, cerca de mis calcetines. Intenté correr descalzo, cargando los zapatos en mis manos; dejé un calcetín en el suelo junto a mis bóxers. Con una mano sostuve mis pantalones mientras caminaba a tropezones y muy adolorido. Tenía la cara llena de sangre. Me sangraba la nariz y el ano. Llegué a las gradas del centro de recreación, al otro lado de la calle. Hacía frío, aire y neblina. Me quedé unos minutos ahí, con miedo de ver atrás, pero igual mirando hacia atrás por si venía alguien a darme un tiro o a matarme a golpes. Me dije a mí mismo, *Apúrate. Apúrate y largate de aqui.*

Me puse el único calcetín que tenía y luego mis zapatos. Caminé sobre la calle porque tenía miedo de atravesar el parque de noche. Carros pasaron a mi lado y nadie se detuvo a preguntarme si necesitaba ayuda, y eso que estoy seguro de que todos podían ver que estaba cubierto de sangre. Mientras caminaba, me dije una y otra vez, *¿Ves? No vales ni mierda. Nadie para a ayudarte porque eres un pinche drogadicto que no vale nada. Así como te decía tu papá, eres un bueno para nada. Te mereces todo lo que te está pasando por no hacer un cambio en tu vida. Es tu culpa porque eres un fracasado. Es lo único que vas a ser en esta vida: un fracasado.*

Llegué al centro de San Diego y encontré un teléfono público en una esquina bien iluminada. Le rogué a alguien que me diera unas monedas y llamé a la única persona que se me ocurrió me podía ayudar: mi padrino. Le rogué a Dios que contestara la llamada y que no se enojara por la hora. Por, suerte respondió. Estaba dormido cuando lo llamé.

Tan pronto escuché su voz me sentí a salvo otra vez. Y ahí estaba yo, llorando, hablando con mi padrino en un teléfono público en Broadway. No le conté lo que había pasado. Mientras lloraba le dije:

—Ya no quiero vivir así. No sé qué hacer. Estoy cansado de esta vida. Estoy cansado. Ya no quiero vivir así.

—Ya no tienes por qué vivir así, Jesse —respondió, y su voz era cariñosa, empática—. Déjame que te guíe, *lil man*. No te resistas. Ya perdiste la guerra. No solo perdiste la batalla, perdiste la guerra. Dime dónde estás y voy por ti.

Sentí un gran alivio. Finalmente entendí lo que significaba la impotencia. Ya no tenía por qué resistirme. No puedo describir ese despertar espiritual, ese sentimiento que tuve mientras lloraba cubierto de sangre en un teléfono público en la Broadway, en el centro de San Diego tras haber sido golpeado, violado y drogado.

Este hombre —el que yo no quería que fuera mi padrino, el que yo pensé que no podía ayudarme— con un comentario breve había resumido todos mis años de sufrimiento. Sentí su compasión, su empatía. Sentí que él me comprendía.

—No quiero que me veas así como estoy ahora. Te llamo mañana —le dije, y colgué la llamada.

Entré al baño de un McDonald's, al otro lado de City College. Cerré la puerta y me vi en el espejo y no podía creer el rostro que estaba viéndome. Mi cara ensangrentada estaba hinchada en varios lugares. Parecía como que acababa de perder una pelea de box. Me lavé la cara y con unas toallas de papel me limpié la sangre que tenía en el pecho y los hombros. Me bajé los pantalones y me limpié entre las piernas tan bien como pude. Salí del baño, ignorando a la gente, que me veía, y caminé de vuelta a casa.

Cuando llegué a casa, todos estaban dormidos. Abrí la puerta, tratando de no hacer ruido. Mientras iba camino a mi cuarto, escuché a mi mamá levantándose. Le susurré:

—Amá, soy yo.

Me desvestí a oscuras y escondí la ropa debajo de mi cama. Me cubrí con una toalla café oscura y corrí al baño a bañarme. No cerré la puerta para que mi mamá no sospechara algo.

Encendí la regadera y entré a bañarme. Mi mamá abrió la puerta para entrar a orinar. Esto era común en casa. Como vivíamos en un apartamento pequeñito y solo había un baño, nunca teníamos nada de privacidad.

—¿De dónde vienes a estas horas? ¿Estás bien? —me preguntó, sentada en el inodoro.

—Estoy bien, amá. Solo cansado. Después de la reunión salimos con unos amigos. Me tengo que ir a dormir para levantarme temprano mañana, para ir a clase. Me vine caminando, entonces estoy todo sudado y sabes que odio irme a dormir todo sucio. Vete a dormir —le dije.

—*Okay* pues. Buenas noches y que Dios te bendiga.

—Igualmente —le dije.

Puse la cabeza debajo de la regadera y me quedé ahí parado con las manos en los azulejos, dejando que el agua me limpiara, me quitara el terror de encima. Me lavé con jabón tan bien como pude, pero el dolor que sentía en las costillas, cara y ano era casi insoportable. Me lavé solo con agua y jabón, sin usar un trapo. Me encogí por el dolor. Con las rodillas pegadas al pecho, me sostuve con la cabeza agachada y lloré. Dejé que el agua me cayera encima, que rodara por mi cabeza y espalda. Me quedé así por unos minutos, luego me obligué a ponerme de pie, escalando los azulejos de la pared. Mientras me secaba volteé a ver al espejo y de nuevo vi mi cara ensangrentada. Empezaban a aparecer moretones en mis costillas.

Me acosté en la cama. Tenía miedo de que mi mamá me escuchara llorar, así que solo dejé que las lágrimas salieran de mí, mientras descansaba la cabeza sobre mi almohada mirando al techo hasta que me quedé dormido. Ese fue el último día que consumí drogas, el 11 de marzo de 1993.

CAPÍTULO 16

Si las drogas no iban a matarme, mi estilo de vida sí lo haría. No solo era adicto a las drogas, sino también era adicto a la forma de vida que llevaba. Tuve que dejar de ir a ciertas personas, lugares y otras cosas, para experimentar nuevas formas de pensar y hacer las cosas. Eso significó que también tuve que dejar de ir a buscar clientes al parque. No le dije a mi padrino, pero no fue nada fácil el hacer todos estos cambios al mismo tiempo. Sin embargo, sabía que, si seguía haciendo lo que siempre había hecho, entonces iba a seguir recibiendo lo que siempre había recibido.

Mi primer año libre de drogas fue el más difícil de todos. No fui a un centro de tratamiento o a un hogar para vivir sobrio o a centros de desintoxicación. Fui a las reuniones y me desintoxiqué solo. Empecé a hablar y a hacerles preguntas a personas, que entendían cómo era estar en abstinencia. Me ayudó, especialmente, porque la obsesión que sentía por consumir drogas no desapareció de la noche a la mañana. Trataba de limitar mi tiempo a solas, porque un adicto que está solo, está mal acompañado.

También fue duro para mí salir de mi zona de confort y pedir ayuda. Pero estaba dispuesto a hacer todo lo posible para mantenerme sobrio.

Durante la primera semana me costó dormir por las noches. Cuando lograba dormir, sudaba muchísimo y en las mañanas, aunque me lavara los dientes una y otra vez, o me enjuagara con Listerine, me apestaba la boca. Me iba a dormir tarde y me despertaba muy temprano. Cuando lograba dormir profundamente, mis sueños eran muy intensos y experimentaba terrores nocturnos. Mis gritos despertaban a mi mamá, aunque estuviera en su habitación, o a Hope cuando ella dormía a mi lado. Dormí muy mal y mi cuerpo no dejó de tener espasmos durante ese primer año sobrio. Me tomó meses para sentirme de nuevo como una persona normal.

Mi padrino me sugirió que trabajara para entender los conceptos de la impotencia y la ingobernabilidad. Para dejar de consumir drogas no bastaba con tener fuerza de voluntad. Me entregué al hecho de que tomar un solo trago o una droga podía provocar que quisiera seguir tomando, y que no podía protegerme mentalmente luego de ese primer trago o droga. Hice lo que me dijeron que hiciera y pasé tanto tiempo como pude con mi padrino. Él me presentó a otras personas, que eran parte del programa, y me ayudaron a crear una fuerte red de hombres y mujeres que estaban ahí para ayudarme.

Empecé a ver gente de City College en esas reuniones, entonces para no estar solo me juntaba con ellos a la hora del almuerzo y entre clases. Me di cuenta de que en todos lados hay personas en recuperación, no es difícil encontrarlas. Lo que no era fácil para mí era salir de mi zona de confort y preguntarle a esa gente si querían estar un rato conmigo. Por suerte nadie me rechazó cuando llegué a hablarles.

Mi padrino me pidió que escribiera sobre mi vida. Cuando lo hice fue muy doloroso ver el comportamiento enfermizo, desmoralizante y degradante con el que tuve que interactuar de niño. Y aunque rezaba mucho, sentía que Dios me había abandonado. Mi padrino luego me pidió que escribiera las cosas positivas de mi vida. Para poder reconstruir mi autoestima y mi relación con otras personas, era importante para mí empezar a reconocer los aspectos positivos de mí mismo, de mi familia y la gente más cercana a mí. Supe que, el haber estado presente para mí mismo y para mi familia, significaba que no me había dado por vencido, y por eso yo era valiente. Empecé a entender que mi familia me apoyaba más de lo que yo creía y que nunca perdieron la esperanza en mí. Después de todo lo que hice, ellos no me odiaban. Supe que yo era una persona generosa. Incluso cuando consumía drogas o iba a venderme al parque, le daba dinero a mi mamá para ayudarla a comprar comida o a pagar la renta. Y como siempre iba a las reuniones, a clase o con mi padrino, yo era alguien disciplinado y comprometido. Todas estas cosas me ayudaron a restaurar mi autoestima y a sentirme bien conmigo mismo otra vez. Lo más importante de todo era que estaba aprendiendo a perdonarme.

Cuando llegué al segundo paso del programa de doce pasos —en este paso la persona en recuperación llega a creer en un poder superior— me cerré completamente. No podía separar la idea de un "poder superior" del Dios con el que fui criado, un Dios castigador. Siempre que escuchaba a alguien hablar de *God* —Dios— en las reuniones, me enojaba mucho. Sentía que Dios me había traicionado, que no me entendía y que se había olvidado de mí.

Mi padrino intentó de todo. Me pidió que les preguntara a otros adictos en recuperación, y que eran parte del programa, cómo llegaron a creer en un "poder superior". Me pidió que escribiera algunas de las veces que la policía me había detenido y sacado del carro para revisar si llevaba algo.

Me hizo entender que esas veces los policías tenían un poder superior al mío, ellos eran el "Poder Superior" en ese momento. Escribí también las veces que alguien me había apuntado con un arma y yo no podía escapar. Esa otra persona había tenido el poder de determinar si yo iba a vivir o morir. La persona con el arma tenía un poder superior al mío. Escribí de las veces cuando me tiraba al suelo porque alguien iba a pasar disparando. Los de las armas tenían un poder superior al mío. Escribí del hombre que abusó de mí, que me golpeó, me drogó, que se apareció un día enfrente de mi casa y me manipuló para vivir lleno de miedo y así tenerme bajo su control. Ese hombre tenía un poder superior al mío, era el poder superior que tenía control sobre mi yo de once años.

Mi padrino me invitó a ir a un retiro espiritual en las montañas en Julián, California; él iba a participar como orador en ese retiro. Al llegar me sugirió que encontrara un lugar callado donde pudiera escribir y me dio una nueva tarea, que consistía en arrancar una hoja de mi cuaderno y doblarla a la mitad. Me sugirió entonces escribir en un lado de la hoja las cualidades del Dios con el que fui criado, y que describiera el tipo de relación que tenía con ese Dios. En el otro lado de la hoja yo debía escribir las cualidades que yo quería que tuviera mi Dios, y que explicara cómo sería mi relación ideal con ese Dios. Mi padrino me sugirió que no me guardara nada, que no borrara nada de lo que pusiera en esa hoja y, sobre todo me dijo, que no tenía que avergonzarme de lo que escribiera.

—No hay respuestas correctas o incorrectas, Jesse —dijo.

En la cima de una colina encontré una gran roca donde sentarme. Tomé aliento y vi a mi alrededor. Absorbí la gran vista que tenía frente a mí y dije:

—Bellos paisajes y una dirección buena y ordenada.

Recité La Oración de la Serenidad, mientras veía el paisaje y luego doblé las hojas igual que me había dicho mi padrino y tracé una línea en medio. Hasta arriba y a un lado "El poder superior con el que fui criado", y en el otro lado escribí "El poder superior que quiero yo". A un costado de la hoja hice una lista de las cualidades de ese poder superior con el que fui criado.

- Castigador
- Inmisericorde
- Es un él
- Me puso a prueba
- Permite que le ocurran cosas horribles a la gente buena

En la otra parte de la hoja hice una lista de las cualidades del poder superior con el que yo quería tener una relación:

- Amoroso
- Misericordioso
- Cariñoso
- Me entiende y nunca me va a abandonar

Fue una lista muy larga. Pero en resumen yo quería tener una relación con un poder superior que no me juzgara, que no me abandonara y nunca dejara de escucharme. Escribí lo siguiente:

Hablo de la manera que yo escojo hablar, porque él sabe lo que siento en ese momento. Puedo encontrar a mi poder superior (PS) en cualquier lugar y a cualquier hora. Puedo encontrar a mi PS en los bellos paisajes, en mi cocina, mientras preparo la comida; en una sinagoga judía, en una mezquita musulmana, en un templo budista, en una iglesia católica o en cualquier otro lugar de adoración. Puedo encontrar a mi PS en las prácticas espirituales de las ceremonias de Inipi o de temazcal. Lo más importante para mí es que mi poder superior nunca me va a abandonar y, hasta en mis momentos más oscuros, mi PS me va a dar esperanza. Mi PS me habla a través de los demás. A mi PS no le importa si soy homosexual, heterosexual, bisexual, transexual o un ser de dos espíritus y me va a ayudar a que ya no me sienta como alguien insignificante.

Cuando terminé fui a buscar a mi padrino. Lo encontré hablando a un grupo de personas. Se volteó para verme, caminó hasta donde estaba yo y me dijo:

—¿Estás listo?

—Sí —le dije—. Estoy listo.

Él tomó una lata de café, juntos subimos la colina y encontramos otro lugar donde sentarnos. Me pidió que le leyera lo que había escrito en el papel, y él también me contó sobre su idea del poder superior. Al terminar me pidió que partiera la hoja a la mitad. Pusimos la lista de cualidades del poder superior con el que fui criado dentro de la lata de café. Quemamos la hoja. Me quedé con la otra lista.

Me dijo:

—Quédate con este papel y con el paso de los años sigue agregando cualidades. Si así lo quieres, éste es tu nuevo poder superior. Yo nunca te voy a juzgar por cómo es tu poder superior y por favor no juzgues el mío o el de otras personas.

Fue así de fácil para mí. A partir de ese momento todo cambió. Aprendí a encontrar a mi poder supremo donde sea. Esa fue una de las más grandes bendiciones que obtuve en recuperación. Tan solo con cambiar mi estado mental, estaba abierto a un mundo de posibilidades. Desperté viejos sueños y entendí por qué la gente decía:

—Le doy gracias a Dios por haberme traído a recuperación y le doy las gracias a recuperación por haberme traído a Dios.

Así empecé a construir mi relación con mi poder superior.

Aún no sabía hacia dónde iba mi vida. Las únicas dos cosas de las que estaba seguro en ese momento era que ya no quería drogarme y no deseaba volver al tipo de vida que tenía antes. Trabajé tiempo completo en un salón de belleza y por las noches iba a la universidad. Dormía en casa todas las noches. Y aunque mi mamá no entendía bien qué eran las reuniones a las que iba, me apoyó.

En la universidad yo hacía preguntas cuando no entendía algo. Me sentaba al frente. Iba a hablar con mis profesores y les pedía consejos, como si fueran mi padrino. Les hablaba directo.

—No tengo idea de lo que estoy haciendo —les decía—. No sé qué quiero hacer. —Mis profesores me hicieron sentir mejor.

—No te preocupes —decían—. Solo sigue yendo a clases. Este es tu momento de averiguar qué harás. No te presiones a ti mismo.

No fue fácil. Pero fue mejor eso que volver a mi vida anterior. Lo que más me costaba era quedarme quieto en clase. Necesitaba siempre tener algo en las manos. Un lápiz, un lapicero, un vaso de unicel. El mover mis manos me ayudaba a concentrarme. No podía estudiar en la biblioteca, porque el silencio me volvía loco y volteaba a ver a los demás para ver qué libros estaban leyendo. Cuando estaba en un lugar silencioso, mi mente divagaba. Entendí que estudiaba mejor si tenía ruido de fondo, entonces a veces iba a la cafetería de la universidad o al *food court* del centro comercial donde trabajaba durante mis descansos del salón o a un *coffee shop* por las noches. Necesitaba ruido para concentrarme.

Me obligué a escribir en mi diario cada noche antes de dormir. Incluso cuando no quería escribir, abría mi diario y escribía: "Hoy no quiero escribir", y lo guardaba. Cada mañana intentaba dejar ir mi ansiedad y mi miedo a lo desconocido. Me mantuve ocupado y productivo, y eso me ayudó a apreciar el tiempo que estaba en casa con mi amá.

Sin embargo, a veces luchaba en contra de la idea de volver a mi zona de confort, de volver a lo que conocía. Volver a esa vida de adicción, vivir en las calles, realizar trabajo sexual y dormir en los parques era lo más cómodo para mí. Conocía las calles. Sabía qué podía pasar cuando me drogaba. No sabía qué esperar ahora que estaba en recuperación.

Cuando me sentía así, llamaba a mi padrino o hablaba al respecto durante las reuniones. Aprendí que cuando me enfocaba en lo que pasaba en ese momento, estaba bien. Aprendí también que los sentimientos pasan, no permanecen igual, como todo en la vida.

En esa época, la confusión que sentía por mi identidad sexual empezó a devorarme por dentro. Cada vez me sentía más y más atraído por los hombres. Mi relación con Hope cambió, pues sentí que ya no podía hablar con ella de forma honesta sobre lo que sentía o los cambios que experimentaba. A pesar de que ambos estábamos en recuperación, ¿cómo iba a ser capaz de decirle que me atraían los hombres después de todo lo que había hecho por mí? Pensé que la haría pedazos. En vez de decirle la verdad, retrocedía cada vez que ella intentaba tener sexo conmigo. Me sentía culpable. Ella había sacrificado tanto por mí. Fue por ella que había entrado a recuperación. Pero tener sexo sobrio, sin estar bajo la influencia de las drogas, era una experiencia totalmente diferente y tener sexo con ella me hacía sentir incómodo. Pero no fue culpa de Hope. Necesitaba tiempo para conocerme a mí mismo.

Después de casi un año sin consumir drogas, otra vez quería tirar la toalla. A pesar de todo el apoyo que recibía, seguía confundido con mi identidad y de nuevo sentía como que nadie me entendía. Era una persona muy solitaria, y volví a pensar que tal vez sí era muy joven para estar en recuperación. Cuando le dije a mi padrino que ya no estaba seguro si pertenecía a la comunidad en recuperación, abrió la guantera, sacó un casete y me lo entregó.

—Ten, escucha este casete. Alguien me lo dio hace años. Lo encontré en casa y pensé en ti. Si después de escucharlo aún te sientes desesperanzado y todavía quieres consumir drogas, me avisas y te llevo a comprar lo que quieras. Es más, yo te lo compro —dijo.

No sabía qué esperar. Pero esa noche metí el casete a mi Walkman y lo escuché. Era la grabación de un chico de Los Ángeles contando su historia en una convención. Su discurso fue sobre jóvenes en recuperación y había sido grabado unos años antes. El chico entró a recuperación a los catorce años. Su historia no era parecida a la mía, pero me sentí identificado con él. Cuando grabaron esa cinta, él llevaba cuatro años sobrio. Pensé entonces: *Si él lo pudo hacer, pues yo también puedo hacerlo.* Necesitaba escuchar a otro joven contar su historia, a alguien que llevara tiempo sobrio. Me fui a dormir con una sonrisa en el rostro y soñando con conocer un día a ese chico.

Escuché la cinta cada mañana, pues levantarme siempre era la parte más difícil del día para mí. Antes de entrar a recuperación, cada mañana buscaba mi bolsa secreta de cristal y me fumaba un churro de camino a la parada de autobús. Eso era como mi primera taza de café del día. Pero luego escuchaba esa cinta de camino a clase. Esa cinta me dio valor y esperanza, la esperanza de seguir sobrio un día más y otro y otro día más. Me dio fe.

△ △ △

Cada fin de semana un grupo de jóvenes en recuperación jugaba voleibol en un lugar que se llama Crown Point, en Mission Bay, cerca de la playa en San Diego. Hope y yo fuimos un día a ver qué tal. Cuando nos parqueamos, vi que todos eran blancos y tenían cuerpazos, justo como para ir a la playa, y se estaban riendo, se divertían. Me recordé de cuando era niño y fui a la fiesta de cumpleaños vestido con unos *jeans,* que mi mamá había convertido en *shorts* y que los otros niños y niñas se rieron y burlaron de mí. Había aprendido a evitar situaciones similares como si mi vida dependiera de ello.

Luego volteé a ver a Hope y vi lo bonita que era. Ella llevaba puesto una camiseta blanca y unos *shorts* de mezclilla, y debajo llevaba su traje de baño. Desde que había dejado las drogas, su piel era suave como la seda. Tenía los ojos llenos de vida. Estaba dejándose crecer el pelo. Sonreí, viéndola.

Hope sacó un pie del carro y dijo:

—¿Qué onda, pues? ¿Vamos?

—Na, quiero volver a casa. Esto no es para mí. Como vas a San Diego State a lo mejor estás acostumbrada a estar con tantos pinches gringos, pero yo no.

Hope me vio a los ojos, luego se fijó a ver a la gente, que estaba jugando voleibol y de nuevo volteó a verme.

—Ándale, vamos. —Se rio—. No tenemos que jugar o hablarle a nadie. Vamos solo a ver a la gente jugar. Es un lindo día. Dijimos que íbamos a probar cosas nuevas, y esto también es algo nuevo para mí. Usualmente estaría por ahí sobre la arena fumando, no jugando voleibol.

Su risa me hizo sonreír. Tenía razón. Ella no era de las que se ponía bikinis e iba a la playa a jugar voleibol. Entonces le hice caso.

—Está bien. Pero no voy a tocar una pinche pelota, y si me hacen sentir incómodo, nos vamos.

Fuimos a las canchas de voleibol, pero nos quedamos lejos de donde estaba la gente sentada. Había tres o cuatro partidos ocurriendo al mismo tiempo. En la cancha que estaba más lejos de nosotros parecían estar los mejores jugadores y jugaban dos contra dos. Pero en las otras canchas parecía como que la gente solo quería divertirse. No eran partidos competitivos. Agaché la cabeza y le apreté la mano a Hope. Ella volteó a verme y puso su mano sobre mi hombro. De repente me sentí lleno de ira. Tenía envidia. Quería tener la misma libertad que esa gente tenía para divertirse. Parecía algo que yo nunca podría obtener. Toda mi vida había soñado con poder disfrutar la vida sin sentirme juzgado, y la única forma que podía hacer el ridículo, reír tranquilamente, relajarme y ser libre, era cuando estaba bien drogado.

Tenía miedo de no sentirme bienvenido. Llevaba puesto unos *shorts* Dickies con los pliegues planchados, unos largos calcetines blancos que me llegaban hasta a las rodillas, mis pantuflas negras de pana, una camiseta blanca, bien planchada con almidón sobre una camiseta de tirantes también blanca; y un *beanie* negro que llevaba a la altura de la nariz. Definitivamente no me veía como alguien que iba seguido a la playa a jugar partidos de voleibol.

Luego alguien tiró una pelota de voleibol hacia nosotros. Cayó frente a mis pies. Levanté la pelota y no me pude mover; no sabía qué hacer. Luego un muchacho bien musculoso de pelo negro y sin camisa llegó corriendo hasta donde estábamos Hope y yo.

—¡Gracias! —dijo—. ¿Vienen a jugar voleibol con los de NA?

—¡Sí! ¡Justo a eso venimos! —dijo Hope con una voz bien aguda.

—¿Qué tal? Me llamo Joey. ¿Es la primera vez que vienen aquí?. El muchacho tenía acento de Nueva York.

—Sip, pero nos da pena porque no conocemos a nadie —dijo Hope.

Me daba envidia también ver cómo Hope podía tan fácilmente hablar con otras personas. Me quedé ahí parado con mi pose de *homeboy* y viéndolos.

—Y, ¿tú qué tal? ¿Cómo te llamas? —me preguntó el muchacho.

—Jesse —dije con una voz baja y cara de encabronado.

—Pues mucho gusto. Acompáñenme. Vamos a jugar y les presento a los demás.

—Na, yo estoy bien acá, compa.

—Vamos, hombre, todos aquí somos bien buena onda —dijo, mientras puso su mano sobre mi hombro y halándome para que caminara a su lado. Nos llevó hasta donde estaba la gente sentada sobre mantas y en las sillas de playa.

—A ver, pongan atención —le gritó a la gente—. Es la primera vez que ellos vienen aquí, así que preséntense y hagan que se sientan como en casa.

Por su acento parecía como que regañaba a todos. Luego me volteó a ver y dijo:

—Quítate esas pantuflas de cholo y los calcetines porque tú también vas a jugar.

Antes de que pudiera decirle que no, Joey se fue corriendo. La gente que estaba sentaba en el suelo y en las sillas se levantó y todos se presentaron. La mayoría tenía nuestra edad. Los más viejos estaban en unas mesas jugando pinochle.

Los que estaban jugando cartas eran unos hombres llenos de tatuajes que parecían motociclistas. Me quedé callado tan pronto vi que unos tenían esvásticas tatuadas en el cuerpo. Pero igual ellos se levantaron sonriendo y rápido llegaron a abrazarme y todos se presentaron. Sentía como que estaba dentro en un episodio de *The Twilight Zone*; todo era muy extraño. *¿Por qué chingados estos motociclistas peludos y con barbas de candado, con los brazos llenos de tatuajes y que parece que acaban de salir de la cárcel, se levantaron a abrazarme y darme la bienvenida?*

Un hombre corpulento con barba de candado y con canas en el pelo se acercó a mí y, como si me estuviera leyendo la mente, dijo:

—Estás incómodo, ¿verdad? Seguro sientes como que no deberías estar acá. Créeme que todos nos hemos sentido así en algún momento. Pero seguro que un mexicano del barrio como tú siente como que no debería estar acá con un montón de hombres blancos que se parecen a Sam Bigotes. —Se rio de mí—. Relájate, hombre. Nadie aquí te va a molestar. ¿Cuánto tiempo llevas sobrio? —dijo y se volvió a sentar.

Agaché la cabeza y le dije:

—Unos meses.

Todos voltearon a verme, se volvieron a levantar, y de nuevo me dieron un abrazo. Cada uno me felicitó por estar sobrio. No entendía lo que estaba pasando.

—¿Y cuántos años tienes? —me preguntó el hombre.

—*Eighteen* —dije—, dieciocho.

—*Eighteen* —dijo, y se rio—. Como la canción *Eighteen with a bullet*, ¿no?

—¿Y tú? ¿Cuánto tiempo llevas limpio?

—Catorce años —respondió.

—¿Qué? ¿Catorce años? Guau.

—Estuve diez años en la cárcel y no logré mantenerme sobrio hasta que toqué fondo. Y pues aquí ando.

—¡Y acaba de terminar un doctorado en psicología! Se graduó hace unos meses —dijo Joey, acercándose.

—¿Qué? ¿Es en serio? ¿Un doctorado? —le pregunté, bien sorprendido.

—Simón, compa. Todo es posible, carnal —dijo, sonriendo.

—Vamos, hombre. Quítate esas tus pantuflas de cholo y vamos a jugar voleibol —me dijo Joey.

"A la chingada pues,", dije, y me quité las pantuflas y los calcetines y los dejé a un lado de Hope, que se había sentado en una manta y estaba hablando con otras muchachas.

—Pásatela bien —dijo ella.

Las personas me felicitaron mientras jugaba, me dijeron cosas como:

—Qué bien, hombre. Bien hecho. Vamos. Genial. A ver, chócala.

Torpemente les choqué las manos; en mi barrio no hacíamos eso. Después de un rato de no poder darle a la pelota, de toparme con la gente, de que la gente me diera palmaditas en la espalda y me pidieran que les chocara las manos, que les diera más y más *high-fives*, empecé a sentirme extrañamente a gusto. Una media hora después, noté que me estaba divirtiendo. A los cuarenta y cinco minutos supe que nunca antes me había divertido tanto. Me la estaba pasando tan bien que decidí quedarme cuando Hope me dijo que se tenía que ir. Era la primera vez en mucho tiempo que me reía a carcajadas.

Joey se ofreció llevarme a casa. Cuando me fue a dejar dijo:

—Sé que no querías ir a la playa a jugar voleibol, *bro*. Sé que te incomodaba. Al inicio fue incómodo para todos. Somos adictos, Jesse. Pero estoy orgulloso de ti.

Luego se ofreció a llevarme a una reunión para jóvenes, llamada Zoo —El Zoológico— que ocurría cada jueves en un área de la playa y descubrí un nuevo mundo de posibilidades. Ahí florecieron amistades duraderas.

Cada jueves por los siguientes tres años Joey me llevaba a las reuniones en The Zoo, en Mission Beach. Él dejó las drogas a los catorce años, igual que el chico del casete, y llevaba cuatro años sobrio cuando lo conocí. Él y sus amigos me enseñaron que, como era parte del mundo de la recuperación, era mi deber estar disponible para cualquier adicto sin importar su raza, identidad sexual, creencias religiosas o edad. Estábamos ahí para ayudarnos el uno al otro. Ellos contaban conmigo y yo con ellos. Cuando yo estaba débil, ellos eran fuertes, y cuando ellos estaban débiles, yo era el fuerte. Y juntos podíamos lograr cualquier cosa.

A veces sentía como que un culto me había lavado la cabeza y les había creído sus creencias y dogmas. Pero no importaba. Tenía un trabajo y me estaba manteniendo sobrio y alejado de las drogas. Mi familia seguía siendo mi familia, y la vida era igual que antes. Sin embargo, mi perspectiva empezó a cambiar.

Δ Δ Δ

Una noche, mi padrino me recomendó que empezara a hacer mi próxima asignatura, la cual consistía en "realizar un minucioso inventario moral" de mí mismo y mi vida en el que debía anotar todos mis resentimientos, miedos y relaciones, para así identificar mis paternas y ver cómo yo le había hecho daño a otras personas y de qué manera se los había hecho.

Gracias a ese ejercicio de escritura, pude aceptar el hecho de que ya no quería estar con Hope.

Terminé mi relación con ella. Llegué a su casa y hablamos.

Empecé con cuidado.

—Perdón por esto. Pero mientras escribía tuve que revivir muchos de mis viejos traumas y estoy confundido con mi sexualidad, y no sé si soy bisexual u homosexual, o qué soy. Sé que te has dado cuenta. Espero que entiendas. Nunca quise engañarte.

—¿Has tenido sexo con hombres?

—Sí. Sí he tenido sexo con hombres.

—Pero, ¿has tenido sexo con hombres desde que estamos juntos?

Con los ojos llenos de lágrimas y muy avergonzado le dije:

—Sí —y agaché la cabeza.

—Vete de aquí. No quiero volver a verte. No estaría tan enojada si solo me hubieras dicho que eras gay o bisexual. Pero me mentiste. ¡Eso no está bien, Jesse! ¡Me heriste!

Estaba triste porque la había lastimado e intenté abrazarla, pero ella me gritó:

—Te dije que te fueras. Vete de aquí. Sal de mi casa —dijo, y empezó a llorar.

Hice lo que me pidió. Me sentía horrible de haber lastimado a Hope, de haber dañado a la persona con quien me sentía más segura.

Δ Δ Δ

Durante el siguiente año le eché ganas a mi inventario —el inventario es un tipo de iniciación para quienes están en recuperación, mejor conocido como el cuarto paso. Fue una de las experiencias más liberadoras que había experimentado. Mientras atravesaba el doloroso proceso de escritura, le conté a mi padrino detalles de mi vida sexual, mis miedos y resentimientos. Muchas noches lloré con él. A veces me ponía su mano sobre mi hombro, como lo haría un padre con su hijo y me dijo que todo iba a estar bien.

Una noche finalmente le dije:

—No sé si soy gay. No sé si soy bisexual. No sé qué soy. Estoy confundido. No quiero que mi familia, mis amigos o que tú me quieras menos.

Lloré con él y él dejó que yo llorara. Finalmente dejé que entrara a mi vida.

—No tienes nada de malo, Jess. Si eres gay, bisexual, heterosexual, o lo que sea, a mí no me importa. Te quiero incondicionalmente. Te quiero por quién eres. Recuerda, Jess, la gente que te juzga, no merece formar parte de tu vida y la gente que forma parte de tu vida, no te juzga.

La relación que construí con mi padrino era un tipo de relación que nunca había tenido con otro hombre. Ni con mi padre ni con mi hermano. No estaba listo para compartir todo lo que sentía con algún familiar. Para ellos, el hecho de que había dejado las drogas, que iba a las reuniones y que no la cagara era suficiente, y por mí estaba bien.

Iba a una o dos reuniones al día. Una vez a la semana, de 8:00 p.m. a medianoche, atendía llamadas para Narcóticos Anónimos. Cada jueves hacía trabajo voluntario en la cárcel para menores. Y en las reuniones vaciaba los ceniceros y preparaba café. Hice lo que pude para mantenerme ocupado.

Poco a poco este muchacho callado y de mala actitud empezó a ser más abierto con las personas. La gente vio esos cambios antes que yo. Me decían:

—Guau, has cambiado un montón.

Yo entonces sonreía con timidez, pues me daba vergüenza, y les decía:

—Bueno, es que dejé las drogas.

CAPÍTULO 17

Corté con Hope unos seis meses después de haber dejado las drogas. Luego tuve un año de abstinencia. Después de eso me sentía listo para explorar mi sexualidad y me permití salir con hombres y mujeres. Por un tiempo me sentía bien saliendo con hombres y mujeres. Unos meses antes de cumplir 21 años, después de dos años de haber dejado las drogas, conocí a alguien y decidí tener una relación con él. En ese momento empecé a identificarme como un hombre gay.

Un mes antes de mi cumpleaños, mi amá me intentó hablar al respecto de forma indirecta, a pesar de que mi mamá siempre habla las cosas de frente.

—Jesse, te quiero hablar de algo —dijo, luego hizo una pausa y añadió—: Bueno, mejor no. No te preocupes. Tal vez más tarde.

Ya sabía qué quería decirme, pero en vez de ayudarla, quería ver qué me decía antes de preguntarme directamente.

Así siguió por un tiempo. Luego un día mientras mi amá preparaba el desayuno y yo me alistaba para ir a trabajar, me dijo otra vez:

—Jesse, te quiero preguntar algo, pero no sé cómo vas a reaccionar y no sé ni cómo preguntarte. Pero... —y luego dijo—: no, olvídalo. Mejor no. No te preocupes. Te pregunto después.

Me molestaba el hecho de que ella no tenía el valor de hablar con firmeza. Entonces muy molesto le dije:

—¿Qué? ¿Qué chingados quieres saber? ¿Si tu hijo es maricón? ¿Si me gustan los hombres? Pues sí. ¡Sí, lo soy! Soy puto. Sí, soy maricón. No sé por qué chingados no me preguntas directamente y dejas todo este pinche rodeo:

En ese momento dejé entrar a mi mamá. Estaba listo. Mi mamá había intentado hacerme esa pregunta, y después de haberla alejado de mi vida por tanto tiempo, ya era hora de que la dejara entrar.

Sin embargo, rápidamente la plática cambió del hecho de que yo era gay a que le había faltado el respeto a mi amá. No le había hablado así de fuerte desde que había dejado las drogas.

—¡No vuelvas a hablarme así otra vez, cabrón! Yo soy tu madre y ya aguanté muchas chingaderas de ti. Vale más que esta sea la última vez que me hablas así —dijo, y amenazó con tirarme el cucharón que tenía en las manos que estaba usando para batir los frijoles en la olla.

—Te quiero como eres. Y me vale madres si eres homosexual, pero no me vas a faltar el respeto así otra vez —dijo, bien encabronada.

Esa noche cuando volví a casa del trabajo, mi amá me dio un gran abrazo y dijo:

—Te adoro, mijo. Por favor cuídate. No tienes nada de malo. Solo tengo miedo por ti. Por favor, por favor, mijo prométeme que te vas a cuidar.

—Te lo prometo, amá.

Nunca le volví a faltar el respeto a mi mamá otra vez. Era una bendición tener el amor incondicional de mi mamá. Nunca le dije a mi papá que yo era gay. Él murió unos años después y nunca se enteró oficialmente.

Δ Δ Δ

Estaba pronto a graduarme de la universidad y mi consejera me dijo:

—Ahora que terminaste tu programa de cosmetología, y ya casi tienes los prerrequisitos para ir a otra universidad, ¿has pensado a cuál te gustaría aplicar, luego de graduarte?

—No tengo ni idea —le dije—. No sé siquiera cuántos créditos tengo disponibles para aplicar a un programa de cuatro años. Estoy acá porque te prometí que iba a seguir yendo a clase.

—Cierra la puerta. Te quiero hablar muy seriamente —dijo ella.

Me levanté a cerrar la puerta y regresé a sentarme en la silla. Luego me di cuenta de que mi actitud y comportamiento habían cambiado durante los últimos años. Ya no me sentaba encorvado. En vez de eso me sentaba recto y me inclinaba hacia adelante, poniéndole atención a las personas que estaban alrededor de mí.

—Quiero que consideres la opción de ir a una universidad fuera de San Diego. Si pudieras escoger cualquier universidad en California, ¿a dónde irías?

—Pensé en UC Berkeley. Una vez había ido a Oakland y pasé viendo la universidad. Recuerdo que me enamoré del ambiente tan excéntrico de UC Berkeley, porque vi que había muchos *nerds* inadaptados, igual que yo.

—Bueno, UC Berkeley es parte del sistema de universidades de California y tú calificas al Programa IGETC —dijo mi consejera.

—¿Y eso qué es? —le pregunté.

—IGETC son unos cursos que los estudiantes de las universidades comunitarias de California pueden tomar para así completar los requerimientos necesarios e ingresar a alguna de las universidades más importantes de California, y a los Campus de las universidades que son parte del sistema de universidades del estado. Voy a pedir que te den una exención de gastos para que no tengas que pagar por el proceso de admisión. A ti te toca realizar ese trámite. ¿Trato? —dijo.

—Trato. Y no te preocupes. Solo dime qué tengo que hacer y lo hago —le dije.

Δ Δ Δ

Un día, un gran sobre de UC Berkeley llegó al buzón de la casa. Lo abrí mientras mi amá estaba sentada a mi lado. Era una carta de admisión Me habían aceptado en la universidad. Ambos brincamos y aplaudimos, y ella me abrazó bien fuerte y me dio besos en toda la cara.

—¡Felicidades, mijo! Sé que es la universidad a la que querías ir, ¡vete a estudiar!

El día que me fui de casa, mi amá hizo mi comida favorita: chilaquiles con carne deshebrada y café. Ella me acompañó al carro; no era el que había comprado cuando tenía catorce años, sino un Nissan Sentra modelo 1995. Mi amá lloró y me dio su bendición.

—Que Dios te bendiga, mijo. Estoy muy orgullosa de ti.

Entré a mi carro y me fui. Vi cómo el reflejo de mi mamá en mi retrovisor se hacía cada vez más pequeño. Era la primera vez que salía de viaje yo solo. Eso fue en agosto de 1996. Disfruté mucho ese viaje. Me gustó estar solo en la carretera, con los vidrios abajo y la música a todo volumen, reflexionando en las épocas buenas y malas, pensando en la historia de mi familia e impresionado de lo lejos que yo había llegado. Había pasado de vivir en pobreza y vender drogas, a ser un trabajador sexual. Y ahí estaba yo, de camino a Berkeley, dejando atrás una vida y camino a construir una nueva.

Mientras pasaba por las casas que están cerca del Campus, vi carros parqueados en la calle, padres ayudándoles a sus hijos a bajar cajas. Madres abrazaban a sus hijos mientras los padres cargaban las cajas. Por un momento sentí envidia, porque la forma en que yo me fui de casa para ir a la universidad no era cómo lo vemos representado en series y películas estadounidenses. Luego me di cuenta de que no tenía que comparar mi experiencia con la de otros estudiantes. El camino que mi familia y yo habíamos recorrido para que yo llegara a este lugar nos exigió valentía y fortaleza. Mi familia me había convertido en un hombre, uno con acceso a un sistema de apoyos y capaz de enfrentarse a ese viaje e ir a un lugar nuevo solo y con valentía.

Me parqueé enfrente de la casa donde iba a vivir; la casa estaba justo en medio de donde están todas las fraternidades. Era el alojamiento para chicanos y latinos y se llamaba Casa Joaquín Murrieta, o Casa a secas. Ya había escuchado de esa casa durante el proceso de admisión. Apliqué para vivir ahí y me aceptaron. Mi cuarto estaba en el sótano y tenía una entrada por afuera, en la parte de atrás de la casa. Mi habitación era grande y adentro había dos camas dobles, cada una en lados opuestos de la habitación. Las camas estaban encima de unas cajas de madera y tenían cajones. Había una cómoda al lado de cada cama y, además, dos libreras y dos escritorios de madera con lámparas encima. Era muy poco espacio para dos personas y, como el cuarto estaba en el sótano, era un sitio frío y húmedo, diferente al resto de las habitaciones. La puerta trasera daba a un pasillo oscuro y al final del mismo había un pequeño baño con regadera; en el pasillo había otros dos cuartos, y la gente de esas alcobas también podía usar ese baño.

Al menos tengo privacidad, pensé. Traté de pensar en cosas positivas, pero me sentía muy solo desempacando todo sin la ayuda de nadie.

La puerta estaba abierta, para que entrara aire y luz del patio trasero. Mientras desempacaba una mujer tocó la puerta. Tenía el pelo negro y le llegaba a los hombros.

—¡Hola! —dijo—, tú debes ser Jesse.

Su voz era suave, amorosa y cariñosa, y de inmediato me hizo sentir bienvenido y a salvo.

—Me llamo Mayra y te puedo ayudar en lo que sea que necesites durante tu estadía acá en Cal. Trabajo para el departamento de logros académicos. El departamento es un centro de recursos para estudiantes que vienen de una universidad comunitaria. Pasa a verme el lunes a primera hora y podemos hablar de tu plan educativo, y ver si tienes preguntas sobre ayuda financiera, programas trabajo-estudio y los sistemas de apoyo que están disponibles para ti.

Hablamos un rato y luego se fue para que yo terminara de desempacar. Después de un tiempo fui a mover el carro; lo quité de la entrada y lo dejé parqueado en la calle. Cuando volví a la casa había otras cinco personas dentro, dos muchachos y tres muchachas, sabía quiénes eran y estaban esperándome. Los había conocido en una convención de Narcóticos Anónimos y desde entonces habíamos estado en contacto. Les había dicho que me iba a mudar a Berkeley y les dije cuándo, pero me sorprendió verlos ahí parados enfrente de mí. Corrieron a abrazarme:

—¡Felicidades, Jesse! Llegaste a Cal.

El corazón me creció y lo tenía lleno de amor.

—Vamos —dijeron—, puedes terminar eso mañana.

Fui a mi cuarto, me cambié de ropa, me puse un poco de colonia y salí a la calle. Manejamos hasta San Francisco. Primero fuimos a una reunión de NA en el Haight District. Luego fuimos a bailar al Warehouse District y luego a un club llamado DV8, que estaba debajo de un puente, entre la carretera. Nunca había ido a un club como ese. Era muy diverso. Había heterosexuales, homosexuales, afroamericanos, gente blanca, latinos, asiáticos, personas trans, todos bailando la más intensa música house y hip hop. Luego me llevaron a un *after* en un mega club llamado Universe. Me perdí en lo conmovedora que era la música de góspel house y bailé toda la noche con esos amigos. Años después haría lo mismo en Nueva York: bailé sin necesidad de consumir drogas y disfruté la música que ponían en The Limelight, The Roxy, Twilo, The Tunnel, Crash, Esquelita, Monster, The Warehouse y The Octagon, y me la pasé de lo más bien en esos lugares.

Pensé que íbamos a volver a casa al salir de Universe, pero mis amigos me llevaron a otro club que se llama The End Up, que no cierra de viernes por la noche a lunes por la mañana. No hicimos fila en ninguno de los clubes ni pagamos por la entrada. Les pregunté a mis amigos por qué tenían ese trato preferencial, y unas de las chicas me explicó que ellas habían trabajado ahí como bailarinas y que conocían a algunos de los *bartenders* y los porteros, y que varios de ellos también estaban en recuperación e iban a las reuniones de NA. Desde el primer día que llegué a La Bahía, tuve acceso a un importante sistema de apoyo.

Para cuando volví a Casa ya era de día. Vi a mi alrededor, a todo lo que aún debía desempacar y sonreí. Mientras estaba recostado en la cama, pensé en lo que había vivido en las últimas veinticuatro horas. El día anterior había dejado San Diego a bordo de mi Nissan Sentra blanco y había llegado hasta UC Berkeley por mi cuenta. Tal vez nadie de mi familia me había ido a dejar a la universidad o me habían despedido dramáticamente con un gran abrazo, como los otros estudiantes, pero yo tenía algo que estaba seguro que muchos hubieran querido tener durante su primera noche como estudiantes universitarios: un sistema de apoyo y una comunidad.

Mientras me quedaba dormido, pensé en mi familia y las historias de mis abuelos y mis bisabuelos. Pensé en especial en las mujeres de mi familia y el esfuerzo que realizaron para que sus hijos tuvieran mejores vidas. No quería que el empeño de mi mamá fuera en vano. Sabía entonces que no podía tirar la toalla. Esas historias de resiliencia, esas historias familiares y los cuentos populares me llenaron de orgullo y me ayudaron a conciliar el sueño.

△ △ △

A finales de 1800, en un camino entre Nayarit y Sinaloa, en México:

—Vieja —dijo Antonio—, todo está muy callado. Algo está mal. Saca tu pistola.

Antonio y su esposa Silveria habían salido de Tepic e iban de camino a Villa Unión a buscar trabajo. Silveria estaba embarazada y llevaba un arma entre el rebozo que sostenía a su otro hijo, el pequeño Antonio. El día anterior Silveria le había sacado las balas a la pistola. Ella odiaba las armas. Los tragos y las armas habían dejado a muchas mujeres viudas en su familia. Silveria era huichol y cora.

—Quédate quieto, viejo —dijo Silveria—. Nadie nos va a asaltar.

Menos de un kilómetro después, unos hombres los asaltaron. Antonio le gritó a Silveria para que sacara su pistola, pero eso solo alertó a los bandidos de que ellos llevaban armas. Un bandido mató a Antonio de un disparo. Otro tumbó a la embarazada Silveria de su mula, sin reparos. Ella cayó duro sobre la tierra, y el pequeño Antonio salió del reboso que lo mantenía cerca de su madre. Otro bandido le arrancó la bolsa de cuero que Antonio, muerto, tenía en su cuello. Adentro de la bolsa había un poco de oro y plata. Los bandidos tomaron el dinero y se fueron a bordo de sus mulas.

Horas después un grupo de personas encontró a Silveria. Ella estaba en el suelo, llorando, con su bebé en brazos, tocándose el vientre y con la cabeza de Antonio en su regazo. La gente llevó a Silveria a una iglesia al centro del pueblo de Villa Unión.

Ahí, Silveria le lloro al sacerdote.

—Tengo siete meses de embarazo. Tengo a un niño en mis brazos. No tengo nada de dinero, nada que vender y ningún lado a donde ir. Por favor ayúdeme, padre.

El sacerdote ayudó a Silveria a enterrar a su marido y dejó que ella durmiera en los bancos de la iglesia hasta que naciera el bebé y pudiera bautizarlo. Todo esto con una condición: que Silveria limpiara la iglesia después de cada servicio. El dolor y la tristeza provocaron que Silveria diera a luz esa noche. Su hija, mi abuela Susana, nació prematura. El sacerdote le pidió a una pareja del pueblo que fueran los padrinos de bautismo de Antonio y la pequeña Susana. La pareja le permitió a Silveria y a sus hijos vivir con ellos, siempre y cuando Silveria fuera su niñera y que mantuviera la casa limpia y en orden. Mi bisabuela Silveria pasó el resto de su corta vida trabajando como sirvienta. Ni a Susana ni al pequeño Antonio les permitieron ir a la escuela. Antonio trabajó en los campos de caña hasta que cumplió trece años y llegó a la pubertad, y sus padrinos le dijeron que ya tenía la edad suficiente para empezar su propia vida y tenía que irse. Silveria no pudo protestar y murió dos años después, cuando Susana tenía catorce. Susana entonces tomó las tareas de su madre. Ella pensó que nunca volvería a ver a su hermano.

Un día cuando ella estaba comprando comida en el mercado, un joven le entregó un pedazo de papel y le dijo al oído:

—Por favor, lee esta nota. Me llamo Miguel, pero me dicen Chino. Soy amigo de tu hermano Antonio —y se fue corriendo.

Como Susana no sabía leer ni escribir, le entregó la nota a la niñera de los vecinos, pero ella también era analfabeta. Entonces le dijo:

—Cuando vayamos al mercado mañana, le hablamos a mi primo. Él sí sabe leer y nos puede decir qué te escribieron.

La nota decía:

"Mañana, antes de la cena, tu hermano Antonio va a estar esperándote en la plaza".

Ese mismo día, antes del anochecer, Susana les dijo a sus patrones que necesitaba ir a comprar otras cosas para preparar la cena y se fue corriendo a la plaza, a ver a su hermano Antonio. El joven que le entregó la nota a Susana, Miguel, estaba junto a Antonio y él los presentó.

—Me prohibieron que viniera a verte. He estado viviendo en Mazatlán, trabajando en una cervecería y ahí conocí a Miguel. Él se ofreció ayudarme. Vente con nosotros a Mazatlán. Salimos a media noche —dijo Antonio.

Esa noche Susana salió de casa y nunca más regresó.

Las playas doradas de Mazatlán y las tres islas que se ven desde la orilla cautivaron a mi abuela Susana. Un año después de escapar de Villa Unión, Miguel le declaró su amor a Susana y se casaron. Un año después nació su primera hija, María. A pesar de que los padres de Miguel no estaban de acuerdo con la relación, esos primeros años en Mazatlán fueron los años más felices para Susana. (Los padres de Miguel habían llegado a Mazatlán como resultado de la Ley de Exclusión China, una ley federal impulsada por el gobierno de los Estados Unidos. Al ser dejados entrar a México, las autoridades mexicanas exigieron que los padres de Miguel cambiaran sus nombres a nombres españoles). Como Miguel quería un varón, le exigió a Susana otro hijo.

*El segundo bebé fue también una niña, igual que el tercero
y el cuarto. Susana pasó la primera década de su matrimonio embarazada y cuidando bebés. Pronto la frustración
que sentía Miguel porque su esposa solo paría niñas se convirtió en ira. Cuando estaba borracho Miguel la golpeaba.
La obligó a dar a luz un total de diez veces; todas fueron
niñas. Excepto su primera hija, María, y la más pequeña,
Esperanza (Espi), todas murieron antes de cumplir cinco
años a causa de desnutrición.*

*Espi, mi amá, nació prematura cuando Susana tenía
apenas siete meses de embarazo. El doctor que ayudó a
Susana a dar a luz le dio una caja de zapatos y dos botellas
llenas de agua caliente como incubadora, para darle calor
a la bebé. Al mes, días después del bautizo de Espi, Miguel
se fue con otra mujer.*

*Cuando María cumplió trece años se casó con un hombre
que era veintisiete años mayor que ella y se fue de la casa.
Durante toda su vida, María tuvo veintitrés hijos. De ellos,
solo quince llegaron a la adultez. En esa época, mientras más
niños tenía la gente, más ingresos podían obtener, pues los
niños eran obligados a trabajar a partir de los cinco años.*

*Cuando Espi cursaba el quinto grado, Susana la sacó de
la escuela porque estaba constantemente peleando, se defendía de los niños que la molestaban, y le quieran hacer
bullying.*

*—Pero, amá, ellos me molestan por ser pobre y cuando
ellos también son pobres. Apenas ayer les enseñé a arrancar del suelo trozos de chapopote fresco y untarlos de miel*

para hacer chicles. Ahora me molestan. Dicen que se me van a caer los dientes y me voy a quedar molacha para toda la vida. No voy a dejar que nadie me haga sentir mal solo porque somos pobres. Por favor, no me saques de la escuela —dijo Espi.

—Cuando no me estés ayudando a hacer tamales para la venta, vas a ayudar a tu hermana a criar sus hijos. A tu edad yo tenía que trabajar con mi mamá, solo para tener donde dormir —dijo Susana.

Susana fue muy dura con Espi. Si encontraba a Espi jugando canicas con los niños del barrio, en vez de ayudar a cuidar los hijos de María, Susana la halaba del pelo hasta llegar a la casa y luego echaba arroz en el suelo y la obligaba a arrodillarse encima del arroz, mientras sostenía dos piedras grandes y calientes en las manos. Cuando Espi cumplió catorce años, Susana le consiguió trabajo como niñera con el doctor que la había recibido cuando nació. La vida de niñera, esa vida que le tocó a la abuela de Espi y a su mamá, se repitió con ella. Espi pasó años criando los niños de gente adinerada, hasta que un día el destino arrojó a mi papá, a Ricardo, en su vida.

Una noche que Espi cubría el turno de una de sus sobrinas en un restaurante, Ricardo entró a comer. Él la siguió. Descubrió dónde vivía. Habló con Susana. Una semana después, Susana obligó a Espi a que se casara con Ricardo. Así se conocieron mis padres, en 1970. Ella tenía veintiocho años. Él, sesenta y tres. Se fueron de Mazatlán. Al año tuvieron a su primer hijo. Un año después, en 1972,

Espi dio a luz a una niña de siete meses que nació con una malformación anorrectal. La bebé necesitaba varias cirugías reconstructivas de inmediato o podía morir. El doctor del hospital se negó a operar a mi hermana a menos que mis papás pagaran por las cirugías en efectivo y por adelantado. Ricardo no fue capaz de juntar el dinero necesario y Espi, muy desesperada, regresó a trabajar apenas cuarenta y ocho horas después de haber dado a luz. Convenció a su jefe en el restaurante que le pagara a diario, en vez de cada semana. Cada día al salir del trabajo, mi amá iba al hospital a ver a la bebé y dar otro poco de dinero, y cada vez tenía la esperanza de poder salvar a su hija. Sin embargo, una noche, Espi llegó al hospital solo para descubrir que su hija de veintiocho días había muerto.

—Su hija murió hoy. Dejé su cuerpo en el baño de por allá —dijo una enfermera, señalando al baño que estaba al lado de la estación de enfermería.

Espi corrió al baño y encontró el cuerpo de su hija envuelto en una manta y encima del asiento de un inodoro. Mi amá estaba horrorizada. Tomó el cuerpo de su hija y cayó al suelo, llorando. Una hora después llegó Ricardo. La enfermera llegó a hablarle:

—Pusimos el cuerpo de la bebé allá, para que su esposa pudiera verlo. Si no hago eso el hospital mueve el cuerpo a la morgue y ustedes no hubieran podido verlo hasta pagar la deuda. Hice lo que pude.

Ricardo no llegó a casa por una semana. Dejó a Espi con su hijo de un año. Al séptimo día, Espi decidió irse de

Tijuana y volver a Mazatlán. Se había resignado al hecho de que su matrimonio había acabado y que Ricardo la había dejado, la había abandonado en Tijuana luego de la muerte de su segundo hijo.

Casi un año después, Ricardo se apareció en Mazatlán y exigió que mi mamá se fuera con él a Estados Unidos. Amenazó con secuestrarla. Espi tenía miedo y aceptó de mala gana. Eso fue en 1973. Ricardo se aseguró de que Espi no viera a su madre por los próximos diez años. Nunca cambió, mi papá.

CAPÍTULO 18

Vivir en la Casa Joaquín Murrieta me ayudó a adaptarme a UC Berkeley con facilidad. Estaba con los jóvenes latinos más talentosos, intelectualmente estimulantes y comprometidos políticamente que pude haber conocido. Muchos se han convertido en líderes de cambio en sus campos profesionales. Algunos de ellos eran danzantes aztecas y me invitaron a unirme a grupos de baile. Juntos organizábamos círculos de tambores indígenas en el jardín trasero de la casa, y llegaron otros estudiantes con ascendencia indígena y cada uno les enseñaba a los demás, canciones populares que cantaban sus antepasados. Después de cantar, algunos se quedaban y narraban historias familiares y de cómo sus familias habían llegado a Estados Unidos, y otros contaban de su experiencia viviendo en las reservas nativo-americanas. Todos contábamos historias de leyendas, viajes, misticismo, lucha y, sobre todo, esperanza.

Ese intercambio me motivó a estudiar historias de migración de otras culturas y así acabé estudiando con fantásticos profesores de estudios étnicos, política educativa y sociología, y todos me inspiraron a seguir investigando y aprender lo más posible, para así crear mi propia licenciatura con enfoque en política social y movimientos sociales en Estados Unidos. Mejoré mis habilidades como investigador, pues pude combinar las destrezas que había obtenido haciendo trabajo voluntario y mis experiencias sobre cómo crear conciencia de la propagación del VIH y entonces escribí mi tesis de licenciatura sobre el VIH en el sistema penitenciario en Estados Unidos. Realicé investigaciones basadas en la patologización de la homosexualidad, el impacto que tienen las políticas de justicia criminal a través de leyes como la ley de los Tres Strikes, en comunidades de personas de color; la creación del *prison-industrial complex* —el complejo industrial de prisiones— y las antiguas políticas de vivienda y renovación urbana que eliminaban las fortalezas políticas y económicas de comunidades de color a lo largo del país y como resultado concentraban la pobreza en las áreas urbanas.

Luego un día la conocí, conocí a Nía. Entró a mi habitación para reunirse con una amiga y mientras estaba junto a la puerta, dijo:

—Hola, ¿tú eres Jesse?

Me quedé sin palabras cuando vi a esa hermosa mujer mitad latina, mitad filipina que me hablaba. Sonriendo, volvió a preguntar:

—*So*, tú eres Jesse, ¿o no?

Le dije:

—S-s-sí. Y-y-yo soy Jesse —y sonreí, me sonrojé, sintiéndome como un niño tonto medio mareado de emoción.

Dijo que buscaba a una amiga, una chica a la que yo le iba a cortar el pelo. Le di la mano. Estaba muy nervioso. Me había impresionado la belleza y confianza que irradiaba esa mujer.

Obviamente había conocido a otras mujeres bellas a inteligentes, pero Nía tenía algo que me impresionó muchísimo. Nía parecía un personaje de una película de espías y acción. Se parecía a una mezcla entre Angelina Jolie y Jennifer López. Nía fue la primera, de muchas personas que conocí en UC Berkeley, que me enseñaron a navegar exitosamente en un mundo dominado por hombres sin dejar de ser yo mismo. Esas personas me enseñaron a pelear por la justicia social, siempre que existía la oportunidad de hacerlo.

Nía se convirtió en mi *coach*, mi aliada, mi mentora y mi amiga. Cursaba su último año de licenciatura y estaba muy involucrada políticamente. Me ayudó a encontrar pasantías, becas y ayuda financiera que nunca hubiera encontrado por mi cuenta. Quería tener impacto en la vida de los jóvenes y darles esperanza a personas con un pasado similar al mío. Nía me presentó a amigos que trabajaban en el Consorcio de Justicia Criminal y ahí obtuve un trabajo ayudando a presos a adaptarse a la vida fuera de la cárcel, y ayudé a organizar la primera conferencia sobre la industria de prisiones y el sistema penitenciario en UC Berkeley llamada *Critical Resistance* (resistencia crítica) con importantes activistas y figuras destacadas como Ángela Davis.

Nía me motivó a aplicar a una beca llamada Public Policy and International Affairs (PPIA), antes conocida como la Woodrow Wilson and Sloan Fellowship. Me aceptaron en el programa de verano de 1997 de PPIA en UC Berkeley. Esa oportunidad me permitió adentrarme en la política pública y las relaciones internacionales y realizar tareas exigentes, trabajo en grupo y estudios de casos. Me dio las bases para realizar análisis cualitativo y cuantitativo, necesarios para políticas públicas, y ahí aprendí como usar números y datos para contar historias. Cuando los becados terminamos el programa, PPIA les brindó fondos para cursar una maestría que era algo que nunca antes había considerado. Mi plan era volver a San Diego luego de graduarme de UC Berkeley.

Tras terminar el programa de PPIA, volví a casa por una semana para guardar mis cosas en el garaje de mi amá y vender mi carro. Me gustó estar de vuelta en casa. Por las noches mi amá preparaba la cena y mi hermano llegaba con sus hijos, pero yo pasaba casi todo el tiempo preparándome para ir a mi viaje a España por un año. Había aplicado al Programa de Estudios en el Extranjero para estudiar en Madrid. Había decidido ir a España porque sabía hablar español con fluidez y podía además usar el país como mi base central para poder viajar por Europa. Antes de irme, mi amá me dijo:

—Mijo, quiero vivir la vida a través de tus ojos. Mándame fotos de todos los lugares a los que vayas, y recuerda que siempre estoy a tu lado.

El apoyo de mi amá me ayudó a sentirme entusiasmado y feliz de ir a Berkeley y de ir a estudiar a otro país. Ella sabía que parte de mí se sentía culpable por haberme mudado a Berkeley para estudiar en la universidad. Yo sentía como que había abandonado a mi familia. Y estaba a punto de volar sobre el Océano Atlántico para ir a vivir un año a Europa. Para la gente privilegiada, una experiencia así es algo muy natural, para mí eso representaba un gran conflicto interno. Ni mamá, ni mi papá habían podido viajar tan lejos. Sin embargo, mi amá me motivó a continuar mi camino.

Con un grupo de amigos tomé mi primer avión en el Aeropuerto Internacional de Los Ángeles. Tomé mi asiento y cuando despegó el avión yo estaba tan emocionado como un niño, pero luego empezó la turbulencia y me dio mucho miedo. Me agarré del asiento como si mi vida dependiera de eso. Miraba por la ventana y pensaba, *¿Por qué yo?* No sentía como que yo era alguien especial. No tenía un secreto mágico de cómo vivir la vida. *¿Por qué yo tengo acceso a todas estas oportunidades? Hay gente igual que yo que no tiene acceso a ellas.*

Ese día mientras veía por la ventana, me di cuenta de que la persistencia y resiliencia fueron clave para mi éxito. Nunca me di por vencido y tuve acceso a un fantástico sistema de apoyo y una comunidad que siempre estuvo a mi lado.

Δ Δ Δ

Disfruté del vuelo hasta que llegué a la aduana, en el aeropuerto de Madrid. Sentía cómo el miedo y la ansiedad volvían a apoderarse de mí; todo era a raíz de mi trastorno de estrés postraumático y por el hecho de ser un chicano, que creció cerca de la frontera. El corazón empezó a latirme bien rápido y las manos se me llenaron de sudor. Me dije a mí mismo lo que siempre me decía cada vez que cruzaba la frontera con Estados Unidos, *Güey, no te preocupes. Eres un ciudadano estadounidense nacido en los Estados Unidos y no traes drogas. Estás sobrio y no hay por qué estar nervioso.* No funcionó. Fui el único estudiante del grupo al que revisaron. Al salir, grité:

—Ay, no. No salí de Estados Unidos para tener que lidiar con estas chingaderas acá también. ¡Pinche colonizadores, prejuiciosos hijos de su chingade madre!

Todos se rieron, pero no era una broma.

Cuando llegamos a los apartamentos, esperé pacientemente a que alguien me entregara mis maletas. Pero no aparecieron las mías. Alguien las había mandado por accidente a Granada, en otro autobús. No había estado ni un día en España y ya me habían revisado solo por ser chicano y por mi color de piel, y me había quedado sin ropa que ponerme, más que la que llevaba puesta. Me sentía re mal, pero un miembro del staff de la universidad me llevó a una tienda cerca que se llamaba Zara, y ahí compré ropa interior, calcetines, unos pantalones y una camiseta.

Cuando volví al hostal vi que todos los estudiantes ya
habían cenado. Comí solo. Luego fui a mi habitación para
llamar a mi mamá y decirle que había llegado bien. Le dije
que estaba bien feliz y que no había tenido ni un solo problema. Luego de colgar con mi amá, llamé a la línea de
Alcohólicos Anónimos en Madrid. Me dijeron dónde iba
a haber una reunión y cómo llegar ahí. Salí a conocer la
ciudad solo, sin la ayuda de nadie y me subí al metro.

Llegué a la reunión justo cuando estaba a punto de empezar. Todos se veían más viejos que yo. La gente me asintió
con la cabeza, como para darme la bienvenida. Me senté
a escuchar a la gente contar sus historias. Me dio risa es-
cucharlos hablar con sus acentos españoles, porque sentía
como que estaba dentro de una película de Pedro Almodóvar y de repente me di cuenta lo lejos que había llegado,
que una vez estaba en el este de Los Ángeles, en un tráiler,
cocinando metanfetaminas y viendo *Mujeres al borde de
un ataque de nervios*. Durante la reunión, la coordinadora
me pidió que compartiera mi historia. Les dije que esa era
mi primera noche en España y que llevaba cuatro años sin
consumir drogas, y que a pesar de que se sentía increíble,
que estaba viviendo un sueño, tenía miedo de cagarla. Les
expliqué que yo era el primer miembro de mi familia que
viajaba tan lejos. Luego de la reunión, unas personas me invitaron a cenar y me ofrecieron llevarme de vuelta al hostal.
Fue algo mágico el hecho de que, durante mi primera noche en Madrid, unos extraños, que eran parte de una gran
comunidad a la que yo pertenecía, me mostraran la ciudad.

En el restaurante vi el menú. A pesar de que hablaba español, no entendía nada de lo que estaba escrito ahí. No sabía qué eran los champiñones, mejillones, patatas, murcia o jamón serrano. En el barrio tenemos otras palabras para esos productos. Luego vi que en el menú decía "tortilla" y dije:

—¿Venden tortillas acá?

Pedí una tortilla con patatas y asumí que era como un taco de papa. Cuando el mesero llegó con mi orden, me entregó un gran *omelette* de huevo y papa con cebolla y chile pimiento.

—¿Y eso qué es? Esto no es una tortilla —dije.

Caí en su broma y todos se rieron en buena onda. Comimos afuera, en una plaza rodeada de edificios medievales. Hablamos y nos reímos toda la noche. Llegué a casa a eso de las dos de la mañana, luego de haber hecho nuevos amigos.

Ese año viajé por toda Europa. A cada ciudad a la que iba, intentaba ir a una reunión. Especialmente porque pensaba que no había mejor forma de conocer una ciudad, que acompañado de los alcohólicos y adictos en recuperación, que la conocían como la palma de su mano.

Durante los fines de semana me iba de viaje a pueblos como Segovia, Toledo, Cuenca, Tarifa y Cádiz, y a grandes ciudades como Barcelona, Málaga y Sevilla. Mi primer viaje fue a Málaga y fui a un pequeño pueblo costero llamado Torremolinos. Ese viaje cambió mi vida para siempre. Otro estudiante y yo fuimos a un club gay. En el club

conocí a un español, lo conocí bailando. De inmediato
hubo conexión. Bailamos y nos la pasamos bien hasta muy
tarde. Al salir del club, acepté pasar la noche con él y nos
consiguió una habitación en un hotel.

Por mi pasado, usualmente yo era la persona con más
experiencia a la hora de tener sexo, pero esa vez él me re-
costó gentilmente en la cama y le provocó a mi cuerpo el
placer más intenso que había sentido en la vida. Me hizo
explorar cosas que nunca pensé que haría. Dejé ir las ideas
preconcebidas y machistas que tenía sobre la masculinidad y simplemente, me dejé llevar. Fue un éxtasis.

Mientras me vestía, él puso su brazo sobre mi hombro,
me dio la vuelta y dijo:

—A ver, mírate en el espejo.

Era un espejo de cuerpo completo. Vi mi reflejo y le
dije:

—¿Qué? ¿Qué estoy viendo?

—Eres bello, y eres todavía más bello cuando no te re-
sistes. No siempre tienes que tener el control. Mírate, ya
estás listo para ir de vuelta a casa. ¿Pero por qué? No tienes
que irte. ¿Te puedes quedar esta noche conmigo? —dijo.

Sonreí. Me quedé a dormir con él esa noche.

Me despertó en la mañana con una taza de café y pan
tostado con mantequilla.

—Estabas dormido y no quería despertarte. Espero que
te guste el café —dijo.

Estaba lleno de ansiedad y molesto conmigo mismo
por haberme permitido ser vulnerable con un extraño y

por dormir con tanta profundidad que no estaba consciente de lo que pasaba a mi alrededor. Por un momento quise decirle: *Bueno, guapo. Ya estuvo bueno, compa.* Pero no lo hice. Volví a la cama, me recosté en la cabecera y me tomé el café, estaba muy feliz por lo que habíamos compartido la noche anterior.

Mientras nos vestíamos él dijo:

—¿Por qué escondes ese cuerpo tan hermoso detrás de ropa tan holgada? Hoy te llevaré de compras, tú y yo.

Me reí y le dije:

—No soy millonario, carnal. No traje dinero para ir de compras.

—No te estoy pidiendo dinero. Soy estilista de moda. Confía en mí, conozco a mucha gente. Ellos van a tener todo listo.

Me dejé ir. Me probé unos *jeans* ajustados y camisas que delineaban mi cuerpo. Era raro sentir la tela tan cerca de mi piel. Los *jeans* me apretaban mucho. Mi amante me compró cuatro conjuntos que podía combinar y dos pares de zapatos. Me convenció a que saliera de la tienda vistiendo uno de los conjuntos. Llevaba unos pantalones negros ajustados con el tiro bajo y piernas rectas, un cinturón con una hebilla plateada muy linda y una camisa ajustada de manga larga, color azul.

Antes de salir de la tienda le dije:

—No sé. No me siento cómodo. Siento que llevo ropa para gays. Me miro bien gay.

Él me dijo:

—No. Te ves sexi y como alguien con clase y muy europeo. Además, ¿no has notado que la mayoría de tíos en Europa parecen gay? Ya, supéralo.

Me volví a ver en el espejo y ahí estaba yo. Era otro Jesse, un Jesse diferente al que usualmente miraba en el espejo. Me veía chingonsísimo. Pero sentía que mi amante me había quitado la armadura.

De camino de vuelta al hostal, nos topamos con mis amigos heterosexuales que estaban en un café. No podían creer lo que estaban viendo.

—¿Qué pasa? —dijeron—. Diablos. Mírate, Jesse.

Me reí, pero como un niño apenado y avergonzado. Les presenté luego a mi nuevo amigo y él les preguntó:

—¿Y qué tal? Se ve bien, ¿no?

—Sí, se ve bien; totalmente diferente —dijo uno de mis amigos.

Mi amante volteó a verme y dijo:

—Tienes mi número de teléfono. Llámame.

Le ofrecí la mano para despedirme de él, pero él me jaló y me dio un beso en la boca, enfrente de mis amigos heterosexuales y en medio de la calle, mientras gente pasaba al lado nuestro.

"Relájate", me susurró al oído, mientras estaba en sus brazos, "déjate llevar. A nadie le importa". Mientras se alejaba, repitió: "llámame".

Mi vida estaba cambiando. Yo estaba cambiando. Me sentía muy bien estando al otro lado del mundo, y en un lugar donde nadie me conocía y donde podía ser quien yo quisiera. Estaba obligado a salir de mi zona de confort. Mi vida era una fantasía. Estaba viviendo un sueño.

Una madrugada en Madrid, a eso de las 3:30, iba de vuelta a casa desde un bar llamado Black & White, en un barrio llamado Chueca. Pasé a Gran Vía a comprar arroz con pollo hecho por una inmigrante china. Ella hacía el arroz con pollo y lo vendía en unas cajas de aluminio que guardaba en una hielera. Ella estaba ahí cada mañana, de la 1:30 a las 6.

Mientras comía, unos muchachos pararon a comprarle un refresco a la mujer. Uno de ellos me habló, me dijo, sonriendo:

—Hola, guapo, ¿a dónde vas?

Se me hacía conocido. Se presentó. Se llamaba Pedro y mi mente hizo la conexión.

Le pregunté:

—¿Tú eres Pedro Almodóvar, el director de cine?

—Sí —dijo.

Medio mareado le dije que había visto sus películas en Estados Unidos, que primero vi *Mujeres al borde de un ataque de nervios,* y que era un honor conocerlo en persona.

Él dijo:

—Gracias, He quedado con unos amigos en un bar en Chueca que se llama Black & White. Acompáñanos.

Pensé, *No mames, ¿cuántas veces voy a poder ir de fiesta con Pedro Almodóvar?*

Entonces me fui con Pedro y sus amigos de vuelta al bar del que acababa de salir. Me senté en una mesa con ellos, mientras *drag queens* iban y venían. Me habló de su nueva película *Carne trémula*, que estaba a punto de salir. Era gracioso, inocentemente coqueto, y fue fácil hablar con él.

Regresé a casa con una gran sonrisa en el rostro, sorprendido por lo tanto que mi vida había cambiado en tan poco tiempo.

Estando en el extranjero lejos de casa me ayudó entenderme mejor a mí mismo. No me sentía limitado a ser de una cierta manera, como me había sentido durante la mayor parte de mi vida. Empecé a encontrar quién era yo realmente, tan lejos de mis lazos culturales, étnicos, familiares y afectivos. Caminé dentro de castillos y monasterios, por pasillos angostos y barrios árabes, rodeados de bares de narguiles. Durante el Carnaval de Cádiz, pasé una noche entera por sus calles con romaníes que tocaban sevillanas y flamenco. Pude admirar los paisajes color verde esmeralda del norte de España, y me hipnotizó la entrada de la catedral de Santiago de Compostela donde vi, durante un silencio meditativo, el Árbol de Jesé que estaba tallado en un pilar ubicado en la portada de la catedral, y que millones de personas han tocado durante cientos de años, como parte de un peregrinaje espiritual que los lleva hasta ese lugar. En Altamira subí montañas y entré en cuevas y toqué pinturas rupestres hechas por civilizaciones antiguas. No podía creer que estaba dentro de unas cuevas, que fueron habitadas hace decenas de miles de años y que había tocado las mismas pinturas rupestres que había visto alguna vez de niño, en revistas de *National Geographic*.

Estaba disfrutando de la vida.

CAPÍTULO 19

Los últimos días de mi año en Madrid fueron agridulces. En menos de un año había crecido y cambiado tanto. Madrid fue el primer lugar donde me había declarado abiertamente gay y, a pesar de que mi hermano y mi mamá habían conocido a uno o dos novios pasajeros, nunca imaginé que iba a ser tan libremente gay en España. Mi regreso me generaba ansiedad.

Luego de aterrizar en Los Ángeles empecé a criticar todo de Estados Unidos. Fue un *shock* cultural y sentía que ya no pertenecía a ese lugar. Esa cultura que vi en el aeropuerto, tan pretenciosa e híper masculina era tan abrumadora que, de inmediato, quise volver a ser quién era antes. Eso, sin embargo, me irritaba. La gente iba de prisa a mi alrededor. El corazón me latía rápido y mientras pasaba por la aduana sentí miedo y ansiedad, a pesar de haber viajado a Turquía, Alemania, Suiza y Francia, y pensé a que no había sentido algo así desde que llegué por primera vez a España. Me di cuenta de que iba a ser difícil volver a encontrar a ese nuevo yo en Estados Unidos, ese yo que disfrutaba de comprar frutas y vegetales en los quioscos de barrio, al que le gustaba la comida saludable y comer en plazas y tomar café y discutir asuntos mundiales. Ariyel me fue a recoger al aeropuerto y rápido se enojó conmigo.

—Mmm, hola, Jesse. Bienvenido a Los Ángeles. Juraría que te fuiste hace más de diez años.

—Se siente raro. Me siento como desubicado. Hasta por mi forma de vestir.

—Sí, te ves diferente. Eso es obvio. Pero, ya, supéralo.

Conociéndome tan bien como ella me conocía, me llevó a una taquería y pidió un burrito de carne asada y un agua de tamarindo. Era como estar en el cielo. De inmediato estaba feliz de haber vuelto a casa.

Durante el verano de 1998, antes de regresar a Berkeley, acepté un trabajo en Los Ángeles, en *The Wall Las Memorias Proyect*, realizando trabajo sobre el VIH en comunidades latinas al este de Los Ángeles. Mi ira volvió cuando me enteré de cómo las organizaciones blancas y gays de West Hollywood acaparaban los recursos de las personas VIH positivo y las comunidades LGBT. Muy pocos recursos llegaban a las comunidades de color, donde los casos de VIH positivo iban en aumento. El director ejecutivo de *The Wall* se convirtió en mi mentor. Como sabía que yo quería conocer a otros activistas latinos, que eran abiertamente gays y abogaban por nuestra comunidad, me presentó a líderes comunitarios. Y a pesar de que la organización no se enfocaba en trata de personas o trabajo sexual, finalmente conocí a otras personas que habían vivido vidas similares a la mía. A muchos los habían obligado a realizar trabajo sexual, igual que a mí. No era el único, y pude conectarme con una comunidad de hombres latinos gays que me entendía y que yo también entendía.

△ △ △

Durante mi último año en Berkeley, viví en la esquina de Telegraph y Durant, en un área llena de hippies y en un apartamento chiquitito de una habitación, que compartía con mi antiguo *roommate* de Casa. Mi *roommate* era un latino musculoso nacido en Los Ángeles y que también creció en un barrio. Me aceptó desde el momento en que nos conocimos. Fue él quien encontró nuestro apartamento en Telegraph y Durant. Era un apartamento conocido como *The Chicano Apartment* —el apartamento chicano— porque un chicano se lo daba a otro chicano y ese se lo daba a otro chicano para tener control sobre la renta y para que así estudiantes, que no podían costear otros apartamentos en el área, pudieran vivir ahí. Yo dormía en la habitación y mi *roommate* dormía en el sillón, en la sala. Tomé un trabajo en un salón de belleza en Telegraph y eso me permitió trabajar mientras aún iba a clase. También cortaba pelo en casa a personas que no podían o no querían pagar lo que les cobraban en el salón. Otra vez tenía un trabajo a tiempo completo, además, iba a la universidad tiempo completo e intentaba hacer dinero por mi cuenta para sobrevivir. Más que nunca estaba enfocado en graduarme.

Quería terminar mi licenciatura para así volver a San Diego y obtener un trabajo en City College, ayudando a otros estudiantes. Al menos ese era el plan.

Pero las cosas no ocurrieron así. Una vez más la vida me llevó por una ruta inesperada.

Durante los primeros meses de regreso en Berkeley, Nía me insistió mucho que considerara realizar una maestría. Ella quería que aprovechara el financiamiento y las becas de maestría que ofrecía el PPIA Fellowship. Me dijo:

—Jesse, tienes que aplicar a las diez mejores maestrías de política pública y relaciones internacionales del país. Eso incluye a Harvard.

A cada rato mis profesores y mentores me preguntaban:

—¿Y cómo va lo de la maestría? Era como si todos estuvieran conspirando para ayudarme.

En un punto me derrumbé, hablando por teléfono con Nia. Le dije:

—Creo que eso de la maestría no es para mí. No creo que pueda lograrlo.

Nia dijo:

—Solo manda tus solicitudes, Jesse. No tienes nada que perder. Ya recibiste la exención; no tienes que pagar nada. Y si te preocupa el GRE, entonces ve a la oficina de ayuda financiera y pide una exención de gastos por los cursos de preparación para el GRE. No hay excusa.

Más tarde ese día, fui a la oficina de ayuda financiera y me dieron una exención de inmediato. No quería aplicar a un montón de universidades solo para que me rechazaran.

También me daba nervios pensar qué iba a pasar si me aceptaba alguna universidad. *¿Qué pasa si todos en la maestría se dan cuenta de que soy un extrabajador sexual y adicto en recuperación, que creció en el barrio, durmió en las calles, y se dan cuenta de que no pertenezco ahí?*

Me abrumaba el miedo al éxito, además del miedo al fracaso. Una noche fui al Oakland Pier a meditar. De camino al muelle vi a los trabajadores sexuales que estaban ahí, caminando. Había muchos. Pasé en mi carro y cada uno se sacó el pene para mostrarme su mercancía. Casi todos eran hombres negros. De inmediato me recordaron mi pasado y lo que había vivido. Parqueé el carro, fui hasta donde estaban y hablé con dos de ellos. Ambos eran hombres negros cisgénero y gay. Cada vez que un carro se acercaba, yo me hacía a un lado para no afectar su trabajo. Una vez el carro se alejaba, seguía hablándoles.

—Güey, no sé qué chingados estoy haciendo. ¿Qué tal les va por acá? —les pregunté.

—Oye, estás loco, cabrón. Sigue yendo a clase. Acá estamos muy mal. La policía siempre viene a molestarnos y hay mucha competencia. Está muy difícil la cosa. Si lograste salir, no regreses —dijo el mayor.

Y luego el más joven me preguntó:

—¿Cuándo fue la última vez que fuiste a una reunión o llamaste a tu padrino? —y se empezó a reír.

—¿Qué? —le dije—. ¿Cómo sabes que…?

—Vi que llevas un llavero de NA con las llaves de tu carro —dijo—. Más te vale que te ocupes de tus asuntos y que trabajes tus pasos o pronto vas a estar acá con nosotros. Yo estuve sobrio por nueve meses y fueron los mejores nueve meses de mi vida. Pero ahora mírame. Acá estoy otra vez buscando clientes.

Necesitaba que me dieran esa cachetada. Volví a casa y le di gracias a Dios que mi vida había cambiado de forma tan drástica en tan poco tiempo, y luego fui a una reunión donde hablé sobre mi miedo a lo desconocido y cómo pensaba que lo más fácil era volver a lo viejo conocido, sin importar qué tan peligroso o desolado era. Pero volver a lo viejo conocido nunca es fácil.

Δ Δ Δ

Cuando llegué a mi curso de preparación para el GRE en Kaplan, vi que la mayoría de los estudiantes eran blancos o asiáticos. El único otro latino era mi *roommate*; lo había obligado a pedir una exención y a recibir el curso conmigo. Juzgaba a todos los que estaban ahí. *Gringos ricos, hijos de su chingada madre*, pensé. *Claro que van a sacar un buen puntaje; los exámenes son parciales y sus familias sí pueden pagar los cursos de preparación.* En ningún momento consideré que tal vez los estudiantes asiáticos o los blancos tenían las mismas inseguridades que yo. Tampoco pensé que tal vez estaban en esa clase porque también habían pedido una exención. Lo que importaba es que, en ese momento, me di cuenta de que juzgaba a los demás de la misma manera que yo no quería que la gente me juzgara a mí.

Los cursos de preparación me enseñaron mucho. Lo más importante que aprendí fue que esas pruebas no medían mi inteligencia. Me enseñaron a pensar estratégicamente, a la hora de tomar el examen, y a diseccionar cada pregunta para así obtener un mejor puntaje. Tomé la prueba de GRE el último día que se pudo tomar con lápiz y papel. Sabía que estaba tomando ese examen solo porque otras personas me habían ayudado y me habían llevado hasta ese momento. Aun así, estaba orgulloso de mí mismo.

Apliqué a Harvard, UC Berkeley, University of Chicago, Georgetown, Princeton, University of Washington y University of Michigan en Ann Arbor. Al principio no quería aspirar a Harvard porque pensé que era imposible que aceptaran a alguien como yo. Sentía que era una pérdida de tiempo aplicar si de todas formas me iban a rechazar. Pero Nía insistió a que lo hiciera.

—No pierdes nada. Lo peor que puede pasar es que te digan que no. Pero no vas a saberlo hasta que lo intentes —dijo.

Acepté, y primero pedí una cita con el encargado de admisiones de la facultad de políticas públicas en Berkeley, la Goldman School, porque la tenía cerca. El encargado también era latino, entonces pensé que iba a darme una buena orientación. Cuando llegué a su oficina, él no había llegado y tuve que esperar media hora. Cuando finalmente apareció, fue muy brusco y me hizo sentir como que le estaba quitando su tiempo.

—¿Jesús? —preguntó.

—Sí. Hola. Me llamo Jesús. Mucho gusto.

Cuando le extendí mi mano para saludarlo, él pasó a mi lado, no se presentó y ni siquiera reaccionó a mi saludo. Solo dijo:

—Vamos. Sígueme.

Fuimos a su oficina, me dio tu tarjeta y me preguntó:

—¿Así que quieres hacer tu maestría en política pública acá en Berkeley? ¿Cuánto sacaste en tu GRE?

Le dije mi puntaje.

—Bueno, te recomiendo que busques otras opciones. ¿A dónde más aplicaste? —me preguntó.

—A Georgetown, Michigan, Harvard y...

—Todas son muy buenas —me interrumpió—, pero dudo mucho que alguna de ellas te acepte, especialmente Harvard. Tus notas no son lo suficientemente altas. Acá en Berkeley nos enfocamos mucho en análisis cuantitativo y tus calificaciones demuestran que no dominas esa área. Perdón, pero tengo mucho trabajo que hacer, Jesús. Pero gracias por venir a verme.

Sin levantarse de su silla, me ofreció la mano, indicándome que ya era hora de que me fuera.

Salí de su oficina viendo hacia abajo. Me sentía como un niño triste y decepcionado que patea piedras en el camino. Cuando llegué a casa pensé en llamar a Nía. Levanté el teléfono, vi a las teclas y pensé, *¿Para qué, güey? De seguro ni ella cree en ti.* Se me llenaron los ojos de lágrimas y quería aventar el teléfono, pero en vez de eso marqué su número.

Tan pronto escuché su voz, exhalé y una lágrima cayó sobre mi rostro. Le conté lo que había pasado.

Nía dijo:

—Escucha, muñeco, necesito que te enfoques y no le pongas atención al ruido a tu alrededor. Ellos se lo pierden, y si no te aceptan en Berkeley, te van a aceptar en otra parte. No dejes que ese idiota te quite la esperanza. No lo vale. A la mierda con él. Sigue haciendo lo que estás haciendo.

△ △ △

Unos seis meses después de haber mandado mis solicitudes de admisión, recibí un gran sobre amarillo de Harvard. *¡No! ¡No puede ser!*, pensé mientras miraba el sobre, apretándolo bien duro. El corazón me latía rápido. Tomé aliento y lentamente empecé a abrirlo; me temblaban los dedos, tenía los ojos bien abiertos, estaba muy ansioso, pero igual tenía la esperanza de recibir buenas noticias. Leí la carta. Lo primero que pensé fue, *No mames, no puede ser.*

Después pensé: ¡Grandísimo carajo, voy a ir a *Hahvuhd!*

Y luego pensé, *Mierda, ¿cómo le digo a mi amá?*

Me quedé en *shock* por un momento. Me recordé la última vez que consumí drogas y de cómo esa noche varios hombres me violaron y golpearon brutalmente. Recordé cuando los hombres me aventaron por las escaleras y yo caí desnudo en el frío de la noche. Empecé a llorar sin control, y luego tomé el teléfono y llamé a mi mamá. Lloraba sin parar, y le dije a mi mamá:

—Amá, te quiero. Te quiero, amá, te quiero. Perdón. Discúlpame.

—¿Qué pasa? ¿Qué te pasa? —decía ella, y estaba asustada y preocupada, y luego me di cuenta de que la estaba asustando.

—Amá —dije—: Perdón, perdón, pero me aceptaron en Harvard, y esa es la universidad a la que más quería ir, pero eso significa que no voy a volver a casa, que no voy a estar cerca de ustedes. Perdón, amá.

—Ya, mijo. No llores. Todo va a salir bien. Ya verás. Ahora, explícame qué es eso —dijo, y yo seguía llorando.

Mi amá no sabía qué era Harvard. Me sentía culpable. Sentía que yo era una persona muy egoísta por haber querido ir a Harvard. Había soñado con comprarle una casa a mi mamá y vivir ahí con ella. Tendría que posponer todo. Mi vida había tomado otro rumbo.

CAPÍTULO 20

Unas semanas después de mi graduación, la consejera del programa de educación en el extranjero me preguntó si quería estudiar en Cuba durante el verano. UC Berkeley iba a enviar un programa piloto con quince estudiantes. El tiempo de respuesta era rápido. Tenía menos de tres semanas para mandar mi solicitud y, además, debía mandar papelería al Departamento de Estado de Estados Unidos. Una semana antes de mi graduación recibí una carta diciendo que me habían aceptado.

Antes de ir a Cuba, unos amigos cubanos, que había conocido durante el año que estuve en España, me dieron el número de teléfono de amigos y familiares en La Habana; querían que tuviera contactos de gente de confianza en Cuba, en caso de una emergencia. Los estudiantes podíamos llevar dos maletas en el avión, y los familiares de mis amigos cubanos me pidieron si podía llevar una maleta llena de ropa vieja, para regalarla. Especialmente querían que les llevara *jeans* (los de marca Levi's eran muy valiosos en Cuba y la gente podía cambiarlos por otras cosas), *shorts* (preferiblemente *shorts* de surfista con malla de tela dentro), sandalias, zapatos de vestir, zapatos tenis (mejor si eran Nike y Converse), camisas, ropa interior, camisetas, calcetines y cualquier aparato electrónico que pudiera llevar (Walkmans o reproductores de CD).

En la otra maleta me pidieron que llevara rollos de papel de baño, toallas sanitarias marca Kotex, tampones (los familiares de mis amigos me dijeron que las autoridades en Cuba no los iban a decomisar, siempre y cuando los llevara sueltos), condones (también sueltos), toallas, barras de jabón, pasta de dientes, cepillos de dientes, Neosporin, bolas de algodón, cinta adhesiva médica, guantes de látex, lápices, lapiceros, cuadernos y papel para escribir. Estos artículos no estaban disponibles en Cuba y las personas los necesitaban. Me dijeron que no regalara todo de inmediato, sino que se lo diera a quienes les tomara confianza. Dado a que viajaba con el objetivo de investigar temas delicados como transmisión del VIH, trabajo sexual masculino y estrategias de prevención de VIH, la gente iba a hablar conmigo más fácilmente si les daba algunos de estos artículos.

En la aduana, me preguntaron si quería que sellaran mi pasaporte. Les dije que no, para evitar cualquier problema a la hora de regresar a Estados Unidos. Luego que chequearon mis documentos, revisaron todo mi equipaje. Trataron de quedarse con mi Walkman y el reproductor de CD, pero les discutí como loco. Sí se quedaron con mis casetes de música y varios CD, dos libros de Anne Rice

(*Entrevista con el vampiro* y *Lestat, el Vampiro*), porque consideraban que eran propaganda capitalista. Se quedaron también con todos los lápices, lapiceros y papel que había comprado, pues eran artículos que podía usar para divulgar propaganda capitalista.

Cuando una agente de aduana vio que llevaba toallas sanitarias y tampones, se le abrieron los ojos. Ella tomó uno y me preguntó que para qué los necesitaba y por qué llevaba tantos. Sonriéndole le dije que los llevaba para la hija de un amigo, pero que si necesitaba unos, podía tomarlos, y le guiñé el ojo. Ella volteó a ver su supervisora y una sonrisa casi imperceptible apareció en sus labios. La agente volteó a verme, me guiñó el ojo, sonrió y agarró varias toallas sanitarias y tampones, y muy seria dijo que no podía traer tantas a Cuba. Luego se las entregó a su supervisora.

Me emocionaba poder ir a Cuba. Quería conocer el país por mi cuenta. No tenía lazos familiares o emocionales con la isla, pero creía en sus historias de igualdad y en que era un país donde héroes revolucionarios habían enfrentado el imperialismo y los sistemas de opresión, que el racismo y el clasismo habían instaurado en la isla. Sin embargo, también conocía a muchos cubanos y cubano-americanos cuyas opiniones eran radicalmente diferentes a las mías, entonces quería formar mi propia idea.

Esos amigos me hicieron dar cuenta de que yo era un ingenuo por pensar que el socialismo de Cuba era genial. Era una dictadura. Me di cuenta de que el gobierno de Estados

Unidos me había permitido ir a Cuba para ver todo con mis propios ojos, incluso si mi conclusión iba en contra de la política estadounidense. Decidí que no iba a creerle a ninguno de los dos países y, más importante, tomé la decisión de no permitir que nadie acallara mis ideas.

En mi primer día en Cuba, otros estudiantes y yo fuimos a la playa que estaba justo enfrente del hotel. Íbamos a disfrutar del fin de semana, antes de empezar clases en La Habana el lunes. No podía creer lo clara y tibia que era el agua de mar. Nadé en el mar y pensé, *Ay, Dios, qué bien se siente estar en recuperación. Gracias Dios por dejar que viniera a nadar a las playas que de niño veía en las revistas de National Geographic. Dios es bueno.*

Le dije a dos de mis amigas estudiantes —Sherry, una latina de ascendencia coreana y que había crecido en Los Ángeles; y Laura, una latina delgadita de Fresno, California— que alguien me había dicho que había un lugar gay en la playa llamado Mi Cayito y que quería ir a verlo. Aceptaron ir conmigo. Mientras íbamos caminando vi que cuatro hombres empezaron a acercarse a nosotros. Con cada paso que daban, su interés crecía. En inglés le dije a Laura y Sherry:

—¡Más les vale que esté coqueteando con ellos! ¡Sonrían, sonrían!

—Estamos sonriendo, pendejo —dijeron.

Luego que pasamos al lado de los hombres, volteamos a verlos. Ellos habían dejado de caminar y estaban ahí parados, viéndonos. Se rieron y se acercaron a nosotros.

Eran guapísimos. Uno llevaba unos *shorts* hechos de *jeans* viejos y, verlo vestido así, me recordó a los que usaba de niño. Otro llevaba *shorts* de surfista y los otros dos vestían bikinis. Nos preguntaron si hablábamos español. Rápidamente Sherry les dijo:

—Sí, claro.

Nos presentamos y empezamos la típica plática que la gente tiene con turistas: que de dónde somos, que bienvenidos a Cuba y bla bla bla. Su coqueteo con nosotros, incluso conmigo —masculino, amistoso y heterosexual, como si fuéramos buenos amigos— se sentía natural y, al mismo tiempo, erótico. Nos preguntaron que a dónde íbamos y Sherry les dijo:

—A una playa que se llama Mi Cayito.

Se vieron entre sí y uno dijo:

—¿Ustedes dos son lesbianas?

Sherry y Laura se abrazaron rápidamente.

—Sí, sí somos lesbianas —dijo Sherry con una voz muy sexy—. Solo queremos ir a un lugar donde podamos acostarnos en la arena sin que nadie nos moleste.

Los muchachos no estaban para nada sorprendidos.

—Bueno, déjenos llevarlos hasta allá —dijeron.

Las chicas se rieron y Laura dijo:

—No, no somos pareja. Estamos bromeando. Pero sí queremos ir allá porque nuestro amigo es gay. Vamos con él para que se sienta seguro en su primer día en Cuba.

Los muchachos voltearon a verme y dijeron:

—Oye, ¿en serio? ¿Tú eres gay?

Me reí incómodamente porque mis amigas me habían sacado del closet enfrente de unos extraños y les dije:

—Sí, soy gay.

Me sentía poderoso, adueñándome de mi identidad, pero al mismo tiempo estaba nervioso de hacerlo en un país que había tratado con tanta crueldad a su comunidad LGBTQ+.

Cuando llegamos a Mi Cayito, era obvio que habíamos llegado al sector gay de la playa. Había un montón de reinas. Nos sentamos en la arena, hablamos, nos reímos y disfrutamos de estar ahí. Una media hora después, le hice señas a un grupo de hombres gays que nos miraba fijamente. Nos presenté y empecé a hacerles preguntas a los muchachos sobre la escena gay en Cuba.

Me enseñaron a analizar el ambiente con una perspectiva cubana que, de alguna forma, era similar a las subculturas clandestinas de los Estados Unidos, la diferencia era que en Cuba arrestaban a la gente por ser abiertamente gay. Nos explicaron que la mayoría de fiestas gay en Cuba eran secretas, y que a veces eran en bares, casas particulares y en ocasiones en alguna mansión en Siboney o en la casa de un hombre llamado Papito, que vivía en un barrio conocido como La Víbora. Celebridades de todo el mundo volaban a La Habana para ir a las fiestas de Papito.

Al final del día, los muchachos que conocimos caminando por la playa nos acompañaron de vuelta al hotel. Sherry y yo nos quedamos con ellos en la parada de autobuses que estaba justo enfrente del hotel. El autobús, conocido allá como la guagua, o también como el camello, no tenía un horario fijo. Llegaba a la hora que llegaba. Mientras esperábamos, los muchachos nos dijeron que deberíamos ir a un pueblo llamado Guanabacoa porque esa noche celebraban su fiesta patronal. Nos dijeron que ese pueblo fue fundado a principios del siglo XVI y que era donde coincidía el sincretismo de las religiones africanas y el catolicismo, que se practica incluso hoy. Que no podíamos estar en Cuba y no ir a la fiesta de Guanabacoa, dijeron, especialmente si estábamos tan cerca de ese pueblo. Los muchachos estaban muy relajados y hablaron libremente hasta que llegó otro grupo de cubanos a esperar a que llegara el autobús. Rápidamente empezaron a hablar de otra cosa. No podían hablar con soltura porque tenían miedo a que los acusaran de ser disidentes y traidores del régimen.

—Hay chivatos por todos lados, entonces hay que tener cuidado con quién hablas. Estoy seguro de que a ustedes los van a estar vigilando mientras están en La Habana —dijo uno; los chivatos son soplones—. Por tus intereses, la gente no va a querer hablar contigo hasta que te hayan visto un rato y te conozcan. Dedícate a conocer a la gente, haz amigos y saca tus propias conclusiones. La mayoría de turistas no tienen la oportunidad de ver la verdadera Cuba. Y pónganle atención a cómo viven los negros y los blancos; este país no es la utopía que tú crees que es.

A eso de las ocho de la noche Sherry, Laura y yo tomamos la guagua y fuimos a la fiesta patronal de Guanabacoa. Dentro del autobús había mucha gente y hacía calor. Cuando llegamos a Guanabacoa, ya estaba oscuro. Músicos tocaban en la plaza central y la gente bailaba en la calle. Caminamos por las calles angostas de Guanabacoa, vías que fueron construidas siglos atrás. Fue ahí, en ese pueblo, donde me encontré por primera vez con las contradicciones de la isla. Era como estar en un lugar donde, constantemente, el yin y el yang te jalan de un lado a otro. De un lado, estaba la cultura y belleza del lugar, y del otro, su historia sangrienta con antecedentes de esclavitud y abuso. Esa experiencia nos permitió acercarnos entre nosotros. Sherry, Laura y yo dejamos de caminar, respiramos el aire del Caribe y vimos fijamente a las estrellas en el firmamento. Mientras yo veía el cielo, me sentía parte de algo más grande que yo.

△ △ △

Dos días después, al terminar nuestra primera clase en La Habana y mientras me alistaba para cenar, recibí una llamada en el apartamento donde nos hospedábamos. Era un conocido de mi amigo Ricardito, de España.

—Yesi, soy Castrico, amigo de Ricardito de Madrid —dijo. Ricardito les había dicho a sus amigos donde me iba a hospedar—. Alístate. Unos amigos y yo te vamos a recoger en unos quince minutos. Ya sabemos dónde estás —dijo Castrico.

Castrico y otros dos hombres llegaron a buscarme en un taxi Chevrolet Bomba de los años cincuenta. Hablé con

Castrico y sus amigos, y de camino ellos me mostraron algunos de los sitios turísticos en La Habana.

—Este es el Cine Yara, aquí está todo lo que tú debes conocer. Este es el centro de la escena gay en Cuba. Al otro lado de la calle está Coppelia, una famosa heladería que salió en una película *Fresa y chocolate*. Al final de esta calle está el Malecón. Te vamos a presentar a alguna gente.

Habíamos intentado pedir café en el lobby de un hotel, pero el guardia de seguridad no dejó que mis amigos cubanos entraran. Antes del 2008, la gente de Cuba vivía en un tipo de apartheid económico. Ese sistema no permitía que la gente se quedara en hoteles, rentara carros o fuera a lugares hechos para turistas. En esa época, solo algunos cubanos podían ir a los hoteles y únicamente con el permiso del gobierno de Cuba.

Pedimos café en una cafetería llamada El Fiat, en el Malecón. Nos sentamos en el muro y ellos empezaron a explicarme todo lo que debía saber para no tener problemas en Cuba.

—Primero, deja de hablar como mexicano. Nos contaron que vienes de una familia pobre, entonces mejor si aprendes a hablar como cubano, papi, o todos te van a quitar mucho dinero. Los cubanos pagan un dólar americano por ir en taxi, los turistas pagan ocho dólares. Los cubanos pagan uno o dos dólares para entrar a un club, pero tú vas a tener que pagar cinco o diez dólares. Todo es una lucha para nosotros, así que prepárate para hacer lo mismo. No te preocupes de que te vayan a robar, asaltar o que te golpeen, porque al final tú, que eres Americano, tienes más derechos que nosotros. No te va a pasar nada malo. Pero como te acabas de dar cuenta, hay muchas leyes y normas para que los cubanos no se mezclen con los extranjeros.

¿Qué pasó con toda la igualdad? Pensé. Había visto a muchos hombres gays y trabajadores sexuales en el Malecón. Estaba confundido. Castrico y sus amigos me presentaron a más personas y les pidieron que me cuidaran. Me pusieron de apodo 'El Mexicano' y así, en La Habana, empezó un nuevo capítulo de mi vida.

CAPÍTULO 21

El staff de la Casa de las Américas, donde cursé el programa de verano, me ayudó a coordinar una visita a Los Cocos, un infame campo donde ponían en cuarentena a gente si tenían o pensaban que tenían VIH o sida. El VIH en Cuba era un tema diferente que en Estados Unidos, y una de las razones era porque mucha gente en Cuba creía que el VIH era un arma biológica, y que muchos soldados cubanos habían sido infectados con el virus durante su participación en la guerra civil de Angola. Los primeros cubanos infectados con VIH no fueron homosexuales, sino hombres heterosexuales.

Doctores que trataban pacientes con VIH en Cuba me explicaron la epidemiología del virus en el país y cómo ellos lo trataban ahí. Los residentes de Los Cocos dejaron que entrara a sus hogares, pero el único momento que hablaron abiertamente sobre cómo era vivir con VIH en Cuba, fue cuando estábamos cerca del perímetro del lugar, pues tenían miedo de que el gobierno hubiera instalado micrófonos y cámaras en sus casas. En 1999, a pesar de que el gobierno de Cuba ya no obligaba a la gente con VIH a vivir en Los Cocos, muchos sentían que no tenían otra opción, pues en esa época la medicina utilizada para tratar el VIH solo estaba disponible en centros como Los Cocos. En ese entonces no había tratamientos de una pastilla al día y para los pacientes era importante tener acceso a los tratamientos, que debían ser administrados varias veces al día.

No pude evitar comparar cómo vivían los pacientes con VIH en Cuba comparados a los de México. En ese entonces en México, el gobierno obligaba a los doctores a reportar la causa de muerte de los pacientes con VIH o sida como "desconocida" o "cáncer", para evitar tener que usar recursos sobre el tema, pero causó que muchos murieran.

△ △ △

Unas tres o cuatro veces al día me detenía la policía y los agentes me pedían mi carnet de identidad, mientras los otros estudiantes estadounidenses nos veían con atención. Era como si fuera parte de una rutina. Me detenían camino a clases todas las mañanas o después de mediodía, cuando terminaba, a investigar en Coppelia, en el cine Yara o en El Fiat en el Malecón, ya de regreso a casa.

Luego de soportar dos semanas de este tipo de acoso, empecé a llevar una copia de mi pasaporte y mi identificación de California, para cuando me pararan los policías. Cuando eso pasaba simplemente les daba mis papeles.

—Antes de que me pregunten —decía, mientras ellos revisaban mis documentos—, soy americano. Sí, hablo español. El pasaporte original está en una caja fuerte y no soy un jinetero.

A los trabajadores sexuales en Cuba se les llama jineteros. Por ser un hombre latino y haber crecido en los Estados Unidos, estaba acostumbrado a que la policía me acosara, pero eso fue algo diferente. Sentía que el acoso policial en Estados Unidos era culpa del racismo y prejuicios. Pero en Cuba sentí que estaba dentro de un sistema de opresión, creado para que la gente se sintiera observada.

Una noche dos policías me pararon en la esquina del edificio de apartamentos donde vivía. Uno de ellos me preguntó:

—Y entonces, Mexicano, ¿por qué te gusta estar con todos los maricones y pingueros en el Malecón? ¿Tú eres maricón?.

—¿Cómo sabes mi apodo? ¿Y por qué me haces esa pregunta si ya sabes por qué me la paso con los gays y los jineteros? —respondí.

—¿Cómo te va con tu trabajo? —dijo otra vez el mismo policía.

—Me entristece ver lo popular que es el turismo sexual en Cuba. Pero ¿por qué de repente el interés de hablar conmigo? Se han portado como unos idiotas desde que llegué. ¿Qué es lo que quieren? —solté bruscamente.

—Me da asco ver que turistas como tú vienen acá con tantas cosas mientras nosotros no tenemos nada. Pero lo que más me molesta es saber que tienes más derechos que yo, y, aun así, tengo que protegerte.

—Eso no es mi culpa. Además, no sabes nada de mí y no necesito que me protejas. De hecho, quienes más me han estado jodiendo desde que vine acá son ustedes los policías.

El policía no dijo nada más. Se dio la vuelta y se fue.

La noche siguiente el mismo policía llegó a hablarme y me contó que tenía una esposa y una hija de trece años. Me preguntó si tenía artículos de baño que pudiera darle para su familia.

Fui a mi habitación y agarré dos rollos de papel, diez toallas sanitarias y dos pares de calcetines.

Las aceptó muy agradecido y dijo:

—A partir de mañana ningún otro policía te va a molestar o te va a pedir papeles, sin importar la hora. Al menos no en este barrio y en el Malecón.

Luego empezó a contarme de cómo, según él, era la vida en Cuba.

Me dijo que no podía salir del país porque no tenía familia fuera de Cuba. Dijo que unos amigos suyos habían muerto intentando huir. Me explicó lo permanente y explícito que era el racismo y clasismo en Cuba. Los cubanos negros estaban en mayor desventaja que los blancos. Los que tenían acceso al dinero tenían más poder. Y muchos cubanos blancos tenían familia afuera y podían salir de la isla y vivir en otro país.

—Escucha lo que realmente te dice la gente —me dijo—. No creas las mentiras.

Esa noche escribí en mi diario por primera vez en mucho tiempo. Me costó mucho dormirme. Lo que me dijo ese policía me hizo reflexionar sobre mi ideología. Había ido a Cuba porque yo era un gestor comunitario, que estaba consciente de los problemas de la sociedad y porque me consideraba un radical; quería cambiar el mundo. En ese momento sentía que parte de mi identidad se resquebrajaba. Vi que era ingenuo e ignorante. No existía una tierra prometida y sentía que de nuevo me enfrentaba a una encrucijada.

Δ Δ Δ

La noche siguiente estaba en un lugar donde hombres gays y mujeres trans se juntaban en grupos para esperar noticias de dónde iba a haber fiesta esa noche. Vi a unos chicos adolescentes, muy femeninos, discutiendo sobre quién se iba acostar con un importante diplomático, que iba manejando por la calle. Conocían su carro. El diplomático finalmente escogió a un chico delgadito de doce años y le pagó tres dólares. El chico era trabajador sexual desde los diez años y con el dinero que ganaba vendiéndose, podía comprarle comida a su familia.

—Alguien debería hablar con la prensa y reportar a ese pedófilo —dije.

—No pierdas el tiempo. Ese hombre tiene inmunidad diplomática —dijo una mujer transgénero de pelo rubio; era parte del grupo de amigos con el que yo estaba esa noche—.

Además, no vengas acá a imponer tu moral americana. Esas son cosas arrogantes y de gringos. Él tiene que trabajar, igual que todos nosotros. No estás en Estados Unidos, papi.

No supe qué decir. No esperaba ver algo así en un país donde yo imaginaba había igualdad y donde la distribución de la riqueza era más justa. Pero no había igualdad o distribución de riqueza justa en Cuba. Los cubanos siempre miraban sobre sus hombros, por miedo a que alguien los estuviera viendo o escuchando. Gente común y corriente iban a hablar con las autoridades cuando veían que amigos se comportaban de forma antipatriótica; es decir, por vender comida, ventiladores o aire acondicionado desde sus casas. Me dio tristeza saber que el racismo y la pobreza infectaba la vida de personas que vivían incluso en países socialistas.

Aun así, aproveché el tiempo que me quedaba en Cuba de la mejor forma que pude. No puedo negar que el estar allí era una bendición para mí. Platiqué con ancianos que habían vivido en la Cuba de Batista, antes de la revolución, y que vivían en la Cuba de Castro. Me encantó escuchar sus historias y aprendí mucho de ellos. Dejé que mis experiencias dieran forma a mis valores y disfruté lo agridulce que era ese país lleno de contradicciones, un país que cambió mi vida para siempre. Cuba me hizo cuestionar mis creencias, y me obligó a dejar de juzgar el comportamiento de otras personas. Igual que yo no quería que la gente me juzgara por la vida que había vivido o por las cosas que había hecho para sobrevivir, yo tampoco debía juzgar a los demás.

CAPÍTULO 22

Cada vez que viajábamos en grupo —a Matanzas, Varadero, Pinar del Río y Viñales— era una experiencia mágica que me dejaba sin aliento. En Matanzas fuimos a una enorme casa amarilla donde vivía una reconocida santera y sacerdotisa yoruba llamada Star. Cuando llegamos, la mujer nos recibió desde la puerta de su casa, sonriendo y haciéndonos señas, para que nos acercáramos a ella. Star tenía puesto un vestido blanco muy largo. Un pañuelo blanco envolvía su cabeza y tenía un montón de collares con cuentas de colores alrededor del cuello. Star nos dijo que los collares se llamaban elekes, y que cada collar representa un orisha o deidad diferente de la religión que los esclavos africanos trajeron a cuba. No podíamos entrar a ningún cuarto de su casa sin antes pasar a la habitación donde ella tenía un altar, y no podíamos entrar a esa habitación sin antes lavarnos las manos en un tazón de vidrio lleno de perfume, pétalos y agua bendita, que Star tenía en la entrada al cuarto. Hicimos una fila. Mientras ella lavaba nuestras manos, nos dio lecturas espirituales.

Cuando llegué al frente de la fila ella tomó mis manos. Sus manos arrugadas estaban mojadas y tenía manchas en la piel. Ella guio mis manos dentro del agua perfumada y con cariño frotó pétalos sobre mi piel. Su torso empezó a temblar; fue como que si hubiera tenido un escalofrío, y yo sentí una muy débil descarga eléctrica pasar por todo mi cuerpo. Ella sonrió y dijo:

—Has venido a esta isla por una razón. Crees haber venido por una cosa, pero en realidad tus ancestros te trajeron hasta aquí por otra. Sabrás a qué me refiero cuando esto ocurra, y cuando te vayas de esta isla, vas a ser una persona diferente. Tus espíritus van a guiar tu camino.

Star nos llevó al altar. En la habitación tenía varios altares dedicados a la variedad de orishas. Tenía orishas en estantes y encima de pilares. Del techo caían paños de varios colores. Sobre coloridas mantas de mimbre tenía muchas frutas, pasteles, otros postres, jarrones con rosas, girasoles, gladiolas y claveles. Y en medio de la habitación, en el suelo, tenía encendidas dos velas blancas. Las paredes estaban pintadas color cielo. Era una vista hermosa. Ella, rápidamente, nos explicó el objetivo de los altares y el significado de las frutas, postres y flores. Eran ofrendas de creyentes que habían ido al hogar de sus orishas. Nos llevó por otra puerta y llegamos hasta un patio de cemento. Star tenía sillas contra la pared de concreto y del otro lado de la pared había un jardín de árboles frutales.

Un grupo de bailarines, percusionistas y cantantes afrocubanos tocaron para nosotros las canciones y los bailes de los orishas. Los bailarines llevaban unos trajes hermosos, llenos de adornos y cada uno representaba un orisha. En los bailes de algunos orishas, los bailarines representaban guerreros, en otros sus movimientos eran sensuales y fluidos. Luego del show, Star le dijo al director de nuestro programa que quería hablar conmigo en privado, y que iba a pedir a alguien que me llevara de vuelta al hotel.

Cuando estábamos solos, Star me llevó a otro cuarto donde una amiga de ella colocaba un jarrón lleno de claveles sobre una mesa.

—Hola, me llamo Rosa —dijo la amiga de Star, sonriendo. Rosa también llevaba elekes de colores en el cuello, igual a los de Star.

La habitación estaba pintada de blanco y tenía las paredes astilladas. Había una pequeña mesa redonda cubierta por una manta blanca, y sobre la manta había siete vasos llenos de agua que formaban una U cuadrada y la apertura de la U señalaba el frente de la mesa. El más grande de los vasos estaba en medio de la U y dentro del vaso había un gran crucifijo de plata. En la mesa había también una gran vela blanca. El jarrón que Rosa acababa de poner estaba al lado opuesto de esa vela. En el suelo, enfrente de la mesa, había un balde blanco lleno de agua azul y pétalos, y a un lado había otro lleno de hierbas y ramas. Había tres sillas, una a cada lado de la mesa y la tercerea estaba justo en medio de la habitación, de frente a la mesa, y debajo de esa silla había un vaso con agua y una vela pequeñita.

Rosa y Star me pidieron que me sentara en la silla que estaba en medio de la habitación. —¿Estás cómodo aquí? —preguntó Star.

—Sí —le dije.

Star se sentó a mi izquierda y Rosa a mi derecha.

—No importa qué pase, no tengas miedo —dijo Star—. No cruces las piernas o los brazos, y mantén siempre las manos sobre tus rodillas, con las palmas hacia arriba. — Asentí con la cabeza y ella siguió—: No importa qué pase, no te levantes de la silla, a menos que yo te diga o que nosotras te movamos.

No entendí bien a qué se refería, pero igual asentí con la cabeza.

—Responde sí o no a nuestras preguntas, nada más. —Asentí una vez más, dándoles consentimiento y ellas me señalaron los vasos de agua.

—Enfócate en los vasos. Si uno en particular te llama la atención, enfócate en él. O si la llama de la vela llama tu atención, concéntrate en ella. Lo más importante es que te enfoques en la energía que hay en esta habitación. La vela es una luz para tus espíritus guardianes y ancestros, los vasos con agua representan la claridad y las flores son pureza.

Rosa encendió la vela que estaba debajo de mi silla y luego la que estaba sobre la mesa. Empezaron a rezar y me invitaron a que rezara con ellas. Rezamos el Padre Nuestro, un Ave María y el credo de los apóstoles, y nuestras palabras dieron vueltas en el aire. Al terminar, Star abrió un folleto y empezó a rezar oraciones que yo nunca había

escuchado antes. Conforme pasaban los minutos, me enfoqué en los vasos con agua y en la vela. Sentí un cambio
de energía alrededor de mí y luego esa energía dejó de moverse y se calmó.

Star terminó de rezar, puso el folleto sobre la mesa y
luego empezó a cantar. Su voz era ligera y la melodía llenó
la habitación. Rosa alcanzó una pequeña botella de perfume que estaba debajo de la mesa y la abrió. Se levantó
y se ubicó frente a la mesa, echó un poco de perfume en
sus manos, se agachó y del tazón con agua agarró unos
pétalos. Luego acarició su cabeza, cuello y cuerpo con sus
manos mojadas. Y luego pasó las manos sobre los vasos
de agua.

Cuando Rosa volvió a sentarse, me dijo que hiciera lo
mismo que ella. Repetí los movimientos de Rosa y sentí
cómo un rayo de energía cubrió mi cuerpo. Me estremecí.
No entendía qué estaba pasando. Star y Rosa se rieron, y
Rosa siguió cantando. Star luego repitió el mismo ritual
usando pétalos y agua, y rezó en idiomas que yo no conocía mientras Rosa seguía cantando. Star volvió a sentarse,
encendió un habano largo y grueso, y empezó a hablar.

Me dijo cosas sobre mí mismo que no le había dicho
a nadie en este mundo y mencionó cosas personales, que
ella no pudo haberse enterado de ninguna manera. ¿Cómo
es que esa mujer sabía tanto sobre mí? Le dije muy suave-
mente que todo lo que ella había dicho era cierto.

—Entonces tú debías ser el sacerdote de tu familia, ¿no?
—dijo Rosa—. Pero tu vida tomó otro camino. No viviste

una vida religiosa. Tuviste un trauma y cambió el curso de tu vida.

—¡Luz! —gritó Star.

El cuerpo de Rosa se estremeció. Sus manos se movieron en el aire y su voz tomó fuerza.

—Las calles se convirtieron en tu hogar, ¿no?

—¡Luz! —otra vez gritó Star.

—¿Sí o no? —gritó Rosa. Levanta la voz, muchacho, que no te puedo oír.

—Luz —dije, torpemente.

Entonces Star dijo:

—Luego tu vida volvió a cambiar. Es casi como que tu cuerpo se hubiera convertido en un esqueleto. Pero la tristeza te enojaba mucho. Límpiate otra vez —me ordenó.

Me levanté de la silla y volví a limpiarme con el agua perfumada y los pétalos que estaban dentro del balde. De nuevo sentí que un rayo de energía atravesó cada célula de mi cuerpo y luego recorrió mis venas; era como sentir una descarga eléctrica.

—Quédate ahí parado. Yo te digo cuándo te puedes volver a sentar —dijo Star. Se agachó y puso sus codos sobre sus rodillas y empezó a acariciar sus manos y a moverse de adelante hacia atrás. Tenía el puro entre sus dientes.

—Él no sabe —dijo.

Star después dijo:

—Culpas a tu madre. Todos ustedes la culpan a ella. Tú te fuiste. Trataste de escapar cuando eras un niño. Ya puedes sentarte.

Hice lo que me dijo; estaba mareado. Rosa luego volteó a ver a Star y le dijo:

—Este chico ha tenido la bendición de vivir varias vidas en una sola. No tiene ni idea a dónde lo va a llevar la vida. ¿No crees, tú?

Se hablaban entre sí. Hablaban de mí como si yo no estuviera ahí.

—Ay, hijo mío. Con razón viniste a mi casa. Tus ancestros te trajeron hasta aquí para que aprendas a escuchar y, lo más importante, para que aprendas a sanar.

Star continuó:

—Has vivido una doble vida. Le has demostrado al mundo, a tu familia y amigos, un aspecto tuyo, cuando en realidad eres alguien totalmente diferente. Has ocultado quién eres realmente durante casi toda tu vida. Te has esforzado tanto en ocultar tu verdadero yo, que te has acostado con muchas mujeres para tratar de ocultar que te gustan los hombres.

La vi fijamente. Estaba en *shock*.

Star dijo:

—Por mucho tiempo estabas confundido. Te escondiste dentro de los libros. Pero alguien se aprovechó de ti y robó tu inocencia. Ese niñito inocente desapareció. Lo que vino después fueron años oscuros. Te arrebataron la vida. Te quitaron el poder.

Las palabras de Star me golpearon con la fuerza de una ola.

—Luz —dije, mientras lágrimas caían por mi rostro.

Star dijo:

—Gente llegó a tu vida a ayudarte, pero no sabían cómo hacerlo. Te tiraron a un abismo lleno de ira y oscuridad. Caminaste por un camino lleno de destrucción. Pero hay una persona que es como una hermana para ti y que siempre ha estado a tu lado.

—Sí. Ariyel —dije, con los ojos llenos de lágrimas.

—Levántate y lávate otra vez.

Lágrimas recorrían mi rostro. Hice lo que Star me pidió, y de nuevo sentí un rayo de energía dentro de mi cuerpo. Lo último que recuerdo es que sentía como que mis ojos trepaban sobre mi cabeza; era como si yo intentara salir de mi cuerpo; y luego perdí el conocimiento. Entonces sentí cómo un rayo de luz me empujaba de vuelta a mi cuerpo y luego abrí los ojos. Al despertarme vi que estaba sobre la silla de nuevo. Me quedé ahí sentado, sin fuerzas y confundido, pero sentía como que me habían liberado de la empuñadura de una oscuridad muy profunda. Me sentí ligero, verdaderamente ligero, por primera vez en muchos años.

En ese momento, Star cayó sobre su silla y empezó a temblar con fuerza. Ella hablaba en un idioma que yo no conocía; era como una lengua antigua. Volteé a verla y luego a Rosa, y ella me vio y sus ojos me tranquilizaron.

De repente Star volvió a hablar en español y se disculpó.

—Perdón, perdón —dijo una y otra vez, y su voz era grave.

Star se arqueó y su pecho se levantó. La energía dentro del cuarto se tornó fría. Star cayó de nuevo sobre su silla y abrió los ojos, mientras respiraba fuertemente. De repente alguien abrió la puerta. Bajo el umbral estaba uno de los hombres que vimos bailando y cantando en el jardín.

—¿Se encuentra bien? —dijo; él nos veía fijamente.

—Sí, todo está bien. Ya vamos a terminar. Pero antes de que cierres la puerta, por favor dile a este joven lo que ves —dijo Star.

El hombre entró a la habitación y cerró la puerta. Me vio a los ojos.

—Este muchacho va a hacer grandes cosas en la vida —dijo; su voz era grave y me relajó.

—Ha tenido que vivir muchas vidas en una sola. Ha interpretado muchos papeles. Él quiere ayudar a los demás, pero no sabe cómo. Necesita que alguien lo guíe|.

Dejó de hablar, me sonrió con calidez, salió de la habitación y cerró la puerta. Luego de eso Star y Rosa se sentaron y hablaron conmigo de mi vida. Estaba tan lejos de casa, sin embargo, sentía que esas dos mujeres, que acababa de conocer, me comprendían mejor que nadie. Sentía que me habían curado y que había tenido un despertar espiritual, y me impresionó su habilidad para ver dentro de mí, mirar dentro de mi alma.

Por último, Star me dijo que mi mamá tenía graves problemas cardíacos. Dijo que tan pronto volviera a Estados Unidos, debía ir con mi madre, porque su salud se deterioraba rápidamente.

Dijo:

—Vienes de una familia con muchos curanderos que sabían cómo hablar con sus ancestros. Tu cultura honra a los muertos y a los espíritus de aquellos que vivieron antes que tú. Sus experiencias fluyen dentro de tus venas. Coge fuerzas de ellos y entonces podrás ayudar a los demás.

Tomé sus palabras a pecho y empecé a llorar; perdí control de mí mismo.

—Eres un guerrero. Igual que las mujeres y hombres que vivieron antes de ti y cuyas historias fluyen por tus venas. Hónralos. Hónrate a ti mismo. Aprende a escuchar.

Nos levantamos y Star rezó una oración para terminar la consulta. Ambas me abrazaron. Lloré en los brazos de Star y Rosa. Por primera vez en mucho tiempo sentí que no tenía un peso sobre mis hombros. Cuba sí que me cambió la vida. Me llevó a un camino de sanación. Esa hermosa isla llena de contradicciones. Yo era un nuevo Jesse, y la combinación de fuerzas y experiencias de todos aquellos que vivieron antes que yo me habían fortalecido.

EPÍLOGO

Mi historia favorita de mi familia es una que involucra a La Llorona. Todas las familias mexicanas tienen una historia con La Llorona. La de mi papá va algo así:

"*Cuando éramos niños y vivíamos en la sierra, vimos mucho a La Llorona. La vimos cerca de los ríos y los lagos, buscando a sus hijos muertos. Una vez iba a caballo con mis tíos Manny y Augusto. Yo tenía unos diez años. Llegamos a un caminito bien angosto y peligroso, que estaba al lado del río, y tuvimos que bajarnos de los caballos*".

"*Mi tío Augusto iba al frente y tío Manny atrás. Mientras guiábamos a los caballos, mi tío Augusto dejó de caminar y ahí estaba La Llorona, sentada en una piedra, llorando a la orilla de un arroyo. Estábamos cerca de Cebollitas, nuestro pueblo. Esa noche la corriente del río era muy fuerte. Tío Augusto me dijo que tenía que ser valiente, que tenía que caminar sin ver a La Llorona. Ella estaba ahí nomás, sentada en una gran piedra, viendo al agua, llorando. Tan pronto tío Augusto pasó a un lado de ella, con las riendas del caballo en la mano, ella volteó a verme y luego vio a mi tío Manny. Le pedí a tío Manny que se quedara cerca de mí. Caminamos cerca de La Llorona mientras ella nos veía fijamente".*

"Luego, de repente, ya estaba de pie. No podíamos verle los pies. Era como si estuviera flotando frente a nosotros, viendo a Manny mientras el río corría detrás de ella. El viento movía su vestido y ella brillaba tanto como la luna. Luego volteó a verme. Me quedé quieto. Con los brazos a los lados ella flotó muy cerca de mí; parecía como que si nuestras narices se tocaran. Todo se quedó callado y luego escuché a una voz en mi cabeza diciéndome que siguiera a esa mujer. El tiempo se detuvo hasta que mi tío Augusto me agarró del brazo y me jaló hacia él, y así rompió el hechizo de La Llorona".

"Una vez dejamos atrás a La Llorona, todo volvió a la normalidad. De nuevo pudimos escuchar el agua del arroyo correr, el trino de las aves y el canto de los grillos que estaban cerca".

Mi padre de joven fue boxeador amateur y peleó contra algunos de los boxeadores más famosos del México de esa época, como el Kid Azteca. Cuando yo tenía nueve años, me obligó a entrenar con mi hermano. Mi hermano me partió la madre, entonces yo le agarré un brazo y lo mordí bien fuerte. Mi papá nos separó y me dijo que los hombres no muerden. Estaba tan encabronado porque me había obligado a boxear con mi hermano que le dije: "Vete a la chingada" y le escupí en la cara. Él me dio un golpe justo en la nariz. Caí de espaldas en el suelo. Cuando desperté mi hermano estaba ahí, riéndose de mí.

Mi papá era un hombre contradictorio. Era malvado, pero amoroso, a su manera. Era avaro, pero igual malgastaba el dinero en sus mujeres. Se rehusaba ayudar a mi mamá, pero siempre ayudaba a extraños. Era muy callado y reservado, pero a veces hablaba ferozmente. Mi papá nos contó muchas historias, pero nunca habló de sus sentimientos conmigo. Él murió y nunca supe cuál era su color favorito o su canción preferida. Al final, yo fui el que le cerró los ojos, cuando encontré su cuerpo sin vida. Nunca más voy a escuchar sus historias del México de antes, sus historias de magia y misticismo, sobre cómo era vivir de la tierra en las montañas, sobre la revolución y cómo sobrevivieron nuestros antepasados que murieron hace tanto.

Δ Δ Δ

Llamé a mi mamá tan pronto llegué al aeropuerto de San Francisco. Estaba muy feliz de oír mi voz. Le dije buenas noches y que iría a verla en unos días. Menos de doce horas después mi hermano me llamó y dijo:

—Amá está en el hospital. Tuvo otro infarto.

Llegué manejando a San Diego y cancelé todos los planes que tenía para poder estar con mi mamá durante el verano. A pesar de que mi amá se recuperó, era obvio que el estrés de su vida había dañado su corazón. Ella tenía artritis reumatoide en las manos, columna vertebral y piernas. A veces le daban calambres en los dedos y se le quedaban trabados. Yo la ayudaba a cubrirlos con un paño caliente para así destrabarlos y quitarle el dolor. Mi amá estaba envejeciendo. Sin embargo, una semana después del infarto, ella se levantó a las 4:30 de la mañana para tomar el autobús de las 5:30, y así ir a cocinarle a los niños de la escuela donde trabajaba.

Una mañana me desperté y vi que no estaba en casa. Me dio miedo y llamé a la escuela y me dijeron que ella estaba ahí. Mi amá no le había avisado a nadie que iba a ir a trabajar. Los doctores le habían dicho que tenía que guardar reposo por varias semanas, y yo estaba preocupado por ella. Fui a la escuela y le pedí, le rogué, que volviera a casa, pero mi amá se negó.

—Tengo que trabajar para pagar la renta —dijo—. Perdón, mijo, pero tengo que trabajar.

No supe qué hacer más que decirle que iba a llevarla cada mañana a la escuela e irla a traer por las tardes. Esa misma tarde, cuando fui a buscar a mi amá, le dije:

—Si necesitas que me quede en casa para cuidarte, entonces no voy a ir a Harvard.

—No, no quiero ser una carga —dijo ella—. No quiero que me resientas más. Me prometiste que yo iba a ver el mundo a través de tus ojos. ¿Te recuerdas?

Sentí cuando las lágrimas llenaron mis ojos y luego su calor cuando rodaron sobre mi rostro.

—Amá, no te culpo de nada. No tengo resentimientos. Perdón por todas las cosas que te dije.

Sabía que no importaba cómo tratara de compensarla ni cuántas tarjetas, cartas o abrazos le diera, o que le dijera que le debía mi éxito y que estaba orgulloso de ella y de su fuerza como madre, no me creería.

Perdí el control. Lloraba tan fuerte que no podía ver la carretera y tuve que orillarme. Alcancé a mi mamá y la abracé y lloré. Ella me tomó en sus brazos y me consoló como solo una madre sabe hacerlo. Ella dijo:

—Te quiero, mijo. Tienes que ser fuerte y disfruta tu vida. Mírame. Si te tienes que ir a Harvard para tener una mejor vida, pues ándale, mijo. No mires atrás.

Le hice caso.

La mujer que iba a ser mi *roommate* en Boston me llegó a recoger al aeropuerto. Su nombre era Maya. Llegamos a un edificio viejo de cuatro pisos en Norfolk Avenue, en Cambridge. Estaba en la misma calle que un Blockbuster y un restaurante llamado Middle East, en Central Square. Nuestro edificio parecía una casa embrujada. La entrada principal era muy oscura y cuando llegamos las luces de la calle estaban apagadas. Además, la pintura estaba cayéndose y la puerta principal no cerraba bien. No dije nada porque agradecía el hecho de tener un lugar barato donde vivir.

Cuando entramos al edificio, vimos a un hombre que vestía una sudadera y estaba en el lobby, descaradamente, vendiéndole crack a otro hombre. El comprador pasó a un lado nuestro, corriendo, casi tumba a Maya, y salió por la puerta. Bajé mi maleta y me acerqué al hombre. Lo vi a los ojos y le dije:

—Mira, *holmes*, ándate a la chingada. Nosotros vivimos acá ahora y no vamos a dejar que tengas acá tu negocio de mierda. ¿Me oíste? No quiero estas chingaderas en mi casa.

Tenía los puños apretados, como listo para partirle la madre. El hombre me vio a los ojos y no dijo nada.

Nos quedamos ahí, viéndonos. Maya me veía a mí y luego al hombre. Pasó una eternidad hasta que al fin el tipo dijo:

—Bueno. Me voy a otro lado, ¿todo bien?

—Sí, todo bien —le dije.

Le di la mano y nos dimos un escueto apretón de manos, de esos que se da la gente en la calle y él salió del edificio. Maya caminó en silencio hasta llegar a nuestro apartamento, que estaba a un lado del lobby, en el primer nivel. Abrió la puerta.

Una vez estábamos adentro ella finalmente habló.

—Bueno, eso estuvo interesante, ¿no? —dijo—. No han pasado ni quince minutos y ya estás buscando pleitos con el *dealer* del barrio. Y los dos nos empezamos a reír.

Ella me mostró mi habitación. Era del tamaño de un closet grandote. No tenía cama ni dónde poner mi ropa.

Ese cuartito fue mi hogar por los próximos dos años. La primera noche dormí en el piso y pensé, *¿Qué chingado hice?* El aire en la ciudad olía a pescado, mi cuarto era del tamaño de una casa de muñecas y aquí estaba, acostado en el suelo para dormir.

Me obligué a escribir una lista de gratitud. Al menos tenía un techo sobre mi cabeza y estaba sobre una alfombra, al lado de una maleta llena de ropa y a punto de empezar clases en la Universidad de Harvard. Había cumplido mi sueño y mi problema más grande era haber tenido que decirle a un *dealer* que no vendiera drogas en mi edificio. Pensándolo bien, mi vida no era para nada mala.

Al llegar a la universidad, me sorprendió y estoy agradecido por el apoyo que me brindó la oficina de ayuda financiera, la oficina de admisiones, el centro de carreras y la oficina del decano de la Harvard Kennedy School. Se aseguraron de que tuviera todo lo que yo necesitaba para empezar mis clases. Yo solo tenía que ir a clases y hacer el trabajo.

Sin embargo, tan pronto empezaron las clases, de nuevo me sentí como que no pertenecía. Llegaba a clase, participaba, hacía las tareas y trabajaba en el laboratorio de computación, y, excepto por unas pocas personas, sentía como que no conectaba con los estudiantes de la universidad. Sentía que yo era diferente a ellos. No quería acercarme a las personas por miedo a que me juzgaran. No podía hablar con los demás, y seguido me cerraba completamente. Podía interactuar con los demás en un ambiente controlado, como en clase, pero hablar frente a frente con alguien me daba mucho miedo.

Una noche que unos estudiantes latinos nos juntamos a cenar en un restaurante, para conocernos, volvieron de golpe todas mis viejas inseguridades. Yo no era refinado o elegante como aparentaban ser las otras personas. Pensé que podía hablar de forma auténtica con ellos al igual que con amigos del barrio o con mis amigos más cercanos de Berkeley. Asumí que el hecho de ser latinos nos iba a unir a todos.

En algún punto, todos hicieron un silencio incómodo cuando le pregunté a otro estudiante si él era gay. Voltearon a verme muy sorprendidos y hasta molestos y yo no pude más que encogerme en mi silla. Mi pregunta fue considerada inapropiada y tosca, seguro pensaron que era una clara señal de mi falta de decoro y una crianza defectuosa, llena de faltas de modales. El estudiante a quien le había hecho esa pregunta volteó a verme molesto.

—No, no soy gay —dijo firme, y en su tono escuché incredulidad; no creía que le había preguntado semejante cosa. Luego dijo—: creo que acá tú eres el único gay.

Me sentía terrible. No tuve malas intenciones y no había querido lastimarlo. Además, ¿quién era yo para sacarlo del closet en ese momento?

Obviamente, ese no era mi mundo. Rápidamente aprendí que mi habilidad de hacer nuevos amigos y el hecho de que yo era muy directo con las personas, destrezas que me había tomado años desarrollar mientras iniciaba mi proceso de recuperación, no iban a funcionar en Harvard, ni siquiera si me realcionaba con otros latinos. Empecé a dudar sobre si debía estar ahí o no, sobre si me merecía estar ahí.

Las clases de Harvard no fueron muy difíciles para mí. Lo que sí me costaba era interactuar con los demás, hablar con los otros estudiantes mientras esperábamos a que empezara la clase, a la hora del almuerzo o cuando los acompañaba a tomar en algún lado. Yo no usaba palabras grandes e intelectuales como los demás y era más animado que el resto cuando hablaba. En ese entonces, yo no asociaba mi inhabilidad para interactuar con los demás con temas de raza o clase económica. Pero la realidad es que entre algunos estudiantes y yo había distancias que me fue difícil superar.

Estaba decepcionado conmigo mismo por no poder entablar una relación con otros. Todo se fue a la mierda después de eso. Si alguien se esforzaba en ser mi amigo, no me daba cuenta. Me sentía tan mal conmigo mismo que pensé que Harvard había cometido un error en aceptarme. Me daba miedo pensar que los demás iban a darse cuenta de que yo no era lo suficientemente inteligente para estar ahí, creía que todos pensaban que yo era demasiado calle. Estaba celoso de mis *roommates* y de los otros, porque pensaba que a ellos los habían preparado para interactuar con la gente de Harvard y a mí no.

Ellos habían hecho pasantías en oficinas del gobierno e institutos de investigación mientras yo, si no estaba en un salón de belleza, estaba trabajando con personas de muy bajos recursos y con privados de libertad.

El problema no era que yo pensara que mi trabajo era menos importante que el de ellos. Mi problema era que creía mi propia mentira: que no me merecía estar en Harvard. Pensaba que no podía aportar nada valioso o inteligente a las discusiones. Estaba avergonzado de ser quien era.

Eventualmente me enojé conmigo mismo. En las reuniones de NA y AA en Cambridge y Boston, me sentía incomprendido. A veces me daba pena compartir con las demás personas en recuperación sobre los problemas que tenía para adaptarme a mi vida como estudiante de Harvard, mientras ellos intentaban dejar de consumir drogas.

Una noche iba de vuelta a casa de una reunión cerca de Harvard Square, en la Avenida Massachusetts, cuando la policía me detuvo. Era la cuarta vez que me paraban desde que me había mudado a Cambridge. Los policías iban dentro de una patrulla, encendieron las sirenas y me alumbraron con un foco. Usando un megáfono, me dijeron que me quedara quieto. Me encabroné y el corazón empezó a latirme bien rápido.

Dejé caer mi mochila al suelo, me di la vuelta para ver al lado contrario de la calle, puse las manos detrás de mi cabeza, separé las piernas y no dije ni una palabra. Me resigné sin dar una pelea. Los policías me preguntaron que de dónde venía. Pidieron que les entregar mi identificación la cual, les expliqué, estaba en mi bolsillo. Les dije que era estudiante de Harvard y que iba camino a casa. Me revisaron. Sacaron mis tarjetas y dinero de mi billetera, pero tan pronto vieron mi carnet de Harvard, dejaron de buscar.

Dijeron que habían recibido quejas de que alguien estaba asaltando a gente en el área y que solo estaban haciendo su trabajo.

No les respondí. Lo único que les dije fue:

—¿Ya me puedo ir?

Me quedé entre Central Square y Harvard Square, viendo cuando se iba la patrulla y con los puños colgando en el aire y con una mezcla de ira, rebeldía y derrota en los ojos. Después de quedarme ahí parado por un buen rato, aguantando frío, me agaché a recoger mi mochila y caminé de vuelta a casa.

Me volví un ermitaño y rara vez salía de mi cuarto. Estaba deprimido. Por un mes me negué a salir de la cama y falté a todas mis clases matutinas. Mis *roommates* iban a despertarme, pero no les hacía caso. El temor al fracaso me había paralizado. Caí rápidamente en un espiral de autodestrucción. Tenía miedo de drogarme, tenía miedo de enfrentar al mundo, tenía miedo de suicidarme, entonces lo único que podía hacer era quedarme en cama, en el único lugar donde me sentía seguro: envuelto en mis cobijas.

Un día, una estudiante latina llamada Fé me invitó a ir a cenar a su casa. Acepté. Después de comer me dijo que estaba preocupada por mí, le preocupaba que estuviera autosaboteándome. Me dijo:

—¿Qué estás haciendo? Ya te han pasado demasiadas cosas malas en la vida como para dejar que este lugar te paralice. Si fallas o te expulsan, vas a hacer exactamente lo que la gente espera de alguien como tú. ¿Es eso lo que quieres?

Esa fue la primera vez, desde que había llegado a Harvard, que alguien había demostrado que podía verme tal y como era. Ella sabía quién era yo y hacia dónde iba.

Esa misma semana que Faith me invitó a cenar, unos estudiantes mayores que pertenecían al programa Mid-Career empezaron a demostrar interés en mí. La Kennedy School ofrece maestrías de un año a personas con experiencia laboral y que quieren enfrentar un nuevo reto. Tuve la fortuna de llevar cursos con muchas de estas personas.

Algunos estudiantes Mid-Career me invitaron a tomar café y se tomaron el tiempo para decirme que apreciaban mis comentarios en clase. También me dieron consejos para ser más efectivo. Sentí que me entendían mejor que mis otros compañeros de clase de mi edad. Me era más fácil entablar una conversación con ellos y no tenía que pretender ser alguien que no era Acepté su retroalimentación y sus consejos, porque no sentí que fueran condescendientes. Ellos me contaron de su vida y me dijeron cómo habían superado algunos retos y eso hizo una gran diferencia en mí. Fue igual que ir a una reunión de AA o NA, donde las personas pueden sentirse identificadas con las experiencias personales de los demás. Escuché sus prácticas profesionales y acepté sus consejos. Lentamente empecé a ejercitar cómo tener pláticas con mis compañeros de clase.

Un hombre blanco y gay de Nebraska, que trabajaba en la iglesia de Harvard junto al ministro, quien era afroamericano y abiertamente gay; una rubia de Finlandia que había realizado misiones de paz en lugares como Kosovo y Yemen; un político de las Islas Vírgenes; y un hombre que trabajaba en finanzas para el Estado de Israel; todos ellos fueron mis mentores y cada uno, por separado, me dio consejos básicos para gestionar mejor mi tiempo y cómo hacer contactos profesionales. Me explicaron cosas básicas como que no debería pedir pollo o carne bien cocida en restaurantes de lujo especializados en carnes. Me enseñaron a cómo poner correctamente una servilleta sobre mis piernas y cómo limpiarme la boca con ella. Como no bebía, me sugirieron que durante reuniones de negocios lo mejor era pedir jugo de arándanos con agua mineral y una rodaja de limón.

Hombres y mujeres del programa Mid-Career, que habían estado en el ejército y con quienes pensé no tener nada en común, me mostraron que ellos eran tan humanos como yo y tenían sentimientos similares a los míos. Compartieron conmigo que ellos también se sentían inseguros, y que muchas veces sentían que no tenían nada en común con otros estudiantes por servicio militar. Se tomaron el tiempo para conocerme en una época que otros estudiantes no respondían a mis esfuerzos por acercarme a ellos. Su autenticidad y vulnerabilidad me ayudaron a formar relaciones y vínculos que han durado por años.

Igual que cuando empecé mi proceso de recuperación, comencé de nuevo a identificar mis prejuicios y miedos. Empecé a entender que los problemas que tenía sobre mi identidad y autoestima, sumado a mis experiencias de vida, evitaban que yo dejara que otras personas conocieran a mi verdadero yo o que me acercara a ellas. Analicé por qué no me agradaban ciertas personas y qué representaban para mí. De esta manera, crecí como persona.

Empecé a ver el valor de Harvard más allá de los títulos y el rigor académico que ofrece. Al principio no me di cuenta de que la gente paga por ir a Harvard para así tener acceso a las redes profesionales y sociales que obtienen solo por estudiar ahí. Nadie me dijo:

—*Okay*, mientras estés en Harvard, debes asegurarte de entablar relaciones con tus compañeros de clase, porque ellos van a abrir puertas y brindarte oportunidades para el resto de tu vida.

Además, no quería ser tan estratégico. Cuando no estaba en clase, disfrutaba pasar tiempo con los otros empleados de la cafetería; me sentía cerca de casa cuando estaba con ellos. Pero lentamente empecé a ir a eventos sociales para entablar relaciones con los otros estudiantes. Llegué a entender que Harvard me brindaba un espacio donde podía interactuar con gente diversa, de diferentes razas y clases económicas, gente de todas partes del mundo. Las divisiones sociales desaparecían en el aula y cuando trabajaba en grupos, o al menos trataba de convencerme de eso. Estaban obligados a lidiar conmigo y yo con ellos, por lo menos durante nuestra estancia juntos. Ir a Harvard, para mí, fue una experiencia inigualable.

Poco a poco bajé la guardia. Me di cuenta de que había construido valiosas relaciones con un pequeño grupo de aliados. Enfoqué mi energía en lo positivo y en mis amigos cercanos. Esas personas se convirtieron en amigos para toda la vida.

Δ Δ Δ

Para mi segundo año en Harvard yo era una persona diferente. Estudié sin parar y me comprometí conmigo mismo. Tenía un propósito. Iba al gimnasio por las noches y decidí comer comida sana y cuidar de mi cuerpo.

Me inscribí a una clase de liderazgo adaptativo. Todo mundo en Kennedy School hablaba de esa clase. Recibía clase en uno de los salones más grandes de la escuela junto a líderes del mundo como el ex presidente de Ecuador, que había perdido la presidencia a causa de un golpe militar; un futuro presidente y ahora ex presidente de México; un futuro gobernador de las Islas Vírgenes; y muchas otras personas que, eventualmente, fueron elegidos para ocupar posiciones de poder en Estados Unidos y alrededor del mundo. La clase era poco convencional, generaba mucha controversia y retaba los límites de nuestro confort como estudiantes, todo dentro de un ambiente que en liderazgo se llama desequilibrio productivo.

En esa clase hablé sobre problemas raciales, de clase, género y sexualidad. No tenía idea en qué me había metido. Una cosa era ser liberal y hablar con franqueza en UC Berkeley, pero otra muy distinta ser liberal y hablar con franqueza en Harvard. En términos de liderazgo, los demás me eliminaron de inmediato, me desestimaban.

Mi forma de hablar, mi lenguaje corporal, mi comportamiento, mi tono, las palabras que usaba, mi postura, el color de mi piel, mi ropa, mis tatuajes, el hecho de que siempre hablaba con franqueza y participaba en clase, todo, absolutamente todo les recordaba a esas "otras" personas —aquellas con quienes los que están en posiciones de poder y liderazgo se ven obligados a "lidiar" diariamente. De hecho, muchas veces, evitan "lidiar" con ellas, con nosotros—. Los hacen a un lado, los desacreditan, los invisibilizan, los menosprecian.

Supe que, para la gente como ellos, yo siempre representaría a un segmento de esa población minoritaria, pero yo sentía que era mi deber hablar de problemas raciales y de desigualdad. Eran situaciones que deben ser abordadas de frente y no como temas secundarios durante la creación de políticas públicas.

Ahí aprendí que tener una historia de éxito viene con beneficios, pero es también una maldición. Siempre puedo hablar de primera mano sobre ser beneficiario de programas sociales que tuvieron un impacto positivo en mi vida, pero a veces la gente ve mi éxito como el resultado de un esfuerzo individual. La realidad es que mi éxito es el producto de una red de personas, muchas de las cuales yo nunca conocí y que me apoyaron en diferentes momentos de mi vida y se aseguraron de que no fracasara. No me hice solo, no soy un hombre orquesta.

No obtuve éxito por mi cuenta. Mi familia jugó un papel importantísimo en mi vida. Incluso en los momentos más desesperanzadores, mi familia estaba ahí para ayudarme. A pesar de lo cruel y malvado que yo había sido cuando era adicto a las drogas, nunca me dieron la espalda.

Mis experiencias de vida me hicieron sentirme agradecido de ser estadounidense. Tuve acceso a oportunidades para retar mi ideología y creencias políticas, las cuales muchas veces no se alineaban con las creencias políticas de los Estados Unidos. Aprendí que el césped no siempre es más verde al otro lado. Es verde cuando cuido de él.

△ △ △

Conforme bajaba del escenario tras el acto de graduación de Harvard, aquella calurosa tarde de junio del 2001, corrí a donde estaban paradas y aplaudiendo mi amá, Ariyel y Joy. Agarré a mi mamá, le di un gran abrazo y lloré como un niño.

—Yo sé, mijo. Yo lo sé. Te amo mucho, mucho, mucho —me habló al oído.

Ariyel y Joy llegaron a abrazarnos y lloramos todos juntos. Estaban orgullosas de mí, a pesar de todo el mal que les había causado. Ariyel, con una gran sonrisa en su rostro, dijo:

—Te quiero, *Nerd*.

—Yo también te quiero —le dije—. Gracias por no abandonarme.

Mientras abrazaba a mi amá, vi a mi alrededor, al mar de gente y entendí que mi futuro, igual que mi pasado, iba a estar lleno de triunfos y derrotas. Pero sabía que mi fuerza interna, que mis ancestros y que mis seres queridos me iban a ayudar a seguir adelante. Por un momento sentí que mi poder superior me ofrecía la mano y decía: *Aquí está. ¿La quieres?*

Muy dentro de mí escuché a mi espíritu decir: *Sí. La quiero. Hoy solo quiero vivir mi vida.*

Recordé la última noche que me drogué. Recordé que no quería vivir y ahí estaba ahora, en Harvard.

Enterré mi cara en el hombro de mi mamá y dejé que ella me sostuviera como su hijo.

—Gracias, amá. Te amo mucho.

—Yo lo sé, mijo. Yo lo sé. Yo también te amo.

AGRADECIMIENTOS

El viaje que me llevó a la publicación de este libro fue, sin duda, como ir en una montaña rusa. Muchas veces quería bajarme y dejar de escribir. Me decía, una y otra vez, que a nadie le interesaba leer mi historia. Pero muchas personas me motivaron a no rendirme, me animaron y demostraron su amor y apoyo incondicional, y esto fue dentro y fuera de los círculos de recuperación.

Al escribir estos agradecimientos, me di cuenta de lo bendecido que soy al tener tanta gente en mi vida que me ama por ser quien soy. He tratado de mencionarlos a todos ustedes, pero cuando vi que iba por la página número cinco, me di cuenta de que mi editora iba a obligarme a acortar la lista por motivos de espacio. Así que, por favor, si tu nombre no está en esta lista, debes saber que sí eres importante para mí. Ya sea que te conocí en un lugar de recuperación, si nos conocimos en una reunión o en una virtual por Zoom, durante la pandemia; ya sea si tuvimos una relación más allá de un hola y adiós, y nos motivamos el uno al otro en la prepa, la universidad comunitaria, en

UC Berkeley, Harvard o UPenn, o en otros espacios profesionales, quiero que sepas que eres importante para mí y te quiero dar las gracias por creer en mí. No pude haber hecho esto sin ti. Ustedes saben quiénes son. Gracias por tomar mi llamada, de día o de noche, y por compartir momentos de tristeza, frustración, enojo, alegría y esperanza, y por reírte conmigo. Es muy importante para mí darte las gracias por recordarme que tengo una historia que contar, que es importante que la cuente, que merezco poder contar mi historia, y que, a pesar de todo, *I am not broken* —No estoy roto—. Espero que mi historia motive a otros a seguir adelante y volver a soñar.

Primero que nada, quiero agradecerle a mi mamá, mi amá, por siempre ver lo bueno dentro de mí y, a pesar de lo que hemos vivido, por aferrarse a la esperanza. Gracias por compartir tu sonrisa con los demás y por encontrar motivos de alegría y razones para reír en todo lo que haces. ¡Te quiero mucho, mucho, mucho! A Linda Sierra, mi segunda mamá, sé que tu espíritu celebra con nosotros. A mi mejor amiga, Andrea Sierra, *Y—A—T—W—B—M—W*. A mi padrino Ricardo Rosario, Ochungumi, vale más. Quiéreme. A mi apá, gracias por haber hecho en espíritu lo que no pudiste hacer en vida.

A Alfonso, por amar incondicionalmente a este niño confundido y por ayudarme a convertirme en un hombre. Nunca me juzgaste. A CJ, por querer a La Leona. A Danielle, nunca pensé que conocerte iba a cambiarme la vida para siempre. Eres un ángel caído del cielo. A Izzy, por haber regado las semillas de la educación y por creer en nuestros jóvenes A Gracie, por cuidarme luego de mis operaciones y por ser mi compañera de viajes. A Shawn, ¡te adoro, bro!

A mi hermano y mi hermana. Tal vez no somos perfectos, pero no estamos rotos.

Empecé a escribir este libro en la Playa Lanikai, en Oahu, Hawaii, motivado por Stacie Olivares y Kieu-Anh King, quienes pagaron mi viaje a Hawaii, después de la muerte de mi padre. Estaba triste y me sentía perdido. Ustedes dos me sentaron frente a un escritorio, abrieron mi laptop y me motivaron a escribir las primeras palabras de este libro. Gracias por estar a mi lado. A los amigos que leyeron este libro antes del proceso de edición y me dieron comentarios honestos: Erica Gonzalez, Kole Hicks, Sabine Awad, David Lawrence, Matt Forman y Nyla Wissa. A Erica, gracias por ser mi *homey*, obligarme a comer pizza en Matchbox, y acompañarme en esas larga caminatas por el National Mall. ¡Eso no tiene precio!

Gracias a Stephanie Barnett Sims; después de que fuimos al Carnaval de Cádiz con Justin y Laura, hace ya tantos años, sigues siendo una buena amiga. El *e-mail* que enviaste a Stacey Walker King, de MACRO, fue lo que logró que esto fuera una realidad. Stacey me presentó a Yira Vilaro y ella me puso en contacto con Leopoldo Gout. ¡Él creyó en mí y en mi historia lo suficiente como para presentarme a mi brillante y maravillosa agente Lisa Gallagher! Gracias, Lisa, por tu paciencia y por tomar mi mano y guiarme durante este proceso, y por mostrar el manuscrito del libro a Cristóbal Pera, quien tomó mi libro y habló de él en Penguin Random House hasta que llegó a las manos de mi editora, María Goldverg. María y Cristóbal me pusieron en contacto con la mágica Felice Laverne, quien me ayudó a encontrar de nuevo mi voz. Después de tantas cartas de rechazo genéricas, que recibía de otros agentes ¿quién hubiera pensado en que un *e-mail* casual iba a cambiar mi vida para siempre?

Del equipo de Vintage Books & Anchor Books de Penguin Random House, quiero agradecer a mi editora María Goldverg y al equipo de *I'm Not Broken*: Alex Dos Santos, James Meader, Sarah Nisbet, Sophie Normil, Lauren Weber, Annie Locke y Lisa Kwan por su trabajo y por haberme enseñado a abrir mis cuentas de redes sociales como Twitter, sin reírse de mí. Todos ustedes dieron la milla extra. A Dan Zitt, del equipo de producción de audio de Penguin Random House, ¡gracias, amigo! A Rita Jaramillo, Alexandra Torrealba, y Kelly Martínez-Grandal, Mónica Delgado y Maylin Lehmann, de Penguin Random House Grupo Editorial y Vintage en Español: gracias.

A los autores que respondieron a mis llamadas y mensajes de texto (Reyna Grande, Malin Alegría, Leslie Schwartz y Rubén Navarrete) ¡gracias! No tiene precio lo increíblemente generosos que fueron con su tiempo. ¡Desearía que hubiera más personas como ustedes!

También quiero darles las gracias a mis psicólogos. La salud mental es una lucha para tantos de nosotros, que debemos lidiar con trauma generacional. He sido bendecido con la oportunidad de trabajar mi salud mental con profesionales de EMDR como David Ross, sistemas de familia interna (IFS) con Joseph Jeffers, y contar con el asesoramiento del increíble equipo de salud mental del San Diego LGBT Community Center. Gracias al doctor Michael Wohlfeiler y Aissa Ávila por ser una bendición en la vida de tantas personas, ¡incluyendo la mía!

Estoy agradecido con todos mis mentores educativos y profesionales como María Padilla, Pedro Noguera, Gil Conchas, Marc Cosentino, Maritza Hernández, Nolan Bowie, Miguel García, Michelle DePass, Darren Walker, Debra Joy Pérez, Towanna Burrous, John Harper III, Joseph Kalt, Chris Avery, Augie Sandoval, Lisa Nunn, Hermila Rangel y el resto del equipo de la oficina de ayuda financiera y la oficina de programa de oportunidades extendidas de San Diego City College. Gracias por guiarme con sus palabras y por su sabiduría.

En el camino otras personas me motivaron a seguir escribiendo. Cuando iba a *coffee shops* a escribir por horas ellos iban a ver cómo estaba. En San Diego, esas fueron: Mark Wenham, Fred Sotelo, Víctor Díaz y Celia Berriel. En Washington, DC: Karen Andre, Mileydi Guilarte, Aaron Dorfman, Bibi Hidalgo, Thamar Harrigan, Valerie Piper, Liudmila Batista, Deidre Jackson y el equipo de Busboys and Poets. En Miami: Diana Borrego, Jossfer Smith, Thamara Labrousse, Regine Monestime, Daniella Levine Cava, Gloria Romero Roses, Alex Sarabia, Nancy Negrón, Ayxa Fernández, Rashmi Airan y el crew de Miami

Fellows III. En Denver: Crystal Almada, Danny Rivera y MJ Dailey. En Tallahassee: Sarah James, Bob Ward, Shawn Bankston, Max Saeman, Mike McKeogh y DJ Buchanan. En Orlando: Jon Thomas. En Tampa: Rodrigo Sabec, Michael Dunn, Pedro Vélez y Doris "Dee" La Boricua.

Gracias a los *amigos* de UC Berkeley y Harvard: Quirina Orozco, Jennie Luna, Bernadette Vargas, Temo Arroyo, Karla Ek, Frank Trujillo, George Galvis, Otto Cocino, Mayra De La Garza, Roberto Rodríguez, Marisa Castuera Hayase, Maurilio León, Donald "Dondi" Walker Tunnage, Lynne Lyman, Dan Sanks, Taiya Smith, María Teresa Kumar, Dan Erickson, Michelle Suave, Marta Pernas, Will Pittz, Doug Shipman, Paivi Nikander, Ken Mapp y mucha gente más que me ayudó seguir adelante. Ustedes saben quiénes son.

A la próxima generación: el mundo está al alcance de sus manos, así que Child, Lil Jesse y Bibiana, no dejen que nadie apague la luz que tienen dentro. Disfruten del viaje y valoren su inocencia. Son hermosos tal y cómo son. Sigan riendo desde lo más profundo de sus espíritus. Y no importa lo que suceda, ¡no se den por vencidos!

Por último, pero no menos importante, a cada uno en las reuniones de recuperación quienes, por los últimos veintinueve años, siguen yendo a las reuniones para apoyar a los demás. Ustedes tomaron a un niño de dieciocho años y le mostraron que era posible vivir sin drogas. ¡De dormir en el Balboa Park a graduarme de Harvard! ¡Guao! ¡Los amo a todos!

GLOSARIO

01. BEANIE = (inglés) gorro, pasamontañas.
02. BONG = Pipa de agua
03. CALCETAS = Calcetines, medias
04. CAMPAMOCHA = (voz popular en México) mantis religiosa
05. CARNALITA = Amiguita
06. CHAPOPOTE = (del náhuatl chapopotli) betún o alquitrán
07. CHELA = cerveza
08. CHICANO = descendiente de mexicanos nacido en Estados Unidos. Un término que muchos mexicanos-americanos adoptan con orgullo desde que, en la década de los sesenta se convirtiera en símbolo de empoderamiento y de afirmación cultural frente a la cultura blanca y dominante.
09. CHICHIS = senos
10. CHILAQUILES = Plato típico del desayuno mexicano, hecho con tortilla y salsa.

11. CHINGADOS = significado múltiple en México. Expresa sentimientos que van desde la felicidad a la tristeza.

12. CHOLOS = Aunque usualmente el término se usa para referirse a personas con rasgos indígenas, a nativos suramericanos (a veces de manera despectiva), en este caso se emplea para hablar de una contracultura propia de la juventud chicana de California que tuvo su auge en los años ochenta. Como toda subcultura, tuvo su propia manera de hablar y vestir, así como sus propias manifestaciones artísticas. A pesar de su vinculación con el mundo de las pandillas y su criminalización, la contracultura chola terminó siendo también una manifestación de orgullo y de afirmación identitaria.

13. CHOTA = Policía

14. CHURRO = pitillo, cigarro de marihuana

15. DEATH DROPS = (inglés) paso de del Vogue, un tipo de baile altamente complejo y estilizado nacido en Harlem en la década de los ochenta, específicamente en los salones de la comunidad de afro-americanos y latinos gay, de mujeres transgénero y drag.

16. DEBAJO DE LA TARJA = Debajo del fregadero

17. DODGEBALL= (inglés) juego de equipo en el que los participantes arrojan pelotas con la intención de que estas alcancen al oponente, que debe tratar de agarrar la pelota. En América Latina generalmente se le conoce como jugar a los Quemados.

18. ESES = Palabra usada mayormente por los pandilleros californianos, especialmente para referirse a los pandilleros chicanos

19. FERIA = En este caso, dinero

20. FOLDERS = (inglés) archivos

21. GENTRIFICACIÓN = Rehabilitación de una zona urbana deprimida que obliga a sus habitantes originales a desplazarse debido al incremento en los precios de las rentas y a la adquisición de los inmuebles por una clase económica superior.

22. GRE = examen requerido, en la mayoría de las universidades de Estados Unidos, para entrar a cursar una maestría o doctorado.

23. GRINGO = estadounidense blanco, aunque en América Latina también puede usarse para referirse a cualquier extranjero de piel blanca y cabello claro.

24. HUARACHES = sandalias de cuero que también pueden ser alpargatas hechas de suela y tiras de tela o piel.

25. HOMEBOY, HOMIE = manera cariñosa de llamar a alguien del mismo vecindario o pueblo. En su uso urbano, alguien del mismo grupo o pandilla.

26. INIPI = ceremonia indígena de purificación corporal y espiritual

27. LANA = Dinero

28. LE VALE MADRES = no le importa

29. LIL' MAN = (inglés) hombrecito. Manera cariñosa y paternal en que un hombre se dirige a un niño o a un muchacho.

30. ME CACHÓ = me descubrió
31. ME PELA = No me importa. Me es indiferente
32. MOLACHA = Desdentada
33. MOTA = marihuana
34. MUTUAL OF OMAHA'S WILD KINGDOM = Programa de television estadounidense sobre la naturaleza y la vida de los animales salvajes. Se transmitió por la cadena NBC durante casi tres décadas (de 1963 a 1988) y luego, en el 2011, por televisión por cable (en el canal Animal Planet).
35. NO HABLA QUEDITO = no habla bajito
36. PACHECO = muy drogado
37. PACHUCO = miembros de un grupo urbano surgida entre los chicanos en la década del cuarenta asociada al jazz y al swing, con su propio dialecto (el caló) y que se constituyó como respuesta contracultural a la cultura blanca y anglosajona. Fueron especialmente populares en Los Ángeles. Fueron los predecesores de los cholos.
38. PALAPA = Estructura al aire libre
39. PANOCHA = Vagina
40. PENA = Vergüenza
41. PINGUEROS = hombres ligados al sexo con turistas en La Habana (palabra muy ofensiva y grosera)
42. PINOCHLE = juego de cartas
43. PLAYERA = camisa de mangas cortas
44. POPOTE = pajilla para sorber un líquido
45. PORRISTAS = animadoras deportivas

46. Pozole = (del náhuatl tlapozonalli) caldo de maíz con carne de cerdo o pollo

47. Rave= Fiestas, en principio clandestinas, de música electrónica que se popularizaron en la década de los noventa, asociadas al consumo de drogas psicodélicas.

48. Recuperación= a diferencia de la rehabilitación, que implica un tratamiento específico por un tiempo determinado, la recuperación propuesta por grupos enfocados en los 12 pasos de recuperación. Es un trabajo constante y extendido en el tiempo, pero enfocado en un dia la vez. No atiende solamente la abstinencia, sino otra serie de factores más profundos que tienen que ver con los procesos de adicción.

49. Ruco = viejo

50. Sope = tortilla gruesa pequeña que lleva encima frijoles, carne o pollo, lechuga y salsa de tomate, crema, y queso fresco (del náhuatl tzopitl = picado)

51. Tarja = fregadero

52. Unicel (vaso de) = plástico

53. Vatos = muchachos

54. Wetback = (inglés) espalda mojada, insulto usado para referirse a los mexicanos que residen en Estados Unidos, especialmente a los que no tienen papeles. Se originó a finales del siglo xix, presumiblemente porque muchos mexicanos cruzaban la frontera a nado, pasando el Río Grande.

RECURSOS

Si tú o alguien que conoces está en una situación de abuso sexual, violencia doméstica, abuso de sustancias, tiene ideas suicidas o necesita apoyo para atravesar el proceso de aceptación de su orientación sexual e identidad de género, aquí tienes algunos recursos que pueden ayudarte.

988 Suicide and Crisis Lifeline (988 Atención a suicidio y crisis)
Línea directa, gratuita y en servicio 24/7, disponible para cualquiera en una crisis suicida o emocional. Funciona también en español.

National Sexual Assault Hotline
Disponible 24/7
Apoyo a víctimas de agresión sexual, LGBT incluidos
1-800-656-HOPE 24/7 o Online Counseling at www.rainn.org

Crisis Text Line
Disponible 24/7
Ayuda en estados de crisis emocional
Envía un texto que diga "HELLO" al 741741
https://
www.crisistextline.org

Narcotics Anonymous
(Narcóticos anónimos)
Substance Abuse
(Abuso de sustancias)
1-818-773-9999
https://www.na.org/

SAMSHA
Substance Abuse &
Mental Health Services

Administration
(Abuso de sustancias y
Servicios de Salud Mental)
Disponible 24/7
1-800-662-HELP (4357)
https://www.samhsa.gov/

The Trevor Project
Disponible 24/7
Línea confidencial de
prevención de suicidio para
jóvenes LGBT
866-488-7386
https://
www.thetrevorproject.org/

Therapy For Latinx
Directorio online de
terapeutas Dedicados a
apoyar la salud mental
de la comunidad latina.
https://
www.therapyforlatinx. com/

**National Domestic
Violence**
Disponible 24/7
Ayuda personas en situación
de violencia doméstica

Línea directa:
1-800-799-7233
(SEGURA)
http://www.thehotline.org/

National Suicide Hotline
Disponible 24/7
1-800-273-8255
https://
suicidepreventionlifeline.org

Child HELP USA National
Línea directa disponible 24/7
Línea para ayudar a niños
en situación de violencia
sexual y/o doméstica
1-800-4-A-CHILD
(1-800-422-4453)
http://
www.childhelpusa.org/

The Anti-Violence Project
Disponible 24/7, inglés y
español, inclusive para
LGBT
Apoyo a personas que han
sufrido violencia
Línea directa: 212-714-1124
http://www.avp.org